教科書の公式ガイドブック

教科書ガイド

東京書籍 版

新しい国語

完全準拠

中学国語

2年

教科書の内容がよくわかる

編集発行 あすとろ出版

◉巻頭詩

未来へ

作者・谷川俊太郎（たにかわしゅんたろう）

教科書表紙裏

・学習目標

● 詩に描かれていることを解釈し、読み方を工夫して音読する。

・詩の形式と構成

五連から成る口語自由詩。第一・二連では過去に目を向け、第三連からは未来へと目を向けている。

・第一連（1〜3行目）…今ここにあるスミレにつながる過去の長い時を思う。

・第二連（4〜6行目）…今ここにある道を行き来した過去の無数の生き物を思う。

・第三連（7〜9行目）…目に見えない力によって生かされている私たち。

・第四連（10〜12行目）…限りある命と無限の可能性。

・第五連（13〜15行目）…未来は創っていくもの。

・表現の特色

・第一〜三連では、構成や句末の表現に共通性を持たせてリズムを作っている。

・身近で具体的な対象から書き起こし、抽象（ちゅうしょう）的な内容へと発展させている。

・第五連では、「きみ」という言葉を用いて読者へのメッセージ性を高めている。

・主題

果てしなく続く時の流れの中で今を生きている私たちが、無限の可能性を持つ未来を創っていく。

一人一人の命には限りがあるが、それらは限りなく続く時の中でつながっている。今私たちの目の前にあるものも全て、過去の無数の生と死の上に存在している。未だ（いま）来ない「未来」には無限の可能性があり、それを創っていくのは、今を生きている私たちなのだ。

課題

教科書表紙裏

○ 詩に描かれていることを解釈し、読み方を工夫して音読しよう。

解説 「今日」「過去」「未来」などの単語だけでなく、今を意識させる「この」のくり返しや、「どれだけの」「いつか」「限りある日々の彼方（かなた）」などの言葉、過去から未来へという視線の変化にも注目し、作者が時の流れや「未来」というものをどのように捉えているかを考えてみよう。そして、考えたことが伝わるように音読の仕方を工夫しよう。

▼本書は、東京書籍版中学国語教科書『新しい国語』に完全準拠したガイドブックです。

※教科書本編の読書案内(『本で世界を広げよう』など)、資料編はあつかっておりません。

本書の構成

＊本書では、教科書の本文を引用する際に、教科書のページ・行を次のような形式で表しています。
例 教科書25ページ8行目→(25・8)

読解教材(文章・詩歌・古典)

解説の流れ ガイダンス→漢字→語句→読解→教科書の課題

●**ガイダンス**……教材のおおよそが理解できるように、学習目標やあらすじ(あらまし)、文章の構成、主題(要旨)などを解説しています。また、詩では表現の特色も示しています。

●**新出漢字・新出音訓**……新出漢字や新出音訓について、読み方や意味、用例などを示しています。

・漢字には□、音訓には(　)の記入欄を設けてあります。理解を深めるために、一度書いてみることができます。

●**語句・文の意味**……教材の脚注に記号つきで示された語句を中心に、難しい語句や文について、文脈に即した意味や解釈を解説しています。必要に応じて、類義語・対義語、短文の例も示しています。

●**読み解こう**……文章教材では、段落(場面)ごとに内容の要約を示したうえで、文章の流れに沿って、筆者(作者)の主張や登場人物の心情などの読解上のポイントを取り上げて解説しています。

・古典では、原文の読み方と現代語訳も示しています。

・記入欄の解答は、学習内容が理解しやすいように、教材の中に出てくる言葉を取り上げています。

●**てびき―解答と解説**……教材末にある課題について、解答や解説を示しています。

表現教材(〔話す・聞く〕〔書く〕)

教科書の項目立てに沿って、学習する表現事項の要点をまとめるとともに、表現活動を行うときの注意点を解説しています。

・教科書に示された例文や事例についての解説も示しています。

・読み解こうと同様に、解説に記入欄を設けてあります。

言語教材(日本語探検・文法の窓・漢字道場)

●**新出漢字・新出音訓**……新出漢字や新出音訓について、読解教材と同様に読み方などを示しています。

教科書の項目立てに沿って、学習する言語事項の要点をまとめ、簡潔に解説しています。

・教科書の問題に対する解答や解説を示しています。

・「文法の窓」では、基礎編の内容も取りこんで解説し、基礎編の問題に対する解答や解説も示しています。

その他

■**巻頭詩**……教科書表紙裏の詩について、学習目標や構成、主題、表現の特色などを簡潔に解説しています。

■**扉の短歌七首**……教科書単元扉の短歌について、大意などを簡潔に解説しています。

※『短歌を楽しむ』の中で扱っています。

■**学びの扉**……基礎編の内容を中心に、学習する「学びを支える言葉の力」の要点を簡潔にまとめて解説しています。

目次

古典と文法の窓の教材名の下には，それぞれ教科書と同じ動画等が見られる二次元コードが入っています。古典原文の読み方の確認や文法ゲームで，内容の理解が深まります。

＊資料(コンテンツ)の使用料はかかりませんが，インターネットの通信費は自己負担となります。

▼読む
言葉の学習

手紙の効用

筆者・若松英輔

教科書14～16ページ

ガイダンス

学習目標を押さえ、「手紙の効用」のおおよそを理解しよう。

○学習目標

●読み取ったことを踏まえ、自分の知識や体験も交えて、考えを広げる。

●文章を読む前に

最近はスマートフォンでのメッセージのやり取りや、SNSでの交流が多くなっていて、手紙を出す機会は減っているかもしれない。しかし、活字やデジタルの情報があふれる時代だからこそ、手紙や、手書きの文字の魅力を再発見することもあるのではないだろうか。筆者が考える「手紙の効用」を読み取り、手紙にはどんなよさがあるか、自分の体験も振り返りながら考えてみよう。

●あらまし

手紙は不思議な様式である。書くことで自分の思いがあらわになる。自分のことばかり思って書いた手紙は相手の心には届かないが、本当に相手を思って書いた手紙は言葉が描くても相手に思いが届く。

少し前に、十年前に書かれた手紙が届いたという新聞記事を読んだ。その手紙は、十年後に配達されることになっていたもので、差出人の女性は三年前に東日本大震災で亡くなっていたが、手紙に記された思いは両親のもとに届いたのである。また、「新古今和歌集」には、かつて手慰みに書かれた文字が、その人の死後は貴重な形見となったということを詠んだ歌がある。

人が亡くなってからも手紙は残り、それを受け取る相手に何かを伝えてくれる。真摯に記された手紙には、未来においてのみ読み解かれる意味が隠されているのかもしれない。

●文章の構成

随筆なので明確な構成にはなっていないが、次の三つのまとまりで捉えておく。最初に「手紙」というものについての筆者の考えを述べ、それを裏付けるエピソードを紹介し、最後にそれを踏まえた筆者の考えを述べて締めくくっている。

・第一段落(初め～14・14)……筆者の考え(手紙の効用)。
・第二段落(15・1～16・1)…具体的なエピソードの紹介。
・第三段落(16・2～終わり)…筆者の考えのまとめ。

●要旨

手紙の言葉には、書いている間に思っていたことがにじみ出る。真摯に相手のことを思って書かれた手紙は、時を超えて、その思いを相手に届けてくれる。

新出漢字・新出音訓

読みの太字は送り仮名を示す。（ ）は中学校では学習しなくてもよい読みを、━線は特別な言葉に限って使われる読みを示す。例は用例を示し、例中の太字は教科書本文中の語句であることを示す。新出音訓の▼は、常用漢字表の「付表」の語を示す。□には漢字を、（ ）には読みを書こう。

p.14 **麗** レイ （うるわしい） 19画 鹿 □

美しく、あでやかだ。例**流麗**。美麗。端麗。美辞麗句。麗人。

p.14 **拙** セツ つたない 8画 手 □

つたない。まずい。例**拙い**。巧拙。稚拙。

p.14 **奥** （オウ） おく 12画 大 □

①内部へ深く入りこんだところ。例**奥**。奥地。山奥。奥歯。②おく深いこと。例奥義。深奥。

p.15 **慰** イ なぐさ**める** なぐさ**む** 15画 心 □

いたわる。心を安らかにさせる。例**手慰み**。慰安。慰問。慰労。

p.15 **扇** セン おうぎ 10画 戸 □

①おうぎ。うちわ。また、そのような形状。例**扇**。扇状地。②風をおこす。あおぐ。例扇風機。③そそのかす。例扇動。

「うちわ」は、漢字で「団扇」と書きます。

p.16 **摯** シ 15画 手 □

まじめ。まこと。例**真摯**。

■**新出音訓**（━線部の読みを書こう。）

①新古今和歌集。 p.15 （　　）

答 ①こきん

語句・文の意味

語義が複数の場合、①に教科書本文中の語義を示してある。類は類義語、対は対義語、文は語句を用いた短文例を示す。
●印は、教科書の脚注に示されている語句である。

▼14ページ

●**様式** ある物事についての一定のやり方や形式。

●**あらわにする** はっきりと見えるようにする。文怒りをあらわにした表情。

にじみ出る ①内にあるものが表にあらわれ出る。②液体などがしみ出る。

独りよがり 他人のことを考えず、自分がよいと思うことを押し通すさま。ここでは、自分のことばかり思っていることをいう。

●**流麗** 言葉や筆跡、音楽などが、なめらかで美しいこと。類秀麗。流暢。

拙い 下手である。技術や能力がおとっている。

▼15ページ

肉筆 人が手を使って書くこと。また、その文字や絵。類直筆。自筆。

●**手慰み** 退屈さを紛わすために、手先を使って遊び半分に何かをすること。

かなた 遠くの方。あちら。

▼16ページ

●**生前** その人が生きていたとき。存命中。類没前。対死後。没後。

●**真摯** まじめで、熱心なこと。類真剣。真面目。誠実。

のみ 限定の意味を表す助詞。…だけ。

読み解こう

段落ごとの内容を捉えよう。□の中には当てはまる言葉を書こう。

第一段落 〔初め～14・14〕 筆者の考え(手紙の効用)。

■「手紙は本当に不思議な様式だ。」(14・1)と筆者が考えるのはなぜか。

・思っていることを書くのではなく、
　書くことによって□が分かるから。

▼自分が何を思っていたのか

●ポイント　書きたいと思っていることがまずあって、それを文章として書き出すというのが一般的な認識であろう。しかし、手紙の場合はそうではないと、筆者は指摘している。

■手紙に込められた思いが「相手に届く」(14・12)のはどういうときかを読み取る。

手紙を書く人　…書いている間、①□のことを思う

↓

手紙(記された言葉)

↓

手紙を受け取る人

・言葉そのものの意味(＝有形の意味)を理解する

・言葉の奥に込められた「時」を感じ取る ＝ ②□の意味

▼①受け取る相手　②無形

●ポイント　言葉には意味があり、それが相手に伝えられるわけだが、それ以外に「無形の意味」、つまり、言葉にされない思いや心も伝えている。それを筆者が「時」と表現している理由は、第二・第三段落を読むことでより明らかになっていく。

テストに出る！

問　「独りよがりな言葉」(14・7)とは、ここではどういう意味か。三十字以内で答えなさい。

答　受け取る相手のことでなく自分のことばかり思って書かれた言葉。(30字)

第二段落 〔15・1～16・1〕 具体的なエピソードの紹介。

■「十年前に書かれた手紙」(15・1)が届くまでの流れを読み取る。

・バスガイドとして働いていた女性が、
　愛知県の「明治村」で両親に手紙を書いた。

↓

・女性は、岩手県大槌町の臨時職員となり、
　二〇一一年の東日本大震災で亡くなった。

↓　約三年後

・女性の両親のもとに手紙が届いた。

（十年後に配達）

■手紙を書いたときの女性の思いを読み取る。

・「お父さんお母さん……お世話をするからね。」(15・9)という手紙の文面からは、女性が、両親に深く感謝していることや、親孝行したいという思いを持っていることがうかがえる。

●ポイント 女性は、これまで両親が自分を育ててくれたこと、そして、手紙が届く十年後やさらにその先のことにも思いをめぐらせていたであろう。その思いを向けられている両親には、言葉で表現されている以上のものが伝わったことだろう。

■「手すさびの…」の歌(15・13)に詠まれている心情を読み取る。

【歌の意味】手慰みに書かれたちょっとした筆の跡と思って見ていたのだけれど、永遠の形見になってしまったことよ。

扇に書かれた文字 (＝夫が手慰みに書いたもの)

・かつて …さほどの①[　　]を感じなかった。
・夫の死後…亡き夫がいる②[　　]を感じさせる。

→生きているときの夫の姿が思い出される。

▼①意味 ②かなたの世界

●ポイント この扇の文字は、特に何かを伝えるために書かれたものではなく、ましてや「手紙」でもない。それでも、「肉筆の文字」であるがゆえに、言葉としての意味とは別に、書いた人の人柄がそこに表れている。現実の世界に夫がいなくなった今だからこそ、それが切実に感じられるのである。

テストに出る!

問 **「肉筆の文字には、印刷された文字とは別種の働きがある。」(15・11)とあるが、それはどのような働きだと考えられるか。簡潔に説明しなさい。**

答 文字を書いた人の存在を感じさせる働き。

第三段落 〔16・2〜終わり〕 筆者の考えのまとめ。

■「過ぎゆく時間とは別の、決して過ぎゆくことのない『時』の世界」(16・7)とは、どのようなことを表しているのかを読み取る。

・「手すさびの…」の歌の作者にとっては、「あの人(亡き夫)のいるかなたの世界」(15・15)のこと。
・娘からの手紙を受け取った両親にとっては、「今もどこかで『生きている』娘」(16・6)の存在を感じる「どこか」のこと。
・つまり、手紙(肉筆の文字)は、「手紙を書いているその人」を、長い時が過ぎた後でも、本人が亡くなった後でも、ありありと感じさせてくれるということ。

課題 教科書16ページ

○読み取ったことを踏まえ、手紙に関する自分の知識や体験も交えて、考えたことを話し合ってみよう。

〈解説〉 本文中で述べられている「手紙を書くことで、自分が思っていたことが明らかになる」「自分のことばかり思って書いた手紙は相手の心には届かない」「本当に相手を思って書けば、手紙を通してその思いは届く」「肉筆の文字の働き」「亡くなった人が書いた手紙から読み取れる意味」といったことを踏まえて考えよう。自分が書いたり受け取ったりした手紙で印象に残っているのはどのようなものか、なぜ印象に残っているのか、自分の体験を振り返り、本文の内容と関連付けながら考えてみよう。

1 ▼読む 言語感覚

短歌を楽しむ

筆者・道浦母都子

教科書18〜22ページ

ガイダンス

学習目標を押さえ、「短歌を楽しむ」のおおよそを理解しよう。

学習目標

- 短歌に詠まれた情景や心情を想像し、短歌を読み味わう。
- 短歌の表現の工夫などに注意して、鑑賞したことをまとめる。

言葉の力　短歌を鑑賞する

- 短歌の形式を理解する。短歌は、五・七・五・七・七の三十一音を定型とする。
- 音読して、短歌のリズムを感じ取る。
- 句切れに注意して、音読や意味の理解に役立てる。
- 語句の意味や表現技法などに注意して、情景や心情を捉える。
- 読み取ったことから、想像を広げていく。

文章を読む前に

短歌って難しそうだな、どんなふうに解釈したらいいのか分からないなと思っている人もいるかもしれない。そんな人も、まずはこの文章を読み、筆者の案内に沿って「短歌を読み味わう」ということを体験してみてほしい。短歌のどんなところに着目して読めば、短い表現から豊かな意味を感じ取ることができるのか、分かってくることだろう。

あらまし

短歌は、たった三十一文字で人の思いや自然を捉える日本独自の伝統文学である。短歌を声に出して読み、言葉のメロディーを楽しみながら鑑賞してみよう。ここで紹介した三首の鑑賞文が自分の想像したものと違っていても問題ない。読んで感じた印象から自由に想像を広げ、快い音楽を楽しむように、短歌を鑑賞してみよう。

文章の構成

- 第一段落(初め〜18・9)……短歌の形式と特徴。
- 第二段落(18・10〜20・7)…短歌三首とその鑑賞文。
- 第三段落(20・8〜終わり)…短歌の鑑賞の仕方。

第二段落では、与謝野晶子、寺山修司、栗木京子の短歌を一首ずつ取り上げ、表現技法の解説を含めた鑑賞文を添えている。

要旨

短歌を声に出して読み、そのメロディーを楽しみながら、読んで感じた印象から自由に想像を広げて鑑賞してみよう。

筆者の考えは第一段落と第三段落に述べられている。韻文である短歌のメロディーを楽しむこと、自由に想像を広げて鑑賞することの二点を押さえよう。

新出漢字・新出音訓

読みの太字は送り仮名を示す。（ ）は中学校では学習しなくてもよい読みを、―線は特別な言葉に限って使われる読みを示す。例は用例を示し、例中の太字は教科書本文中の語句であることを示す。新出音訓の▼は、常用漢字表の「付表」の語を示す。□には漢字を、（ ）には読みを書こう。

p.18 **鑑** カン （かんがみる） 23画 金 □

①よく見て内容を考える。例**鑑賞**。鑑定。
②手本。例図鑑。

p.18 **描** ビョウ えがく かく 11画 手 □

物事の形やありさまを写したり表現したりする。例**描く**。描写。点描。描画。

p.19 **滑** カツ コツ すべる なめらか 13画 水 □

①物事がとどこおりなく運ぶ。例**滑らか**。円滑。②すべる。例滑空。滑走。③言葉がすらすら出ること。例滑稽。

p.20 **翼** ヨク つばさ 17画 羽 □

つばさ。例**翼**。主翼。一翼。尾翼。

■新出音訓 （――線部の読みを書こう。）

①器が大きい。 p.18 （　　）
②日本語の母音。 p.18 （　　）
③対句表現。 p.20 （　　）

答 ①うつわ ②ぼいん ③ついく

語句・文の意味

語義が複数の場合、①に教科書本文中の語義を示してある。類は類義語、対は対義語、文は語句を用いた短文例を示す。●印は、教科書の脚注に示されている語句である。

▼18ページ

半永久的 ほとんど永久である様子。

器 ①入れ物。容器。②あることを行うことのできる才能。器量。ここでは①の意で、三十一文字の短歌の形式を「器」にたとえており、短歌で表現される内容が器の中身ということ。

念頭に置く 記憶し、いつも心にかけておく。

▼19ページ

●**ありのまま** 実状のまま。偽りや飾りのない、そのままの姿。文その日体験したありのままを日記に書いた。

●**はにかむ** 恥ずかしそうな表情や態度を見せる。文遠くから名前を呼ぶと、彼女ははにかみながら手を振ってくれた。

●**さほど** それほど。「さほど～ない」の形で使われることが多い。類たいして。文家からさほど遠くないところにバス停がある。

●**絶頂** ①物事の程度がいちばん高くなるところ。最高の状態。文人気絶頂のアイドルが引退した。②山の頂上。

▼20ページ

●**切ない** 悲しさ、恋しさ、さびしさなどで、胸がしめつけられる感じがする。やるせない。

対句 詩や文章で、似た構成を持っていて、意味も対応している句や文を、二つ並べる表現技法。

●**対照的** 同種の二つの物事を比べたときの違いがはっきりしている様子。文兄は物静か、弟は活動的と、性格は対照的だ。

映す ①鏡や水面などの上に姿が現れるようにする。類投影する。②画面上に映像を表示する。ここでは、①の意を比喩的に用いてあり、物事を言葉で表現することをいう。

●**そらんじる** 書いてあるものを記憶して、見ないで言えるようにする。暗記する。

読み解こう

段落ごとの内容を捉えよう。［　］の中には当てはまる言葉を書こう。

第一段落 〔初め〜18・9〕 短歌の形式と特徴。

■ **短歌の形式を理解する。**

・短歌は、五・七・五・七・七の三十一音（仮名で表した場合は三十一文字）から成る定型詩である。

■ **「韻文」としての短歌の特徴と楽しみ方を押さえる。**

散文…小説、エッセーなど。音に関して特に制約はない文学。
↕
韻文…短歌、俳句、詩。
音の［　］に重点を置いた文学。
↓声に出して繰り返し読むことで、美しいメロディーを味わうことができる。

▼響き

テストに出る！

問 **筆者が韻文の特徴を比喩的に表現している語句を文章中から七字で抜き出しなさい。**

答 音楽を奏でる文

第二段落 〔18・10〜20・7〕 短歌三首とその鑑賞文。

■ **「金色の……」の歌（18・10）の響きの美しさを捉える。**

・「ち」「ひ」「き」「り」など、「［　］」を含む音がたびたび登場しており、美しい響きがある。

▼母音のイ

■ **「金色の……」の歌（18・10）に描かれた情景を読み取る。**

・岡に銀杏の木があり、その黄色く色づいた葉が、沈みつつある夕日を受けて①［　］に光って舞い落ちている。扇形をした銀杏の葉が、羽を広げた小さな②［　］のように見える。

▼①金色　②鳥

テストに出る！

問 **筆者は、「金色の……」の歌をどのように評しているか。**

答 自分の心で思ったこと、感じたことを素直に表現することの大切さを示してくれる一首。

■ **「海を知らぬ……」の歌（19・6）の音数とリズムを確かめる。**

・各句の音数は「①［　］・七・②［　］・七・七」（三十四音）

・初句と三句が③［　］だが、声に出してみると、五・七・五・七・七のリズムからさほど外れてはいない。

▼①六　②七　③字余り

■ **「海を知らぬ……」の歌（19・6）を筆者がどのように鑑賞しているかを読み取る。**

・夏休みのある日、少女を前にして少し①［　］ながら少年が立っている。どこかの海を見てきた少年は、まだ海を見たことのない少女に、その②［　］を、両手を広げて語り聞かせている。

▼①はにかみ　②大きさ

●ポイント　「夏休み」「少しはにかみながら立っている少年」などは、筆者が短歌を読んで想像したことであり、短歌にはっきりと表現されているわけではない。

■「次々と想像を広げてみたくなる」（19・10）とあるが、この短歌からどのようなことが想像できるか考える。

・「少女」と「われ」はどのような関係なのか。
・「麦藁帽のわれ」はどのような少年なのか。
・「海を知らぬ少女」はどんな表情をしているのか。
・「両手をひろげて」どんなことを語っているのか。　など

●ポイント　事情が全て説明されているわけではなく、読者が自由に想像できる余地が残されている。そこが短歌の魅力でもある。

■「観覧車……」の歌（19・14）の表現の特徴を捉える。

・「回れよ回れ」で意味が切れる、「①[　　]切れ」の歌。
・「君には一日②[　　　]」は、対照的な言葉を使った、対句になっている。

▼①二句　②我には一生

●ポイント　「一日」と「一生」を、「いちにち」「いっしょう」ではなく「ひとひ」「ひとよ」と読ませることによって、音数がそろうだけでなく、言葉の響きもやわらかくなっている。

■「想ひ出は君には一日我には一生」（19・14）に表現された心情を読み取る。

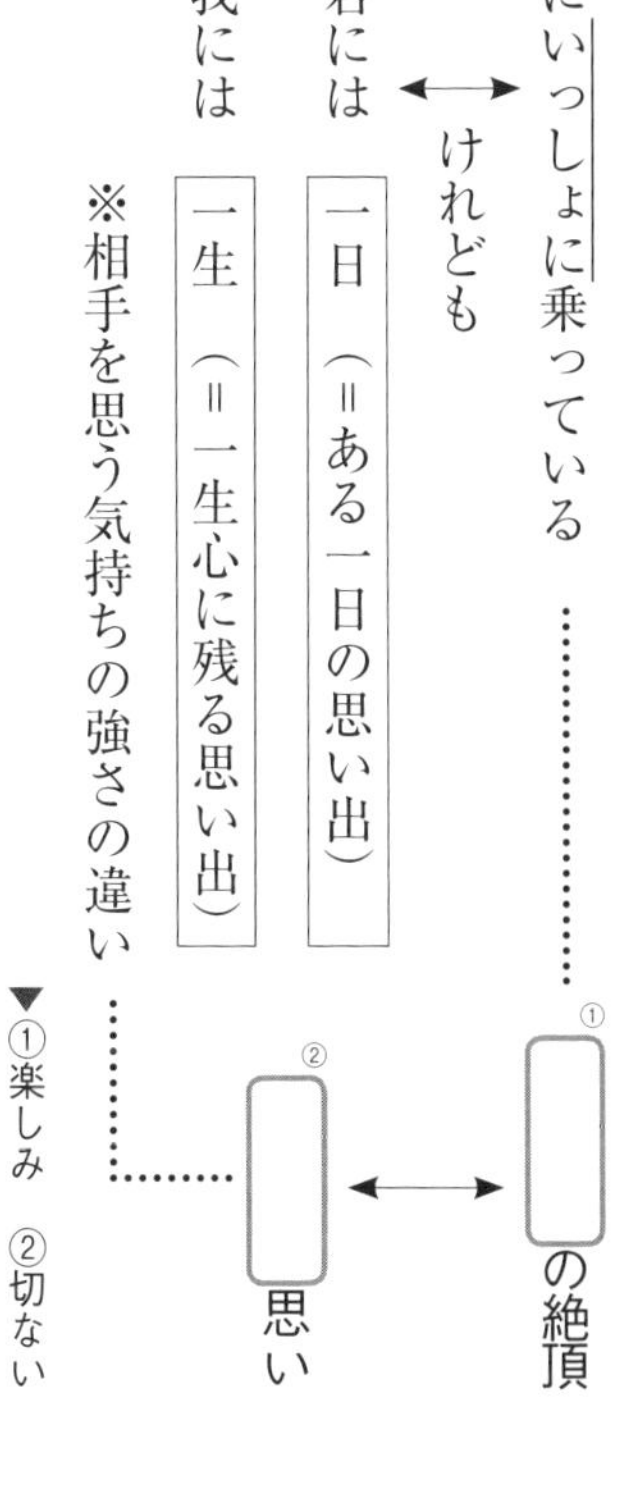

▼①楽しみ　②切ない

●ポイント　自分が相手を思う気持ちのほうが、相手が自分を思ってくれる気持ちよりはるかに強いということであり、片思いの切なさが感じられる。

テストに出る!

問　**「観覧車……」の歌に使われている表現技法を二つ答えなさい。**

答　対句・体言止め

第三段落　**〔20・8〜終わり〕　短歌の鑑賞の仕方。**

■筆者は短歌をどのように鑑賞してほしいと考えているか。

・短歌は、①[　　]が感じたまま、思ったままに鑑賞していいものである。
・短歌を読んで感じた印象から、自由に②[　　]を広げることが大切である。

▼①読者　②想像

短歌五首

教科書21ページ

■「くれなゐの……」の歌

●語句の意味

くれなゐ　鮮やかな赤い色。紅。

二　尺　一尺は、約三〇・三センチメートル。

春雨のふる　「の」は主語を表す助詞。「春雨が降る」という意味。

●大意・解説

赤い色をしたバラの芽が二尺ほどに伸びている。芽についている針(とげ)はまだやわらかで、そこに春雨が優しく降りかかっている。

「くれなゐ」は花の色ではなく、新芽の色である。バラの芽は若いうちほど赤味を帯びていて、葉が展開していくにつれて緑色になっていく。バラのとげを「針」と表現しているが、若い芽ではそれもまだやわらかい。おだやかに降る春雨と似合いの風情である。「やはらかに」は、針(とげ)の形容であると同時に、春雨の降り方の形容でもあるのだろう。助詞「の」が多用されており、やわらかい響きを奏でている。

●作者

正岡子規(一八六七年～一九〇二年)　本名常規。愛媛県生まれ。歌人・俳人。大学予備門で夏目漱石と知り合う。東京大学入学後、文学に没頭。後に短歌と俳句の革新を目指し、ありのままを表現する「写生」の説を唱える。病床にありながら近代俳句を確立するとともに、多くの歌人・俳人を育てた。歌論「歌よみに与ふる書」、随筆「病牀六尺」などがある。

■「最上川の……」の歌

●語句の意味

残れる　「残っている」の意。

いまだ　今になっても、まだ。くっきりと出ていた虹が消えていくまでの時間の経過を感じさせる。

断　片　切れ端。切れ切れになったものの、一つのかけら。

●大意・解説

最上川の上空のあたりに残っているのは、今もまだ美しさを保っている虹の断片であるよ。

散歩の途中にでも見上げたのだろうか、川の上空に七色の虹を見つけた。それは既にアーチ形ではなくなって、一部を残すのみとなっているが、虹の美しさに変わりはない。薄れゆく虹、消えかかった虹といったはかないイメージではなく、「いまだうつくしき虹の断片」と捉えたところに作者の感性が光る。現実を肯定的に受け止める潔さが感じられる。作者晩年の作であり、老いゆく我が身の心境と重ねた部分があるのかもしれない。

●作者

斎藤茂吉(一八八二年～一九五三年)　山形県生まれ。歌人。精神科医。短歌雑誌「アララギ」の中心的歌人として活躍し、正岡子規の「写生」を更に深めた。歌集に「赤光」「あらたま」「ともしび」などがある。

■「白鳥は……」の歌

●語句の意味

白　鳥　白鳥。ハクチョウに限らず、羽毛の白い鳥をいう。

哀しからずや　かなしくはないだろうか。「ず」は打ち消しの助動詞。「や」は疑問・反語の助詞。問いかけの裏には「きっとかなしいことだろう」という思いが込められている。

あ　を　「青（あお）」は、昔の仮名遣いでは「あを」と書いた。「青」は青・緑・藍などを含んだ広範囲の色を指す。空の色と海の色の微妙な違いをここでは「青」と「あを」という表記の違いで表現しているとも考えられる。

染まず　染まらず。

ただよふ　白鳥が海の上に浮かんで漂っている。

●大意・解説

白鳥はかなしくはないだろうか。空の澄んだ青色にも、海の深い青色にも染まることなく、真っ白のままで波間を漂っているのだから。

青空の下に広がる青い海、青一色の世界の中に白鳥がぽつんと漂っている。青と白のコントラストが美しい光景だが、周囲からはっきりと区別され、決して溶け込むことのない白鳥に、作者は自分の孤独な生き方を重ねながら、さびしさやかなしみを感じ取っている。

●作　者

若山牧水（一八八五年～一九二八年）　本名繁。宮崎県生まれ。歌人。創作社を興し、詩歌雑誌「創作」を主宰。浪漫主義、自然主義の影響を受けた平明純情な歌風は広く愛唱された。旅と酒をこよなく愛し、旅先で詠んだ歌も多い。歌集に「海の声」「別離」「朝の歌」などがある。

■「不来方の……」の歌

●語句の意味

不来方のお城　岩手県の盛岡にある不来方城の城跡。

吸はれし　吸われた。「し」は過去を表す助動詞。

十五の心　十五歳の頃の私の心。体言止めにより余情が感じられる。

●大意・解説

不来方の城跡の草の上に寝転んでいると、果てしなく広がる空へ吸い込まれていくようだった、十五歳の頃の私の心よ。

歌集「一握の砂」に収められているこの歌は、啄木が二十二歳から二十四歳の頃、中学時代を回想して詠んだものである。この歌の直前には「教室の窓より遁げて／ただ一人／かの城址に寝に行きしかな」という一首があり、授業を抜け出して城跡の草むらに寝転んでいたことが分かる。啄木は中学時代から与謝野晶子らの短歌に熱中し、文学の道を志すようになる。十五歳の時には友人とともに「岩手日報」に短歌を発表するなどしている。翌年、啄木は上京するが、就職の失敗、結核の発病などから、半年もたたずに帰郷。その後も困難に見舞われることが多かった啄木にとって、夢と希望に満ちていた純粋な十五歳の頃の心は、まぶしく、なつかしく思い出されるものなのだろう。

●作　者

石川啄木（一八八六年～一九一二年）　岩手県生まれ。歌人・詩人。文学を志して中学を中退するが、病気と生活苦で挫折を繰り返した。生活を率直にうたう歌風と、三行書きの特異な形式で注目を集めた。歌集に「一握の砂」「悲しき玩具」、詩集に「呼子と口笛」などがある。

■「『寒いね』と……」の歌

●大意・解説

「寒いね」と話しかけると、「寒いね」と答えてくれる人がいる。ただそれだけで、心がほっと温かく感じられるよ。

なにげなくかけた言葉に言葉を返してくれる、自分に共感してくれる人がいる幸せを詠んでいる。交わす(か)言葉は何でもいいわけだが、「寒いね」という言葉のやりとりが、「あたたかさ」を生み出しているところにおもしろさがある。会話も含め、ふだん使うような言葉がそのまま短歌のリズムの中に取り込まれている。

●作者

俵(たわら)万智(まち)（一九六二年〜）大阪府生まれ。歌人。早稲田(わせだ)大学卒業。若い感覚、新鮮な口語体短歌は、歌集「サラダ記念日」で大きな話題となり、若い人々の心をひきつけて短歌を身近なものにした。歌集に「かぜのてのひら」「チョコレート革命」、エッセーに「よつ葉のエッセイ」「旅の人、島の人」などがある。

てびき―解答と解説

教科書の課題を解き、学習内容をしっかりと身につけよう。 教科書22ページ

◉情景や心情を想像し、短歌を読み味わおう

❶ 「短歌を楽しむ」で取り上げられている三首について、鑑賞文を参考にして情景や心情を捉えよう。また、音読して短歌のリズムを味わおう。

解答

◆「金色(こんじき)の……」の歌…夕日の沈もうとしている岡に銀杏(いちょう)の葉が散っている光景。夕日を受けてきらきらと光りながら舞い落ちる銀杏の葉がまるで金色の小さな鳥のようである。

◆「海を知らぬ……」の歌…夏休みのある日、どこかの海を見てきた麦藁帽(むぎわらぼう)の少年が、まだ海を見たことがない少女の前に立ち、両手を広げて海の大きさを語り聞かせている。

◆「観覧車……」の歌…観覧車に乗っている一組のカップル。私は観覧車がいつまでも回っていてほしいと願う。あなたにとっては一日の思い出にすぎなくても、私には一生の思い出だから。

解説 鑑賞文に書かれていること以外にも想像をふくらませてみよう。音読するときには句切れにも注意しよう。

❷ 「短歌五首」を読み、それぞれの歌に詠(よ)まれている情景や心情を想像したり、気に入った歌を暗唱したりしてみよう。

解説 まずは、それぞれの歌を何度も声に出して読み、自分の感じるままに想像を広げていってみよう。また、本書14〜16ページでそれぞれの歌の大意や、歌が詠まれた背景などを解説しているので、それも参考にしながら考えてみよう。

◉短歌を選び、鑑賞したことをまとめよう

❸ 「短歌五首」（あるいは、「扉(とびら)の短歌七首」を加えた十二首）から一首を選び、鑑賞したことをまとめよう。

解説 鑑賞文の書き方に特にきまりはないので、自分が感じたままを文章につづってみればよい。短歌に詠まれている語句から想像を広げ、思い浮かんだ情景や心情を言葉にしてみよう。表現の工夫に着目して、感じたことを書くのもよい。

▼扉の短歌七首

教科書の各単元の扉で紹介されている短歌。教科書の巻頭にも七首まとめて掲載されている。

1 「桜ばな……」の歌 （岡本かの子） 教科書17ページ

大意・解説 桜の花が生命力に満ちあふれた様子で咲いているから、私も自分の生命をかける気迫をもって真剣に桜の花を眺めたのだった。花も人間も同じ「いのち」として精いっぱい生きている様子を力強く描いている。平仮名の「いのち」はやわらかく、漢字の「生命」はより力強く感じられる。

2 「五線紙に……」の歌 （小野茂樹） 教科書29ページ

大意・解説 受話器から聞こえる恋人の声は、音楽を奏でるかのように楽しそうに弾み、作者の耳をくすぐる。遠距離恋愛の二人は、ともに電話で話す時間を心待ちにしていたであろう。「五線紙にのりさうだな」とつぶやく口調からは、恋人の声を聞きながら作者自身も心弾ませている様子が想像できる。

3 「靴紐を……」の歌 （山田　航） 教科書53ページ

大意・解説 靴紐を結ぼうと身をかがめる体勢は、あたかもスタート直前の陸上選手のようである。期待に胸をふくらませるとき、何かあってつらいとき、行き詰まって苦しいとき。身をかがめて自分の体温や息づかいを感じ、靴紐を結ぶ手にギュッと力を入れて前を向こう。いつでも、どこでも、何回だってスタートできる。作者から全ての人たちへの応援歌といえる。

4 「十二色の……」の歌 （荻原裕幸） 教科書89ページ

大意・解説 「十二色」の色鉛筆しか持っていない「ぼく」には暮れゆく空の微妙な色彩を表現するのは難しい。歌人として、まだ全てを表現できていないという心情と同時に、自然の壮大さも伝えていると受け取れる。「いろえんぴつ」と平仮名を使ったところにも、おごることなく慎ましくいようとする、作者の表現に対する姿勢がうかがえる。

5 「嵐吹く……」の歌 （能因法師） 教科書119ページ

大意・解説 竜田川は古くから紅葉の名所。強い風で散った三室山のもみじの葉が竜田川の川面に敷き詰められ、長く連なって流れていく。美しい錦織物を広げたかのような光景が目に浮かぶ。山と川が織り成す雄大な景色、紅葉の鮮やかな色彩など、情景を豊かに想像しながら鑑賞したい歌である。

6 「ほんとうに……」の歌 （穂村　弘） 教科書151ページ

大意・解説 冷蔵庫を開けると、扉の内側の卵置き場にぽたぽたと涙が落ちたが、本当に自分の涙なのだろうかと自問してしまった。上二句は作者の心の声であり、飾らない口語体の表現には親近感が持てる。おさえ込んでいた感情が不意にあふれた様子や、作者の戸惑いが、倒置によって効果的に表現されている。

7 「卒業生……」の歌 （千葉　聡） 教科書183ページ

大意・解説 卒業生が次々に門を出ていき、最後の一人も出ていったと思ったら、二歩後戻りしてからまた出ていった。名残おしい場面でのユーモラスな行動は、ひときわ印象に残る。最後の一人は母校を出る瞬間を心に刻みたかったのか、あるいは、見送る人のさびしさを紛らわせたかったのだろうか。

▼書く 詩歌創作

短歌のリズムで表現しよう

教科書23〜25ページ

学習目標
●自然や体験を題材に、表現を練りあげて短歌を作る。

1 短歌の題材を見つける

(1) 題材を探す。
・身近な自然や、日常の出来事、これまでの体験などを振り返り、心を動かされたことを探す。

(2) 短い言葉や文章で書きとめる。
・この段階では、情景や心情を自由な形式で書き出していく。

2 短歌のリズムに合わせ、表現を練りあげる

(1) 短歌のリズムに合わせて言葉を並べる。
・五・七・五・七・七の音数を基本にして、言葉を並べてみる。

教科書の例▼ 短歌のリズムに合わせて言葉を並べた例 ──教科書24ページ

一面のシロツメクサの原っぱを踏むのはとても惜しい気がする
（五／七／五／七／七）

＊短歌のリズムにはなっているが、普通の文。

(2) 表現を練りあげる。
・何が最も印象に残っているか、なぜ心を動かされたのか、作った短歌を読み直しながら改めて考えてみる。
・別の言葉で言い換えたり、言葉の順序を並べ替えたりして印象の違いを確かめ、表現したいことにぴったり合う言葉を探す。

言葉の力 表現を練りあげる
●鮮明な印象を与えるように、よりよい言葉を探す。
●読者が想像を広げたくなるように書く。
●倒置や体言止めといった表現技法を用いるのもよい。

教科書の例▼ 短歌の完成例 ──教科書25ページ

・「どうしても踏むのが惜しい」→気持ちを先に表現して印象づけている。何を踏むのかを伏せることで読者の①［　　］を広げる表現になっている。
・「まっさらな」→誰にも踏まれていない原っぱのきれいな様子が伝わる。「一面の」とするよりも、「踏むのが惜しい」気持ちとのつながりが明確になる。
・「輝く野原」→②［　　］止めにしたことで余韻が感じられる。
・「銀の自転車」→単に「自転車」とするより、場面が鮮明になっている。また、前の「③［　　］」と倒置になっている。

▼①想像　②体言　③押してゆく

3 清書して読み合う

・言葉の選び方や並べ方がよく工夫されていると思うところ、印象に残った表現、どんな場面を想像したかなど、感想を伝え合う。
・表現の参考になると思ったことをメモしておき、今後の文章表現に生かす。

日本語探検1
話し言葉と書き言葉

教科書26～27ページ

読みの太字は送り仮名を示す。（　）は中学校では学習しなくてもよい読みを、━線は特別な言葉に限って使われる読みを示す。例は用例を示し、例中の太字は教科書本文中の語句であることを示す。新出音訓の▼は、常用漢字表の「付表」の語を示す。□には漢字を、（　）には読みを書こう。

新出漢字・新出音訓

p.26 **柔**　ジュウ　ニュウ　やわ**らか**　やわ**らかい**　9画　木　□

①やさしい。おとなしい。おだやかだ。例**柔らかい**表現。柔和。温柔。②やわらかい。変形しやすい。例柔軟。③弱々しい。例優柔。柔弱。

p.26 **稼**　（カ）　かせ**ぐ**　15画　禾　□

かせぐ。働いて収入を得る。例**稼ぐ**。荒稼ぎ。稼業。※「時間を稼ぐ」「点数を稼ぐ」という使い方では、「自分の有利になるように行動する」という意味になる。

p.27 **恒**　コウ　9画　心　□

いつも変わらない。例**恒久平和**。恒星。恒常的。恒例。

■**新出音訓**　（――線部の読みを書こう。）

①名前を確認する。▶p.26　（　　）

答　①かくにん

◉**学習内容の要点を押さえよう。（□の中には当てはまる言葉を書こう。）**

1　話し言葉の特徴

話し言葉…①□を使って伝える言葉。

・促音・撥音・長音・拗音を含む表現を用いることで、意味を強めたり、考えをまとめる時間を稼いだり、話し手のくだけた態度を表したりする。

例えっと、僕らはお互いのことをようく考えていかなくっちゃあいけないんだろうね。

＊くだけた言い方は相手や場面によっては不快感を与えることがあるので注意する必要がある。

・文末に「ね」などを付けて、相手への確認を表す場合がある。

・声の質・大きさ・話す速さなどを調節したり、身振り・表情などを加えたりすることで、伝えることを補うことができる。

2　書き言葉の特徴

書き言葉…②□を使って伝える言葉。

・文字で残せるので、自分の書いたものを後から読み返したり、昔の人が書いたものを読んだりすることもできる。

・相手の反応に応じて内容や言い方を調節することはできない。

＊誤解が生じないように分かりやすく書く必要がある。

▼①音声　②文字

ポイント　話し言葉と書き言葉の特徴を理解し、相手や場面に応じて適切に使い分けよう。

漢字道場１　形の似た漢字

教科書28ページ

新出漢字・新出音訓

読みの太字は送り仮名を示す。（　）は中学校では学習しなくてもよい読みを、―線は特別な言葉に限って使われる読みを示す。例は用例を示し、例中の太字は教科書本文中の語句であることを示す。新出音訓の▼は、常用漢字表の「付表」の語を示す。□には漢字を、（　）には読みを書こう。

p.28 **侮**　ブ（あなどる）　8画　人
軽んじる。ばかにする。例軽侮。侮辱。

p.28 **俸**　ホウ　10画　人
給料。例**年俸**。俸給。減俸。

p.28 **准**　ジュン　10画　冫
①正式なものに次ぐ。例准看護師。准教授。②許す。例批准。

p.28 **奨**　ショウ　13画　大
①すすめあげる。例**推奨**。②すすめはげます。例奨励。奨学金。

p.28 **捗（捗）**　チョク　10画　手
はかどる。例進捗。

p.28 **渉**　ショウ　11画　水
①関係する。関わる。例**交渉**。干渉。②渡る。例徒渉。

p.28 **呪**　ジュ　のろう　8画　口
のろう。まじないをする。例呪文。呪術。

p.28 **簿**　ボ　19画　竹
帳面。ノート。例**名簿**。簿記。帳簿。家計簿。通信簿。

p.28 **詠**　エイ（よむ）　12画　言
①調子をとって節をつけてうたう。例朗詠。吟詠。②感動して気持ちを声に出す。例詠嘆。③詩歌をつくる。例詠歌。

p.28 **剤**　ザイ　10画　刀
薬。例**錠剤**。薬剤師。洗剤。消火剤。

p.28 **錠**　ジョウ　16画　金
①平たい丸形の固形薬。例**錠剤**。糖衣錠。②かぎで開閉する止め具。例錠前。手錠。

p.28 **禅**　ゼン　13画　示
①仏教での修行の一つ。例**座禅**。②仏教の宗派の一つ。例禅宗。禅寺。

p.28 **征**　セイ　8画　彳
①戦いに出かける。例**遠征**。出征。征戦。②反逆者や外敵を攻め討つ。例征服。征伐。

p.28 **桑**　（ソウ）くわ　10画　木
くわ。クワ科の落葉高木。例**桑畑**。桑の実。

p.28 **遷**　セン　15画　辶
①場所を移す。例**遷都**。②官位・地位を下げる。例左遷。③移り変わる。例変遷。

p.28 **忌**　キ（いむ）（いまわしい）　7画　心
①きらいさける。例**忌避**。禁忌。②人の死後、一定期間つつしむこと。例忌中。

p.28 **衷** チュウ 9画 衣 □

①本当の気持ち。例**衷心**。②かたよらないこと。例和洋折衷。

p.28 **戴** タイ 17画 戈 □

①ありがたく受ける。例**頂戴**。②頭の上にのせる。例戴冠式。

p.28 **排** ハイ 11画 手 □

おしのける。おす。例**排斥**。排除。排出。排他。排水。

p.28 **斥** セキ 5画 斤 □

①しりぞける。押しのける。例**排斥**。②うかがう。様子をさぐる。例斥候。

p.28 **帥** スイ 9画 巾 □

軍をひきいる長。将軍。例**総帥**。統帥。

p.28 **旦** タン ダン 5画 日 □

①第一日。例**元旦**。歳旦。②朝。例一旦。明旦。旦夕。③「ダン」の音にあてた字。例旦那。

◉学習内容の要点を押さえ、教科書の問題の答えを確かめよう。

形の似た漢字としては、次のようなパターンがある。

1 部首だけが違う漢字

例 板―坂―版―返

※部首の中にも形の似たものの組がある。

例 氵(さんずい)―冫(にすい)

广(まだれ)―厂(がんだれ)

2 全体の形が似た漢字

例 緑―縁　論―諭

3 一画(一本の線や一つの点)の有無で違う漢字

例 木―本　王―玉

○問題 ――――――――――― 教科書28ページ

① 次は、部首だけが違う漢字二つの組である。□に入るのはどちらの漢字だろうか。

解答 1梅　2棒　3推　4渉　5祝　6簿　7泳　8剤

解説 どれも間違えやすい、形の似た漢字である。ここで、熟語として確実に覚えてしまおう。共通する部分がある漢字は音読みが同じであることも多いが、ここに挙げられた組で読みが同じなのは7・8だけである。形の似た漢字の読みと間違えないように注意しよう。

② 次の傍線部の漢字を、部首の意味を手がかりにして正しく覚えよう。

解説 1「ネ」(しめすへん)は、「衤」(ころもへん)と形が似ている。「衤」は、「衣」をもとにしたものであり、衣服の種類や部分に関する漢字を構成する部首である。

③ 次は、全体の形が似ている漢字二つの組である。それぞれの□には、どちらの漢字が入るだろうか。

解答 1柔・桑　2遷・選　3忌・忘　4衷・喪　5戴・載

解説 2は形が似ているだけでなく、音読みも同じなので、特に注意が必要である。

④ 次の傍線部の漢字をもとに、一画を加えたり引いたりして、別の漢字にしよう。

解答 1朱→未　2斥→斤　3帥→師　4旦→日

2 ▼読む 文学一

字のない葉書(はがき)

筆者・向田邦子(むこうだくにこ)

教科書30〜34ページ

ガイダンス

学習目標を押さえ、「字のない葉書」のおおよそを理解しよう。

○学習目標

●登場人物の言葉や行動の意味を考えて、作品を読み味わう。
●作品から読み取ったことをもとに、自分の考えを深める。

○言葉の力　登場人物の言葉や行動の意味を考える

●登場人物の言葉から心情を捉えるときには、言葉の内容だけでなく、どんな言葉遣いをしているかということにも着目するとよい。
●行動や態度からは、言葉にならない思いが読み取れることもある。

●文章を読む前に

教科書の最初の単元で読んだ「手紙の効用」と同じく、手紙についての随筆である。描かれているのは昭和十年代、今から八十年ほど前の家族のエピソードだが、親から子へ、子から親へ向けられる思いは、いつの時代も変わらない。「字のない葉書」には、誰のどのような思いが込められているのだろうか。

●あらすじ

親もとを離れた女学校一年のとき、筆まめな父からは丁寧な手紙が何通も届き、ふだんの父からは想像もつかない、威厳と愛情にあふれた文面に驚かされた。終戦の年、まだ字の書けない年頃だった妹が疎開する際、父は宛名だけを記した葉書を持たせ、元気な日はマルを書いて投函(とうかん)するように言った。妹からの便りは初めはマルだったが、やがてバツに変わり、ついに葉書も来なくなった。三か月後に妹が帰宅すると、父は妹の肩を抱き、声をあげて泣いた。

●文章の構成

父の手紙にまつわる二つのエピソードから成る。
・前半(初め〜31・11)……女学校時代に父からもらった手紙。
・後半(31・12〜終わり)…疎開する妹に父が持たせた葉書。

●主題

手紙を通して知った、父の優しい一面。

ふだんは暴君であるが、手紙の中では威厳と愛情をにじませていた父親。幼い娘への気遣いを大量の葉書に託(たく)した父親。娘に対する愛情を手紙という間接的な手段でしか表に出すことができなかった、照れ性でどこか不器用な父親を、大人になった筆者はいとおしく回想している。

新出漢字・新出音訓

読みの太字は送り仮名を示す。（ ）は中学校では学習しなくてもよい読みを、―線は特別な言葉に限って使われる読みを示す。例は用例を示し、例中の太字は教科書本文中の語句であることを示す。新出音訓の▼は、常用漢字表の「付表」の語を示す。□には漢字を、（ ）には読みを書こう。

娘 p.30　むすめ　10画　女
①親から見た、女の子供。例**娘**。孫娘。②若い未婚の女性。例娘盛り。

戒 p.30　カイ　いまし**める**　7画　戈
①いましめる。さとす。例**訓戒**。戒め。戒律。自戒。破戒。②用心する。例警戒。

威 p.31　イ　9画　女
①おごそかでいかめしい。例**威厳**。権威。②おどす。例威圧。威力。

恥 p.31　チ　は**じる**　は**じらう**　はじ　は**ずかしい**　10画　心
きまり悪く思う。はじる。例**気恥ずかしい**。恥知らず。恥辱。厚顔無恥。

疎 p.31　ソ　（うと**い**）（うと**む**）　12画　疋
①まばら。間が空いている。間隔を開く。例**疎開**。過疎。②うとい。親しくない。例疎遠。疎外。親疎。③とおす。例疎通。

遭 p.31　ソウ　あ**う**　14画　辶
たまたま出あう。例**遭う**。遭遇。遭難。

肌 p.31　はだ　6画　肉
人の皮膚。また、物のいちばん外側の表面。例**肌着**。柔肌。肌寒い。

縫 p.31　ホウ　ぬ**う**　16画　糸
糸でぬい合わせる。例**縫う**。縫合。縫製。裁縫。天衣無縫。

炊 p.32　スイ　た**く**　8画　火
食物を煮たきする。例**雑炊**。炊飯。炊き込みご飯。

丼 p.32　どんぶり　どん　5画　丶
どんぶりばち。また、どんぶりばちに盛られた料理。例**丼**。牛丼。丼飯。

鉛 p.32　エン　なまり　13画　金
なまり。例**赤鉛筆**。鉛色。亜鉛。

迎 p.32　ゲイ　むか**える**　7画　辶
待ち受ける。例**歓迎**。**迎える**。迎合。迎春。送迎。出迎え。

茎 p.32　ケイ　くき　8画　艹
植物のくき。例**茎**。地下茎。

吐 p.32　ト　は**く**　6画　口
口から出す。例**吐き出す**。吐息。吐血。

叱（叱） p.32　シツ　しか**る**　5画　口
しかる。ののしる。例**叱る**。叱責。叱声。

痩 p.33　（ソウ）　や**せる**　12画　疒
やせる。細い。例**痩せる**。痩せ我慢。痩身。

肩 p.33　（ケン）　かた　8画　肉
かた。例**肩**。肩身が狭い。肩甲骨。

■**新出音訓**　（――線部の読みを書こう。）

①父は照れ性だ。 →p.31　（　　）

答　①しょう

語句・文の意味

語義が複数の場合、①に教科書本文中の語義を示してある。類は類義語、対は対義語、文は語句を用いた短文例を示す。
●印は、教科書の脚注に示されている語句である。

▼30ページ

●**筆まめ**　手紙や文章をまめに書くこと。また、そのような人。対筆不精。

女学校一年で初めて親もとを離れた　父親が保険会社勤務の転勤族であったため、一家はしばしば引っ越しをしている。筆者が女学校に入学後、家族は香川から東京に転居し、筆者は二学期に東京の女学校に編入学するまでの間、家族と離れて暮らすことになった。

●**……にあげず**　間を置かないで。しばしば。ほとんど毎日のように。多くは「三日にあげず」の形で用いる。文本を読むのが好きで、三日にあげず図書館に通っている。

大ぶりの筆　大きめの文字。「筆」は書かれた文字のこと。

罵声　口汚くののしる声。

拳骨　にぎりこぶし。ここでは、にぎりこぶしで殴ること。「母や子供たちに手を上げる」(30・14)ともあるので、父親は暴力を振るうことが多かったことがうかがえる。

●**こそばゆい**　①照れくさい。実際よりも高く評価されて、何となくきまりが悪い。②くすぐったい。

折り目正しい　礼儀作法にかなって、きちんとしている様子。

貴女　手紙文などで、女性に対して敬意を表して用いる。「貴方」は相手の性別に関係なく用いることができる。

字引　字典。辞書。

訓戒　物事の道理や善悪を教えさとし、いましめること。

手を上げる　殴る。乱暴する。

▼31ページ

威厳　近寄りがたいくらい、堂々としていて、おごそかであること。

非の打ちどころのない　何の欠点もなく、非難する点がない。完璧である様子。

●**暴君**　①(家庭や職場で)わがままを押し通す人。②人民を苦しめる乱暴な君主。

他人行儀　親しい間柄なのに、他人に接するようによそよそしく、打ち解けないこと。

妹が「文面」を書いた　妹はまだ字が書けない年頃であったため、葉書に書いたのはマルやバツであって文章ではなく、正確には文面ではない。そのため、かぎ括弧が付けられている。

●**不憫**　かわいそうなこと。気の毒なこと。

命からがら　非常に危険なめに遭い、命だけはやっとのことで助かった様子。

●**おびただしい**　①数や量が非常に多い。類多数の。多量の。②程度がはなはだしい。

▼32ページ

●**かさ高**　①物の体積や量などが大きい様子。かさばっている様子。②態度が大きく、えらそうな様子。

●**威勢のいい**　元気がいい。勢いがある。文魚屋さんが威勢のいい声で客を呼ぶ。

梅干しの種をしゃぶっていた　空腹を紛らわせるためである。

出窓で見張っていた弟　妹が帰ってくるのを真っ先に見つけようと、出窓に身を乗り出して通りの様子をうかがっていたのである。妹の帰りを心待ちにしている様子がうかがえる。

読み解こう

まとまりごとの内容を捉えよう。[　　]の中には当てはまる言葉を書こう。

前半 〔初め〜31・11〕 女学校時代に父からもらった手紙。

■父の日頃の人物像を読み取る。

・保険会社の支店長。
・家庭では、筆者を「おい邦子！」と呼び捨てにし、罵声や拳骨をあびせることも日常的。
・ふんどし一つで家中を歩き回り、大酒を飲み、かんしゃくを起こして母や子供たちに手を上げる。
→「暴君」(31・3)

●ポイント　社会的地位のある人物だが、家庭内では粗野で乱暴。

■父からの手紙はどのようなものだったかを捉える。

表書き……・一点一画もおろそかにしない大ぶりの筆で、「向田邦子殿」と書いてある。
文面……・折り目正しい時候の挨拶から始まる。
・新しい東京の社宅の様子が事細かに書いてある。
・手紙の中では筆者のことを「[　　]」と呼んでいる。
・「……勉強になるからまめに字引を引くように。」(30・12)という訓戒も添えられている。

▼貴女

●ポイント　礼儀にかなった丁寧な手紙であるが、家族に宛てたものとしては堅苦しく、他人行儀である。

■手紙の文面から、筆者は父親のどのような一面を見いだしているかを捉える。

●手紙の中の父親の姿
・「威厳と①[　　]にあふれた非の打ちどころのない父親」(31・1)
・「優しい父」(31・8)

ふだんの父親とは全く異なる

●現在の筆者の考察
・暴君ではあったが、②[　　]でもあった父。
・他人行儀という形でしか娘に手紙が書けなかったのだろう。
・日頃気恥ずかしくて演じられない父親を、手紙の中でやってみたのかもしれない。

▼①愛情　②照れ性

●ポイント　手紙から感じ取れる父親像は、ふだんは隠れている父の優しい一面が表れたものと筆者は受け止めている。

テストに出る！

問　**筆者が父からの手紙を見て、「こそばゆいような晴れがましいような気分になった」(30・9)のはなぜか。**

答　つい四、五日前までは「邦子」と呼び捨てにされ、罵声や拳骨も食らうほど乱暴に扱われていたのに、手紙の表書きでは敬意を込めた呼び方をされ、自分が一人前の大人として扱われているように思えたから。

後半 〔31・12〜終わり〕 疎開する妹に父が持たせた葉書。

■「末の妹が甲府(こうふ)に学童疎開をすることになった」(31・12)のは、どのような事情があったからか。

・三月十日の東京大空襲で、命からがらのめに遭ったから。

→このまま東京にいては一家全滅の危険があると感じ、幼い子供たちだけでも助かるようにしたいと考えたから。

●ポイント 終戦間近の、緊迫(きんぱく)した状況下でのエピソードである。

■末の妹を送り出す際の両親の心情を読み取る。

・母…「当時貴重品になっていたキャラコ」(31・17)で肌着を縫ってやった。

→まだ幼いのに親もとを離れなくてはならない娘を不憫(ふびん)に思い、親としてできる限りのことをしてやりたいと思っている。

・父…たくさんの葉書を用意し、①□宛ての宛名を書いた。

→まだ②□が書けない娘が、自分の様子を知らせることができるようにし、家族のつながりを保ちたいと思っている。

▼①自分 ②字

■妹からの葉書の変化と、そこから読み取れる妹の状況を整理する。

(1) 威勢のいい①□の大マル …地元婦人会から赤飯やぼた餅を振る舞われ、腹いっぱい食べることができて満足している。

↓

(2) マルが急激に小さくなる(情けない黒鉛筆の小マル) …妹の元気がなくなっていく。ごちそうでもてなされたのは初日だけで、その後は周囲の接し方も冷たくなり、妹はさびしさを募らせていったのであろう。

↓

(3) 小マルが②□に変わる …食べ物も十分にはもらえず、家族と離れていることのさびしさも限界に達した。

↓

(4) バツの葉書も来なくなる …葉書も出せないほど元気がなくなる。(百日ぜきを患(わずら)っていた。)

▼①赤鉛筆 ②バツ

■「痩せた妹の肩を抱き、声をあげて泣いた」(33・2)ときの、父の気持ちを考える。

・疎開させたことで幼い娘につらい思いをさせてしまい、不憫に思う気持ち。また、娘を守ってやれなかった自分を責めるとともに、娘にわびたい気持ち。

テストに出る!

問 **父が、疎開する末の娘に「宛名だけ書かれたかさ高な葉書の束」(32・3)を持たせたのは、何のためか。**

答 まだ字が書けない幼い娘が、自分の近況を毎日家族に知らせることができるようにするため。

テストに出る!

問 **末の娘が帰ってくるのを心待ちにしていたことが分かる父の行動を本文中から抜き出しなさい。**

答 はだしで表へ飛び出した(33・2)

てびき—解答と解説

教科書の課題を解き、学習内容をしっかりと身につけよう。

教科書34ページ

◉人物の言葉や行動・態度から、人物像や心情を読み取ろう

❶この随筆の前半部分(30・1〜31・11)を読んで、「私」が手紙を通して父についてどのようなことを発見したのかを捉えよう。

解答 ふだん家族の前では暴君そのものである父が、手紙の中では「私」に対しても「貴女」と敬語を用いる、威厳と愛情にあふれた非の打ちどころのない父親であった。日頃は気恥ずかしくてできない「優しい父」を手紙の中でやってみたのかもしれないと筆者は考えている。

解説 父の、「私」に対する細やかな思いやりや、ふだんはそれを表に出せない照れ性な一面が、この手紙には表れている。

❷後半部分(31・12〜33・6)を読んで、末の妹が「疎開に出発する前」と「帰宅するとき」に父がとった行動や態度から、父のどんな思いが伝わってくるかを考えてみよう。

解答 ◆疎開に出発する前…父は大量の葉書に自分宛ての宛名を書いて妹に持たせ、毎日一枚ずつ出すように言った。これは妹が日々の近況を家族に知らせることができるようにするためであり、離れていても家族とつながっているという安心感を与えようと思ったからである。また、父自身が幼い我が子の様子を知りたいという気持ちもあったであろう。

◆帰宅するとき…かぼちゃを全部収穫したことを叱らなかったのは、妹を何とかして喜ばせたいという思いは父も同じだったからである。妹が帰宅するとはだしで飛び出し声をあげて泣く姿からは、「つらい思いをさせてすまない」「よくがんばったな」「無事に帰ってきてくれてうれしい」といった気持ちが伝わってくる。それまでおさえていた思いが一気にあふれ出たのだろう。

解説 冷静に対処しているように見える父だが、心中では誰よりも末の妹のことを心配し、気が気でなかったことがうかがえる。

◉人物の思いについて話し合おう

❸「あれから三十一年」(33・5)が過ぎて、「私」は父のことをどのような思いで振り返っているのだろうか。話し合ってみよう。

解説 「ひどくびっくりした。」(30・5)や「こそばゆいような晴れがましいような気分になったのであろう。」(30・9)は、当時の筆者の心境だが、「暴君ではあったが、反面照れ性でもあった父は……手紙の中でやってみたのかもしれない。」(31・3〜5)は、大人になった筆者の考察である。また、疎開先から帰ってきた妹を抱いて泣く父の姿を見たときも、当時の筆者は「大人の男が声を立てて泣くのを初めて見た。」(33・3)ことや、ふだんの父とのギャップにただ驚くだけであったにちがいない。しかし、三十年余りを経て、その出来事を振り返る筆者の目には、家族への愛情にあふれた父の姿が見えていることだろう。ふだん身近にいる家族には特別そのようなそぶりは見せなかった父親だが、親もとを離れる娘とは、手紙や葉書でつながりを持とうと心がけていた。そんな父の優しさや不器用さを、大人になった筆者は十分に理解し、感謝や親しみの思いを抱いて、なつかしく振り返っている。

学びの扉（とびら）　人物像を捉える

ある人物の人柄や考え方などの特徴のことを、人物像という。小説などの文学作品を読む際には、登場人物の人物像を捉えることが重要である。教科書242・244ページの「遅刻」という物語の一場面を読んで、京子と理奈の人物像を考えてみよう。

●人物の言葉や行動・態度に着目する

・人物像を捉えるには、人物の言葉や行動・態度に着目し、その意味を考えていく。

教科書の例▼　京子の人物像を捉える――――教科書242〜243ページ

京子の言葉や行動・態度	人物像
少し眉（まゆ）をひそめると、（態度）	→時間はきちんと守るべきだという意識が強い。＝真面目、[①]。
念のため、早めに家を出て、ここには約束より十五分前から座っている。（行動）	→[②]な性格。
「せめて、慌てて走ってくるふりくらいしてよ。」（言葉）と京子は言って、ほほ笑んだ。（態度）	→時間は守るべきだと思っているが、友人の失敗を大目に見るという[③]もある。

・京子の人物像…慎重（しんちょう）な性格で、時間に対してきちょうめんだが、友人への優しさもある人物。

▼①きちょうめん　②慎重　③優しさ

教科書の例▼　理奈の人物像を捉える――――教科書242〜243ページ

理奈の言葉や行動・態度	人物像
悠々とした足取りで歩いてくる。（行動）	→[①]している。
「あれっ、私がちょっと遅かったの？」（言葉）	→時間をあまり気にしない、[②]なところがある。
軽く頭をかき、目を細めて愉快そうに笑った。（態度）	→失敗を重く感じない、[③]な性格。

・理奈の人物像…のんびりしていて、大ざっぱなところがあり、陽気な人物。

▼①のんびり　②大ざっぱ　③陽気

●人物像の多面性に気づく　教科書35、242〜245ページ

・人物像は、さまざまな側面を持った多面的なものであり、場面・状況によっては異なった面が見えてくることもある。

教科書の例▼　理奈の別の一面を捉える――――教科書244〜245ページ

・道を尋ねてきたおばあさんといっしょに、郵便局を探した。

→困っている人を放っておけない親切な人物。

・「私も今日は……早めに出発したつもり」という言葉。

→きちょうめんな京子に合わせようとする気遣いのできる人物。

・おばあさんを案内していたことを「ちょっと寄り道」と表現しているところ。　→ひかえめで照れ屋な人物。

2 ▼読む　文学一

辞書に描かれたもの

作者・澤西祐典（さわにしゆうてん）

教科書36〜45ページ

ガイダンス

学習目標

● 登場人物の言葉や行動の意味を考えて、作品を読み味わう。
● 作品から読み取ったことをもとに、自分の考えを深める。

言葉の力

登場人物の言葉や行動の意味を考える

● 登場人物の言葉から心情を捉えるときには、言葉の内容だけでなく、どんな言葉遣いをしているかということにも着目するとよい。
● 行動や態度からは、言葉にならない思いが読み取れることもある。

文章を読む前に

中学校に入ると、国語の授業では古典の学習も本格的に始まり、古語辞典を使う機会も出てくるだろう。この小説の主人公も、古語辞典を手にして期待をふくらませる。しかし、新しい世界への扉（とびら）はすんなりとは開かなかった。そんななか、一人の友人の存在が刺激（しげき）となって、辞書を引く意義や、蓄積（ちくせき）されていく人知の奥深さに気づいていく。今や、何でもインターネットで簡単に検索（けんさく）できてしまう時代だが、紙の辞書をめくり、自分の手で探り当てていくことでしか得られない何かを感じさせてくれる作品である。

学習目標を押さえ、「辞書に描かれたもの」のおおよそを理解しよう。

あらすじ

中学一年の秋、私は新品の辞書を用意して授業に臨（のぞ）んだものの、使いどころが分からなかった。そんな時、小学校以来の友人で今は疎遠になっていた上野（うえの）が、後ろの席で熱心に辞書を引いていることに気づいた。私ははがゆい気持ちに駆られ、辞書を一度も開くことなく授業を終える。翌週、年季の入ったぼろぼろの辞書を目を輝かせて読んでいる上野の姿にいらだち覚えた私は、思わず「おまえ、汚い辞書使ってんな。」と乱暴に言葉を発してしまう。後悔に襲われる私に対し、上野は昔と変わらない穏（おだ）やかな口調で、母親が使っていた辞書であることを告げた。私はろくに返事もできないまま、それっきり上野と会話を交わすことはなかった。

しばらく後の美術の授業で、思い入れのある持ち物を題材に絵を描くことになり、私は試合で使う予定の新品のスパイクシューズを選んだ。一方、上野が題材に選んだのは、あの古い辞書だった。私は先日の一件を思い出して居心地の悪い思いをする。年が明けて、絵が返却（へんきゃく）された。私の絵は単調で魅力（みりょく）に欠け、試合で結果を出せなかったことまで思い出された。放課後、美術室に置き忘れた絵を取りに行った私は、展示されていた上野の絵に目を留める。辞書は本物そのままにくすみや汚れも描かれていたが、よく見るとそれは人の指跡なのだと分かった。さらに辞書の周りには、一冊の書物に向かって何度も伸ばされた人の手の残像が描き込まれていた。それらに気づいたとき、私の中にあったもやもやした気持ちが晴れていった。私は、そこに描かれた、受け継がれていく人の営みに自分の指を重ねるように、そっと手を伸ばした。

文章の構成

時の流れに沿って、次のような四つの場面に分けることができる。

- 第一場面(初め〜38・18)……辞書を手に臨んだ国語の授業。
- 第二場面(38・19〜40・28)…辞書をめぐる上野との会話。
- 第三場面(41・1〜43・14)…上野が描いた辞書の絵。
- 第四場面(43・15〜終わり)…「私」の現在の心境。

第一場面と第二場面には、小学校時代の出来事を回想している部分が含まれている。第三場面は、時間的には二学期の「美術の授業」から「冬休み」「一年生最後の学期」までと幅があるが、「絵」にまつわるエピソードとして一つにまとめて捉えておく。

表現の特色

(1) 語り手が過去の自分を回想して語っているため、「私」の心情が細かく描写されている。

(2) 辞書を繰る「音」や「手」が印象的に描写され、上野が描いた辞書の指跡や辞書に向かって伸ばされた手へとつながっている。

- 「紙をめくる音……音は後ろから聞こえてくる。」(37・8)
- 「その長い指で辞書をめくり」(37・16)
- 「辞書を繰る音が絶えず後ろから聞こえてきた。」(38・11)
- 「後ろから辞書をめくる音が聞こえた。」(39・25)
- 「上野の母の白い手がページをめくった音」(40・8)

(3) 序盤と終盤の対比的な表現が、「私」の変化を印象づけている。

- 「私は伸ばしかけた手を引っ込めた。」(36・26)
「そっと私は手を伸ばしていた……。」(43・13)
- 「深い霧に包まれたように疑わしくなった。」(37・5)
「唐突(とうとつ)に、私の中の霧が晴れていった。」(43・7)

主題

辞書を活用してきた多くの人々の探究心と、それを受け継いでいくことの大切さ。

新品の辞書を誇らしく思っていた「私」には、使い古された上野の辞書がみすぼらしく見えるだけだった。しかし、熱心に辞書をめくる上野の姿や、小学校の頃、上野の家の書斎で見かけた彼の母親の姿、そして上野が描いた絵をきっかけに、辞書を使って調べたり考えたりする人の営みにこそ価値があるのだということに気づいた。今は教師になっている「私」もまた、その営みを受け継いでいるのである。

新出漢字・新出音訓

読みの太字は送り仮名を示す。（ ）は中学校では学習しなくてもよい読みを、―線は特別な言葉に限って使われる読みを示す。例は用例を示し、例中の太字は教科書本文中の語句であることを示す。新出音訓の▼は、常用漢字表の「付表」の語を示す。□には漢字を、（ ）には読みを書こう。

p.36 **薦** セン　すす**める**　16画　艹　□
よいものをすすめる。例**推薦**。自薦。他薦。

p.36 **購** コウ　17画　貝　□
買い求める。例**購入**。購買。講読。

p.36 **控** （コウ）　ひか**える**　11画　手　□
①行動をとどめておく。例購入を**控える**。②準備しておく。例控え選手。控え室。③うったえる。例控訴。

p.36 **傾** ケイ　かたむ**く**　かたむ**ける**　13画　人　□
①ある方向にかたむく。例傾向。②ななめになる。例傾斜。③一つのことに思いを向ける。例耳を**傾ける**。傾倒。傾聴。

p.36 **箇** カ　14画　竹　□
物や所の一つ一つ。例**箇所**。箇条書き。

p.37 **霧** ム　きり　19画　雨　□
きり。例深い**霧**。霧雨。五里霧中。雲散霧消。

p.37 **繊** セン　17画　糸　□
①細い。かよわい。例**繊細**。繊毛。②糸すじ。例繊維。

p.37 **趣** シュ　おもむき　15画　走　□
①ふぜい。味わい。例**趣味**。情趣。趣向。②意義。目指すところ。例趣旨。趣意書。

p.37 **瓶** ビン　11画　瓦　□
とっくり型の容器。びん。例**牛乳瓶**。花瓶。

p.37 **没** ボツ　7画　水　□
①しずむ。なくなる。例日没。沈没。生没年。②熱中する。例**没頭**。③取り上げる。例没収。

p.37 **繰** く**る**　19画　糸　□
①順にめくる。順送りに動かす。例辞書を**繰る**。繰り返す。②まきとる。例糸を繰る。

「操」と間違えないように、「糸」をイメージして覚えよう。

p.38 **錯** サク　16画　金　□
①入りまじってまちがえる。例**試行錯誤**。錯覚。②まじり合い乱れる。例**交錯**。錯乱。

p.38 **剝（剥）** ハク　は**がす**　は**がれる**　は**ぐ**　は**げる**　10画　刀　□
はがす。はがれる。例**剝がれる**。剝奪。剝離。剝製。

p.39 **悔** カイ　く**いる**　くや**しい**　くや**む**　9画　心　□
自分の失敗などに気づいて残念に思う。例**後悔**。悔し涙。悔恨。

p.39 **鼓** コ　（つづみ）　13画　鼓　□
①木や土器で作られた胴の両面に皮を張り、ばちで打ち鳴らす楽器。例太鼓。鼓笛隊。**鼓動**。②はげます。例鼓舞。

p.39 **巡** ジュン　めぐ**る**　6画　川　□
①回って歩く。例思いを**巡らせる**。巡業。②視察してまわる。例巡査。巡察。

p.39 **概** ガイ　14画　木　□

①おおよそ。だいたい。例**大概**。概観。概略。概念。②ようす。例気概。

挨 p.39　アイ　10画　手
たがいに近づく。例**挨拶**。

拶 p.39　サツ　9画　手
せまる。例**挨拶**。

髪 p.39　ハツ　かみ　14画　髟
かみの毛。例黒い**髪**。髪形。散髪。頭髪。危機一髪。

「危機一髪」は、危険が髪の毛一本ほどのところまでせまること。「危機一発」ではないですよ。

棚 p.40　たな　12画　木
①板などを水平に渡して物をのせるもの。例**書棚**。本棚。神棚。②傾斜のゆるやかな山の斜面や海底。例棚田。大陸棚。

隔 p.40　カク　へだてる　へだたる　13画　阝
①遠ざける。離す。例**隔たり**。分け隔て。隔離。間隔。遠隔操作。②一つおいて次の。例隔月。隔週。

惨 p.41　サン　(ザン)　(みじめ)　11画　心
心がいたむ。むごたらしい。例**惨憺たる**結果。悲惨。惨状。惨事。

暇 p.41　カ　ひま　13画　日
ひま。やすみ。例**暇**がある。休暇。余暇。

却 p.41　キャク　7画　卩
①かえす。例**返却**。②なくす。例焼却。③～してしまう。例忘却。売却。退却。

嫌 p.42　ケン　ゲン　きらう　いや　13画　女
①いやがる。例**嫌な**感情。不機嫌。嫌気がさす。嫌悪。②うたがう。例嫌疑。

「好き」も「嫌い」も部首は「女」なのね。

奇 p.42　キ　8画　大
①普通と違う。珍しい。例**奇妙**。奇怪。奇異。奇跡。好奇心。②すぐれている。例奇才。奇特。奇抜。③はんぱな。例奇数。

紋 p.42　モン　10画　糸
①もよう。例**指紋**。波紋。紋様。②家のしるし。例家紋。紋服。紋章。

○広がる言葉

傲 p.45　ゴウ　13画　人
おごりたかぶる。例**傲慢**。傲然。

謙 p.45　ケン　17画　言
へりくだる。ゆずる。例**謙虚**。謙遜。謙譲語。

■新出音訓（——線部の読みを書こう。）

①授業に臨む。→p.36（　　）
②ひどい代物だ。→p.39（　　）
③車が行き交う。→p.39（　　）
④挨拶を交わす。→p.39（　　）

答　①のぞ　②しろもの　③か　④か

語句・文の意味

語義が複数の場合、①に教科書本文中の語義を示してある。類は類義語、対は対義語、文は語句を用いた短文例を示す。
●印は、教科書の脚注に示されている語句である。

▼36ページ

●**推薦**（すいせん）　よいと思う物事や人物を他人にすすめること。類推奨。推挙。

臨む（のぞむ）　①会合などに出席する。ある場所に出かける。文体調を整えて明日の試合に臨む。②ある事態に直面する。③場所や景色などを目の前にする。

控える（ひかえる）　[ここでは他動詞]①行動を起こさないでおく。②量や程度を少なめにする。③後で見直せるよう書き留めておく。

得意（とくい）　①誇らしげに自慢すること。②思いどおりになり満足すること。③手慣れていて自信があること。じょうずであること。

●**しびれを切らす**　①長く待たされて、我慢できなくなる。文注文した出前がなかなか来ないので、しびれを切らして再度電話した。②長時間座るなどして、足がしびれる。

付記（ふき）　付け加えて書くこと。書き添えること。また、その書かれたもの。

▼37ページ

●**まごつく**　どうすればよいのか分からず、うろたえる。類まごまごする。

……どころか　前に述べたことを打ち消して、後に述べることを強調する。ここでは、「辞書の使い道」が分からないということを示したうえで、「その存在意義」や「古文の価値」さえも分からなくなったということを強調している。文優勝どころか、一勝もできなかった。

果ては（はては）　しまいには。ついに。とうとう。

●**かっこう**　①ふさわしいこと。具合がいいこと。文キャンプをするにはかっこうの場所だ。②姿や形。身なり。③見た目に整っている状態。

●**没頭**（ぼっとう）　一つのことに精神を集中させること。類熱中。没入。

▼38ページ

●**はがゆい**　思うようにならず、じれったい。もどかしい。文新入部員の動きを見ていると、はがゆい。

あおる　①物事に勢いをつける。②相手が行動を起こすように仕向ける。けしかける。③風を起こして火の勢いを強める。

いたずらに　むだに。無益に。むなしく。

●**雰囲気**（ふんいき）　その場の状況やそこにいる人たちによって自然に作り出される気分。類様子。気分。感じ。ムード。

糸口（いとぐち）　①きっかけ。手がかり。②巻いてある糸の先端。

年季の入った（ねんきのはいった）　①（物が）長年使い込まれている。使い古されている。文母は年季の入ったバッグを持ち歩いている。②（人が）長年経験や修練を積んで確かな腕前を持っている。「年季」とは、もともと人をやとい入れる際の年限を表す。

●**くすむ**　①黒ずんだ、地味な色になる。文古い建物なので、壁（かべ）の色はくすんでいる。②生気を失っている。沈んだ様子である。

▼39ページ

代物（しろもの）　①人や物を何らかの評価をこめていうときの語。文めったに手に入らない代物だ。②商品。品物。

●**つぶら**　まるくて、かわいらしいさま。「目」や「瞳」の形容に使われることが多い。

●**屈託**（くったく）　①一つのことを気にかけて、くよくよすること。「屈託（の）ない」は、気がかりや心配事がなく、さっぱりしているさま。②疲れてあきること。

てらい　てらうこと。自分の知識や才能などを誇って、見せびらかすこと。

そぶり　表情・動作・態度などに現れている様子。

●**大概**　①全部ではないが多くの部分。類ほとんど。たいてい。だいたい。②物事の大まかな内容。③あまり極端にならない程度。

▼40ページ

自分はなぜあれほど……初めてだったからかもしれない。　語り手である現在の「私」が、当時の自分を客観的に見て分析している部分。一方、直前の文の「見てはならないものを見た気がして」は、当時の「私」が感じたことである。

●**動揺**　①心や気持ちが不安定になり、落ち着かなくなること。文大切なメモをなくしてしまい、動揺する。②揺れ動くこと。

率直　かざったり、隠したりせず、ありのままであるさま。類素直。

咀嚼　①物事や言葉の意味をよく考えて理解すること。②食べ物を歯でよくかみくだくこと。

失言　言うべきでないことを、うっかり言ってしまうこと。また、その言葉。ここでは、授業前に「私」が発した「おまえ、汚い辞書使ってんな。」(38・39)という一言を指す。

▼41ページ

下ろし立て　使い始めたばかりの新品。「…立て」は「…したばかり」という意味を表す接尾語。

筆を休める　絵を描いたり、文字を書いたりすることを中断する。

ぶり返す　良い方向へ向かっていた物事が、再び悪い状態に戻る。文治りかけていた頭痛がぶり返した。

みすぼらしい　見た目がおとっていて貧しそうである。文逃げた飼い犬が、数日後にみすぼらしい姿で帰ってきた。

ぶかっこう　姿・形が悪いこと。体裁が悪いこと。みっともないこと。

とたん　ちょうどその瞬間。「……したとたん」のような形でも使われる。

●**邪推**　他人の言動の意味を、悪いほうに推察すること。物事を素直に考えず、自分だけ不利であると思い込んだり、相手が自分に悪意を持っていると疑ったりすること。

当てつけ　ほかのことにかこつけて、相手を非難したり、相手が不快に思うようなことをしたりすること。

交錯　いくつかのものが入り交じること。「視線が交錯する」は、「目が合う」という意味。

惨憺　①いたましく、見ていられないさま。「惨憺たる」の形で使われることが多い。②心を悩ませるさま。

●**所在ない**　することがなくて退屈であるさま。

単調　調子が一定で、変化にとぼしいこと。同じような状態が続くこと。類一本調子。

▼42ページ

数珠つなぎ　多くの玉を糸に通してつないだ数珠のように、多くの人や物をひとつにつなぐこと。また、そうなっている状態。

▼43ページ

残像　目で物を見た後に、その像がしばらく目に残っている感覚のこと。ここでは、あるものが存在していたことを感じさせる跡といった意味で使われている。

●**唐突**　突然であるさま。類突然。不意。突如。文唐突に質問されて、何も答えられなかった。

読み解こう　場面ごとの内容を捉えよう。

□の中には当てはまる言葉を書こう。

第一場面［初め～38・18］辞書を手に臨んだ国語の授業。

■場面の設定を捉える。

・中学一年生の秋、「私」は新しい古語辞典を買ってもらった。
↓絵巻物が①□に使われていて、ひと目で気に入った。

・授業に臨むと、ほかの生徒はほとんど古語辞典を持ってきていなかった。↓少し②□になった。

▼①表紙　②得意

■授業中の「私」の、辞書に対する心情の変化を捉える。

(1) いつ辞書を使うのだろうかと、①□しながら先生の話に耳を傾けた。

(2) プリントになじみのない言葉を見つけ、いよいよ辞書の出番かと思い、張りきった。

期待

(3) 難しい語の横には意味が記されていたため、辞書を引くにはもっとふさわしい箇所があるのではないかと考え、辞書に伸ばしかけた手を引っ込めた。

(4) どうすればよいのか分からず、②□ばかりで、授業に集中できなくなった。

迷い

(5) 辞書への淡い期待はすっかり色あせ、辞書の使い道も、存在意義も、古文の価値さえも③□に包まれたように疑わしくなった。

失望

▼①緊張　②まごつく　③深い霧

・ポイント　「深い霧」という比喩は、第三場面への伏線となっている。

■授業中の上野の様子を読み取る。

・「私」の後ろの席に座っている。

・辞書とプリントを交互に見て、辞書をめくり、ノートに何かを書き込んでいる。↓□な顔つき。

▼真剣

・ポイント　辞書の使い方がよく分からず、授業への関心もなくした「私」とは対照的な様子である。

■小学校時代の回想部分（37・19～38・8）から、「私」と上野の関係を読み取る。

・家が近所で、小学校時代にはお互いの家を行き来して遊んだ。

・趣味が合う。↓めんこや釣りに夢中になった。

「私」	・おもしろいものを①□てくる役 ↓珍しい牛乳キャップを見つけてくる ・中学では陸上部	好奇心 活動的
上野	・遊び方を②□する係 ↓めんこの仕上げや釣り餌に工夫を凝らす ・中学では部活に入っていない	探究心 集中力

・中学校に進学後は友達づきあいがほとんどなくなっていた。

▼①見つけ　②工夫

・ポイント　二人は気の合う友達だが、性格は対照的である。

■「うまく言えない、はがゆい気持ち」（38・9）は、どのようなことから生じたのかを考える。

上野は、**真剣な顔つき**で辞書を引いている。 ⇔ 「私」は辞書の使い方がよく分からなかった。

いっしょに遊んでいた小学校時代を思い出させた。 ⇔ 中学校では、お互い違う友達の輪の中にいることが多い。

→ **はがゆい気持ち**（思うようにならず、じれったい）

・それをあおるような、辞書を繰る音。

●**ポイント** 上野が使いこなしている辞書を自分は使えなかったこと、小学校時代はいつもいっしょだった上野が今は遠く感じられることなどが、はがゆい気持ちになっていると考えられる。

■**授業の始まりと終わりとで、辞書をめぐる「私」の気持ちが大きく変化していることを読み取る。**

・「私は机の上に①［　　］の辞書があるのを見て、少し得意になった。」（36・12）→辞書を用意できた自分を誇らしく思う気持ち

・「私は②［　　］ようにして、一度も開かれることのなかった辞書をロッカーの中へ押し込んだ……。」（38・16）

→辞書をうまく使えなかった自分を恥ずかしく思う気持ち

▼①新品　②隠れる

テストに出る!

問 **「真剣な顔つき」（37・17）を見て、「私」は上野がどのような気持ちで辞書を引いていると感じ取ったのだろうか。**

答 辞書を手がかりに、知らない言葉の意味を明らかにし、しっかりと理解したいという気持ち。

◆めんこの仕上げに試行錯誤したり、釣り餌を工夫したりするのと同じ探究心を持って、授業に意欲的に取り組んでいることを感じ取ったと考えられる。

テストに出る!

問 **「楽しみにしていたはずの時間がいたずらに過ぎ去った。」（38・13）とは、どういうことか。説明しなさい。**

答 古語辞典を授業中に使うことを楽しみにしていたが、一度も使うことができなかったということ。

第二場面　［38・19〜40・28］　辞書をめぐる上野との会話。

■**「私」が上野に「おまえ、汚い辞書使ってんな。」（38・39）という言葉を発した理由を考える。**

●「私」

・上野に話しかけたいが、どう接していいか分からない。

・上野の目に自分の姿は少しも映っていないと感じる。

●上野

・古くぼろぼろになった辞書を熱心に読んでいた。

・らんらんと輝く目。（辞書に向けられている）

・不思議と［　　］を覚えた。

→・気がついたときには乱暴に言葉を発していた。

▼いらだち

●**ポイント** 上野に以前のように近づけないもどかしさ、その上野が関心を向ける辞書に、自分のいらだちをぶつけてしまった。

■会話を交わしたときの、「私」と上野の様子を読み取る。

●「私」

「おまえ、汚い辞書使ってんな。」(38・39)

・激しい①［　　］が襲う。
・鼓動が激しくなる。
・その口調が私の心をぶった。（心の痛み）

●上野

「うん、母さんが……辞書なんだって。」(39・10)

・頭を上げ、じっと見つめ返す。
・「屈託も②［　　］もない言い方」(39・12)
・「昔と変わらない、心を許した相手にだけ向けた穏やかな話し方」(39・17)

▼①後悔　②てらい

■辞書をめぐる会話のあと、二人の関係はどうなったか。

上野……相変わらず目を輝かせながら辞書を引いていた。

「私」……自分の失言のせいもあり、上野との間にいっそうの①［　　］を感じ、それっきり上野と会話を交わさなかった。

辞書は②［　　］のまま、ロッカーに放置された。

▼①隔たり　②未使用

■上野の母親についての回想部分(39・31〜40・16)を読み取る。

・上野の母親には、彼の家で何度か会ったことがある。
　← 最も印象に残っている姿
・書斎で、書棚に囲まれた机に大きな本を何冊か広げて、調べごとか考えごとをしていた。目の前の本ではなく、その向こう側にいる誰かを見つめているようだった。

●ポイント　「私」は第三場面でも、この上野の母の姿を思い出すことになる。

テストに出る！

問　「何よりもその口調が私の心をぶった。」(39・16)とはどういうことか、説明しなさい。

答　上野の口調が、屈託もてらいもなく、相手に心を許していることが分かる穏やかな話し方であったため、上野にいらだちをぶつけるようなひどい言葉をかけたことへの後悔がいっそう強まったということ。

第三場面 〔41・1〜43・14〕 上野が描いた辞書の絵。

■美術の授業で「私」と上野が題材に選んだものを捉える。

題材＝「［　　］のある持ち物」

「私」……スパイクシューズ
・試合で使う予定で、下ろし立て
・青いライン、光るくぎ

→ 真新しい・未使用　見た目がよい

上野……あの辞書（＝母親から譲り受けた辞書）
・くすんだ白い表紙は取れかけている

→ ぼろぼろ　使い込まれている

（真新しい・未使用　見た目がよい ⟷ ぼろぼろ　使い込まれている）

▼思い入れ

●ポイント　「私」と上野の「思い入れのある持ち物」の選び方は対照的である。それは、何に価値を見いだしているかの違いによるといえる。

■上野が「あの辞書」（41・9）を題材に選んだことに対する「私」の思いを捉える。

・あんなみすぼらしい辞書では①［　］な絵になるにちがいないのに、なぜ題材に選んだのか、理解できない。

・私への②［　］ではないか。→恐ろしく身勝手で愚かな邪推

▼①ぶかっこう　②当てつけ

●ポイント　辞書が使えなかった恥ずかしさや、上野に対する失言への後悔などが加わって、屈折した思いを抱いている。

■「私」の古語辞典と、スパイクシューズに関するエピソードの共通点を捉える。

古語辞典…・絵巻物が使われた表紙が気に入った。
・自分だけ新品の辞書を持っていることに得意になる。
・結局、使うことなくロッカーに入れて放置する。

スパイクシューズ…・下ろし立てのスパイクを絵の題材に選ぶ。
・青いライン、光るくぎが、かっこいい。
・秋季大会で使用したが、慣れない靴のため足首をひねり、惨憺たる結果となる。

●ポイント　新しいもの、見た目の良いものに関心が向きやすく、何かにじっくり根気よく取り組むことは苦手な性格がうかがえる。

テストに出る！

問　「上野が辞書を引っ込めて、別の物を題材に選んでくれたらいいのにと願った。」（41・21）とあるが、なぜ「私」はそう願ったのか。

答　上野の辞書を見ると、「汚い辞書」だと言ってしまった自分の失言を思い出して嫌な気持ちになるから。

■上野の絵を見たときの「私」の心情の変化を読み取る。

(1)　絵に対する最初の印象

・本物そのもののように汚れが目立つ。
・古びた紙の匂いがしそう。
・ぼんやりとした光の帯が包み込む。

―上野が使っていた古くてぼろぼろの辞書そのもの

・忘れていた①［　］な感情がよみがえりそうになる。

―上野に乱暴な言葉を発したときの感情

↕けれど

・奇妙にその絵に引き寄せられた。

(2)　描かれたものへの理解

・辞書のくすみや汚れ
→人の②［　］の形。ページにも辞書の側面にもびっしり。

・辞書の周りの光の筋
→辞書へ向かって何度も伸ばされた指や腕の残像。

・上野の手と彼の母親の姿を思い出した。←

＝
・辞書のページをめくる上野の手。
・書斎で本を広げていた上野の母親の姿。

(3)　辞書に対する認識の変化

・「唐突に、私の中の霧が晴れていった。」（43・7）

「辞書の使い道どころか…古文の価値さえも深い霧に包まれたように疑わしくなった。」（37・4）

↕

・「上野の母親の視線の行方も理解できる気がした。」（43・7）

「まるで…その向こう側にいる誰かを見つめているようだった。」（40・6）

⇐

・「受け継がれていく③［　　］」（43・9）を感じた。

▼①嫌　②指紋　③人の営み

・ポイント　上野の絵には、辞書に付いた指跡や、辞書へ向かって何度も伸ばされた指や手の残像が描かれており、辞書を通じて人々の営みが積み重なり、受け継がれていくことを表現したものとなっていた。その意図が「私」にも伝わったのである。

テストに出る

問　**「まるで雪原の足跡のような」（42・21）とあるが、これは何をたとえたものか。**

答　辞書に付いた、人の指紋の形をした指跡。

テストに出る

問　**「それに指を重ねるように、そっと私は手を伸ばしていた……。」（43・12）とあるが、このときの「私」の心情を説明しなさい。**

答　辞書を引くことを通して受け継がれていく、何かを探究しようとする人の営みに、自分も加わってみたいという思い。

第四場面　［43・15〜終わり］「私」の現在の心境。

■「私」のその後の変化を読み取る。

・大人になった「私」は教師になり、中学校で英語を教えている。

←

・辞書にふれる機会にたびたび当時のことを思い出す。

・単に懐かしいばかりでない。

・上野との①［　　］の会話となった。

→乱暴に言葉をぶつけたことへの後悔。（＝苦い思い出）

上野とは、それっきり言葉を交わしていない。（＝心残り）

・世界との②［　　］を教えてくれた出来事だった。

→「私」の生き方に大きな影響を与えた。

▼①最後　②向き合い方

・ポイント　第三場面までに描かれてきた「私」の人物像からすると、「私」が英語の教師になったことは少し意外に感じられる。上野の辞書を通して教えられたことが、「私」に変化をもたらしたと考えられる。

■「辞書に描かれたもの」という題名の意味を考える。

・「辞書を（絵に）描く」のではなく、「辞書に描く」であることに着目したい。

・これは、上野が辞書を描くなかで、辞書に付いた人の指跡や、辞書へ伸びるいくつもの手を描き込んで、辞書の存在意義や価値を表現しようとしたことを表している。

てびき―解答と解説

教科書の課題を解き、学習内容をしっかりと身につけよう。

教科書44〜45ページ

◉人物の言葉や行動・態度から、人物像や考え方を読み取ろう

❶ この小説の前半部分(36・1〜40・28)で、「私」と上野はそれぞれどのような人物として描かれているだろうか。二人の人物像を明らかにしよう。

解答 ◆「私」…新しいものや珍しいものに興味を持つが、飽(あ)きやすく根気は続かない。運動が好きで活動的。見た目の良さを重視する。
◆上野…探究心があり、興味を持ったものに根気よく取り組む。集中力がある。穏やかで物静か。古いものを大切に使う。

解説 小学校時代の回想部分や、授業に臨む態度などから読み取ろう。

❷ 上野の辞書に対する「私」の見方は、場面の展開の中で、どのように変わっていくだろうか。

解答 最初は、「見るからに古く……残っていない。」(38・29)と、使い古されてぼろぼろの外見に嫌悪感があり、思わず「汚い辞書」と言ってしまう。美術の授業で見かけたときも、くすんだ白い表紙が取れかけているのを見て「あんなみすぼらしい辞書ではぶかっこうな絵になるにちがいない」と思い、外見の悪さにしか目が向いていない。しかし、上野の絵を通して、辞書のくすみや汚れの意味を理解し、使い込まれた辞書の価値や辞書の存在意義などに気づいていく。

解説 上野が描いた辞書の絵には、上野の辞書に対する「思い入れ」が表されており、それを理解したことで、「私」の辞書に対する見方は大きく変化する。

◉作品を読んで考えたことをまとめ、この小説を読んで考えたことをまとめ、話し合おう

❸ 辞書についてなど、この小説を読んで考えたことをまとめ、話し合ってみよう。

解説 上野の絵から「私」が感じ取ったことについて、どう考えただろうか。国語の授業での会話を最後に言葉を交わすことのなかった「私」と上野だが、二人の関係についてどんなことを思っただろうか。さまざまな観点から感想を話し合ってみよう。

○広がる言葉

ⓐ 「辞書に描かれたもの」には、「穏(おだ)やかな話し方だった。」(39・18)のように、人物の人柄などの特徴を伝える人物像を表す言葉が用いられている。「穏やか」な人とは、どんな場面でどんな行動をとる人なのかを考えてみよう。

解答 怒りをあらわにして迫ってくる相手にも落ち着いて対応する人。不測の事態が起きても、慌てたりあせったりしない人。

解説 似た意味の語に「もの静か・穏和(おんわ)・温厚」などがある。

ⓑ 例を参考に、1〜3の人物像を表す言葉を考えて、書き出そう。

解答 1陽気、そそっかしい、社交的、など。 2独創的、好奇心旺盛(おうせい)、短気、気難しい、など。 3意志が強い、ミステリアス、情が深い、など。

解説 1と3は架空の人物、2は歴史上の人物だが、本を読んだりして知っている範囲(はんい)で、これらの人物がどんな場面でどんな

行動をとったかということをもとに、人物像を推測してみよう。

ⓒ 「辞書に描かれたもの」の中の1～3の人物像を表す言葉としてふさわしいものを、「言葉を広げよう　人物像を表す言葉」(332ページ)から一つ以上選ぼう。また、なぜその言葉を選んだのか、根拠となる人物の言動を、小説の中から挙げよう。

解答

1　快活…野外での遊びに夢中になったり陸上部に入ったりしていて活動的。　意思薄弱…新品の辞書を使おうと意気込んでいたものの、どうしていいのか分からなくなり、結局使わずじまいだった。　横柄(おうへい)…「おまえ、汚い辞書使ってんな。」という言葉遣い。

2　おおらか・穏和・屈託のない…「私」の乱暴な言葉を聞いても、穏やかに対応している。　辛抱強い…遊び方を工夫するのに真剣に試行錯誤している。

3　勤勉・謹厳(きんげん)実直…書斎で本を広げて調べごとか考えごとをしている姿から、学者としての仕事に真剣に取り組んでいる様子がうかがえる。

解説　ぴったり合う言葉が見つからないかもしれないが、人物の言動と結び付けることができそうな言葉を探してみよう。なお、人物像は多面的なものであり、ある場面の言動から推察できる人物像は、その人の一面でしかない。

ⓓ 次の人物像を表す言葉のリストから一つ選び、その言葉を使った短文を作ってみよう。

解答

・真摯…まじめで、熱心なこと。例何度も現場に足を運ぶ真摯な態度に好感を持った。

・ロマンチスト…現実離れした甘美な空想などを好む人。例夜空を見上げて星と対話するようなロマンチストだ。

・さばさばしている…物事にこだわらず、さっぱりしている。例さばさばしている人なので、けんかをしても、すぐに仲直りできる。

・傲慢…おごりたかぶって、人を見下すさま。例人と話すときに腕組みをしていると傲慢に見える。

・冷静沈着…感情的にならず、落ち着いているさま。例どんなトラブルにも冷静沈着に対処する。

・自信家…自分の能力や正しさを信じて疑わない人。例自信家なので自分が負けるとは思っていない。

・一筋縄ではいかない…ふつうのやり方では通用しない。例あの人は独特の価値観を持っているので一筋縄ではいかない。

・陽気…明るく快活であるさま。例いつも笑顔で、陽気な人だ。

・熱しやすく冷めやすい…物事にすぐにのめりこみ、すぐにあきる。例熱しやすく冷めやすいので、趣味がころころ変わる。

・謙虚(けんきょ)…控えめでつつましいさま。相手を尊重して意見などを素直に受け入れるさま。例試合に勝っても謙虚な姿勢を忘れない。

・薄情…人情に薄く、思いやりがないこと。例倒れている人を見て助けないとは、薄情な人だ。

・愚直…正直なばかりで融通(ゆうずう)がきかないこと。例世の中が変わっても同じやり方で愚直に仕事を続けている。

解説　いずれも人物像に関する言葉なので、「彼は……(な)人だ。」とすれば一応の文にはなるが、言葉の意味を捉え、それと結び付く言動や態度などを織り込んだ文を考えてみよう。

学びの扉（とびら）

相手の立場を踏まえ、考えを深める

教科書46、250〜253ページ

ある問題について、自分と相手の考えが異なるとき、感情的に反発したり、自分の考えを押し付けたりしたのでは、物事がうまく進まない。相手の考えを受け止めて、自分の考えを深めていくことで、互いに協力して物事を進めていくことができる。

●相手の考えを理解する

(1)　相手の考えが自分と異なっていたときは、「なぜ相手はそう考えたのだろうか。」と①□してみる。「もし、自分が相手の②□だったらどう思うだろうか。」と想像してみるのもよい。

▼①想像　②立場

教科書の例▼　京子さんの考えを理解する――教科書251ページ

・キャンプの晩ご飯について、純平さんが「カレー」を提案したのに対し、京子さんは「私は嫌だな。」と発言した。

【純平さんの対応―適切なもの】

・なぜ「嫌」なのか、理由を想像している。
　→「カレーが好きじゃないから」「ニンジンが苦手だから」
・「京子さんは、カレーが嫌なんだね。」と、相手の考えを受け止める発言をしている。

・話を進めると、京子さんは「辛い食べ物が苦手だ」ということが分かり、高志さんからは、「甘口のカレーを作ろう」という新たな提案が生まれた。

ポイント　相手の話を丁寧（ていねい）に受け止め、会話の中で相手の考えを探（さぐ）っていくことで、問題解決の糸口も見えてくる。

(2)　相手の発言が長かったり、複雑だったりするときは、誤解のないように注意しながら要点を捉え、相手に確認する。

教科書の例▼　理奈さんの考えを理解する――教科書252ページ

・「甘口のカレーを作る」という提案に対して理奈さんが反対意見を述べた。

【高志さんの対応】

・理奈さんの発言から「いつものようなカレーではなく、もっと非日常的な食べ物がいい」という希望をくみ取り、理奈さんに確認している。
・理奈さんの希望を取り入れて、「非日常的なカレーを作る」という新たな提案をしている。

・「非日常的なカレー」という提案を受けて、それぞれが具体的なアイディアを出し合った。

ポイント　相手がいちばん言いたいことは何なのかを考えながら、発言の中から重要な言葉を取り出して短くまとめてみよう。

●多様な考えに触れて、自分の考えを深める

・相手の考えを踏まえながら話し合うことで、多様な考えに気づくことができ、自分の考えを深めたり、発想を広げたりできる。

→**教科書の例▼**では、反対意見を受け止めながら話し合いを進めたことで、「カレー」→「甘口のカレー」→「非日常的なカレー」と、発想が広がっていった。

▼話す・聞く　聞く

考えを比べながら聞こう

教科書47〜49ページ

学習目標

●相手の考えとその根拠に注意して話を聞き、自分の考えと比べる。

言葉の力　自分の考えと比べながら聞く

●話題に対して相手は賛成・反対のどちらの立場か、相手の考えの根拠は何かに着目して聞く。

●相手の考えのどんなところに納得できるか、また、どんなところに納得できないかを考える。

●話を聞いたうえで、自分の考えの根拠や、自分とは異なる考えの根拠を改めて吟味し、自分の考えをまとめる。

1　話題に対する自分の考えを持つ

ここでは、「高齢者の運転は危険だから、七十五歳以上の高齢者は運転免許を返納するべきだ。」という話題について考える。

(1)　自分の考え(賛成か反対か)を決める。

(2)　考えと根拠を書き出す。

ポイント　自分が直接見聞きしたことや、調べて分かった事実などを根拠にするとよい。根拠は複数あってもよい。

2　考えを聞いてメモを取る

(1)　教科書48ページの「四人の考え」を聞いてメモを取る。

・相手は賛成・反対のどちらか、その①［　　］は何かを聞き取る。

・自分の考えと同じところ、違うところを考えながら聞く。

・相手の考えに②［　　］できる点、できない点はどこかを考える。

▼①根拠　②納得

3　自分の考えをまとめる

(1)　四人程度のグループになり、考えたことを伝え合う。

・他の人の考えと比べることで、自分にはなかった見方や考え方に気づくことができ、新たな観点から考えを深められる。

(2)　他の人の考えも吟味して、改めて自分の考えをまとめる。

・より説得力があると思えた根拠を取り入れてもよい。

問題　――――　教科書49ページ

○「農作物に害を与えるイノシシやシカを駆除するべきだ。」という話題に対し、自分の考えを持とう。そのうえで、次の話を聞き、自分の考えと比べてみよう。

解説　まず、話題に対する自分の考えを持つ。被害の状況や、駆除の現状などを調べ、説得力のある根拠をもとに判断しよう。

Eさん、Gさんは賛成、Fさん、Hさんは反対の立場である。Eさんは農業被害の深刻さを具体的な数値を挙げて述べている。Fさんは「駆除」以外にも対策があることを示している。Gさんは、イノシシやシカの駆除には農作物を守ること以外にも意義があると述べている。Hさんは、人間の都合で動物を殺してきたことが問題の原因なので、別の手段をとるべきだと主張している。

日本語探検2　敬語

［資料編］敬語のまとめ

教科書50～51、306ページ

◉**学習内容の要点を押さえ、練習問題にも取り組んでみよう。（□の中には当てはまる言葉を書こう。）**

話し相手や話題に上った人物に対する敬意を示す表現を、**敬語**という。敬語には、**尊敬語**・**謙譲語**・**丁寧語**の三種類がある。

(1)**尊敬語**…ある人の□や、ある人に関係のある人や物や事柄を高めることで、その人に対する敬意を示す表現。　▼動作

・特別な動詞を用いる。

例 先生が教室にいらっしゃる。

先生が教えてくださった。（補助動詞としての用法）

・「お（ご）……になる（なさる）」の形を用いる。

例 先生が新聞をお読みになる。

先生がご着席なさった。

・尊敬の助動詞「れる」「られる」を用いる。

例 先生が新聞を読まれる。

(2)**謙譲語**…自分や自分に近い人の動作や、自分に関係のある人や物や事柄をへりくだって言う（書く）ことにより、□に対する敬意を示す表現。　▼相手

・特別な動詞を用いる。

例 先生のお写真を拝見する。

先生に教えていただいた。（補助動詞としての用法）

・「お（ご）……する（いたす）」の形を用いる。

例 先生を玄関でお迎えする。

私がご案内いたします。

【参考】 謙譲語を更に二種類に区別することがある。

・**謙譲語Ⅰ**…自分側からある人に向かう動作をへりくだって言うことで、動作の向かう相手を高める表現。

例 先生にお祝いを申しあげる。

・**謙譲語Ⅱ**（丁重語）…自分側の動作をかしこまって言うことで、聞き手（読み手）を高める表現。

例 私は山田と申します。

(3)**丁寧語**…話し方（書き方）を丁寧にすることで、□（読み手）に対する敬意を示す表現。　▼聞き手

・助動詞「です」「ます」を用いる。

例 彼が学級委員です。　私が行きます。

・「ございます」を用いる。

例 こちらが新しい商品でございます。

・接頭語「お」「ご」を用いる。

例 お菓子・おみそ汁・お水・ご近所・ご褒美

【参考】丁寧語を更に二種類に区別することがある。

・丁寧語…丁寧に言うことで、聞き手（読み手）を高める表現。

例 今日は水曜日です。

・美化語…接頭語「お」「ご」を使って、柔らかくきれいに言う表現。

例 おすしはお好きですか。

◎尊敬語・謙譲語の動詞

<table>
<tr><th>普通の言い方</th><th>尊敬語</th><th>謙譲語</th></tr>
<tr><td>行く・来る</td><td rowspan="2">いらっしゃる*
おいでになる*</td><td>参る*・伺う</td></tr>
<tr><td>いる</td><td>おる*</td></tr>
<tr><td>言う・話す</td><td>おっしゃる</td><td>申す*・申しあげる*</td></tr>
<tr><td>見る</td><td>ご覧になる</td><td>拝見する</td></tr>
<tr><td>聞く</td><td></td><td>伺う・承る</td></tr>
<tr><td>食べる・飲む</td><td>召しあがる・あがる</td><td rowspan="2">いただく*
頂戴する</td></tr>
<tr><td>もらう</td><td></td></tr>
<tr><td>くれる</td><td>くださる*</td><td></td></tr>
<tr><td>やる・与える</td><td></td><td>さしあげる*</td></tr>
<tr><td>する</td><td>なさる*・あそばす*</td><td>いたす*</td></tr>
</table>

（＊の付いた動詞は、補助動詞としても用いられる。）

テストに出る！

問 次の傍線部の敬語の種類を答えなさい。

(1) 昨日、先生のお宅に㋐伺ったけれども、㋑いらっしゃらなかった。

(2) ㋐ご案内するまで、ここで㋑お待ちください。

(3) 何を㋐召しあがり㋑ますか。㋒ご注文を㋓承ります。

(4) あなたの㋐おっしゃるとおり㋑です。

(5) 先生が㋐お描きになった絵を、展覧会で㋑拝見した。

答 (1)㋐謙譲語 ㋑尊敬語 (2)㋐謙譲語 ㋑尊敬語 (3)㋐尊敬語 ㋑丁寧語 ㋒尊敬語 ㋓謙譲語 (4)㋐尊敬語 ㋑丁寧語 (5)㋐尊敬語 ㋑謙譲語

テストに出る！

問 次の傍線部の言葉を適切な敬語に書き換えなさい。

(1) 社長が現場に㋐来たので、私は「作業はあと一時間ほどで㋑終わる。」と㋒報告した。

(2) これは恩師から㋐もらった万年筆ですが、先輩であるあなたに㋑あげます。

(3) 先生が励ましの㋐手紙を㋑くれたのがうれしかった。

(4) お客様、ご住所を聞いてもよろしいですか。

答 (1)㋐いらっしゃった（おいでになった・来られた）

㋑終わります ㋒ご報告した

(2)㋐いただいた ㋑さしあげます

(3)㋐お手紙 ㋑くださった

(4)伺っても（お聞きしても）

教科書52ページ

漢字道場２　他教科で学ぶ漢字⑴

新出漢字・新出音訓

読みの太字は送り仮名を示す。（　）は中学校では学習しなくてもよい読みを、━線は特別な言葉に限って使われる読みを示す。例は用例を示し、例中の太字は教科書本文中の語句であることを示す。新出音訓の▼は、常用漢字表の「付表」の語を示す。□には漢字を、（　）には読みを書こう。

p.52 **礁**　ショウ　17画　石　□

水面下にかくれている岩。例**さんご礁**。暗礁。座礁。岩礁。

p.52 **奴**　ド　5画　女　□

①自由をうばわれて使用される人。例**奴隷**制度。農奴。②人をいやしめていう語。例守銭奴。

p.52 **隷**　レイ　16画　隶　□

したがう。例**奴隷**。隷属。

p.52 **称**　ショウ　10画　禾　□

①つり合う。例**対称**。②となえる。名づける。例名称。愛称。③たたえる。例称賛。

「対称」の同音異義語には、「対照」「対象」「大賞」「大勝」などがあります。

p.52 **頻**　ヒン　17画　頁　□

しきりに。何回も起きる。例**最頻値**。頻繁。頻度。頻発。

p.52 **麺**　メン　16画　麦　□

そうめん、うどんなど、粉を練って細長くしたもの。例**麺**をゆでる。麺類。生麺。乾麺。

p.52 **妊**　ニン　7画　女　□

はらむ。みごもる。例**妊娠**。妊婦。懐妊。

p.52 **娠**　シン　10画　女　□

はらむ。みごもる。例**妊娠**。

■教科書の問題の答え

1 しょう
2 へんせいふう
3 かな
4 こんごう
5 どれい
6 たいしょう
7 げん
8 さいひんち
9 くっせつ
10 まさつ
11 しんどう
12 ばん
13 ぬ
14 ざい
15 めん
16 ぶた
17 しゅん
18 にんしん

漢字は国語以外の教科でも重要なんだね。

ここにある漢字は何の学習で使われただろう。

学びの扉（とびら）

情報を図や表に整理する

教科書54、230〜233ページ

複雑な情報は、図や表に整理して視覚的に捉えることで、分かりやすくなる。整理するコツをつかもう。

●囲みや矢印を使って情報を整理する

(1) 文章から、必要な情報を取り出す。
(2) 情報どうしの関係を、目で見て分かる形にする。
・情報のまとまりを「囲み」で表す。
・情報と情報の結び付きを、「矢印」で表す。

教科書の例▼ 生物の呼吸器官について整理する——教科書231ページ

・文章から、「クジラの呼吸器官」についての情報を取り出した。
・「ウマ、クジラなどのホニュウ類」という情報から、「ホニュウ類」というまとまりの中に、「ウマ、クジラなど」が含まれることを読み取り、①[　　]で表した。
・「ハチュウ類、鳥類、ホニュウ類の呼吸器官は肺」という情報から、「ホニュウ類」が「肺で呼吸」することを読み取り、その結び付きを②[　　]で示した。
・同じ要領で、生き物のグループとして「魚類」「両生類」「ハチュウ類」「鳥類」を囲みで表し、「肺で呼吸」と「えらで呼吸」のどちらに結び付くかを矢印で示した。

▼①囲み　②矢印

ポイント　言葉は重要なものだけにしぼり、言葉の配置の仕方や、囲みや矢印などの図形で、視覚的に関係が分かるように工夫する。

●表を使って情報を整理する

(1) 全体で何についての説明がされていたのかを大まかに捉え、表の縦と横に立てる項目（こうもく）を考える。
(2) 縦と横の項目が交わる空欄（くうらん）に、当てはまる情報を入れる。

ポイント　なるべく簡潔な表現で書き入れる。

教科書の例▼ 文章の内容を表に整理する——教科書232ページ

・例文を読み、セキツイ動物の類ごとに、生態の特徴が述べられていることを読み取る。

→ 五つに分類される → 横の項目へ

→ ①呼吸器官は何か　②子がどうやって生まれるか　③体温が変化するかどうか → 縦の項目へ

	呼吸器官	子の生まれ方	体温調節
魚類	えら	卵生	変温動物
両生類	えら／肺	卵生	変温動物
ハチュウ類	肺	卵生	変温動物
鳥類	肺	卵生	恒温動物
ホニュウ類	肺	胎生	恒温動物

・「魚類の呼吸器官はえら」という情報を読み取って書き入れる。

【表にまとめる利点】
・情報を複数の観点から分類したり、比較したりしやすくなる。
・情報の特徴や傾向が捉えやすくなる。

3
▼読む
構成・展開

ハトはなぜ首を振って歩くのか

筆者・藤田祐樹（ふじたまさき）

教科書55〜63ページ

ガイダンス

学習目標を押さえ、「ハトはなぜ首を振って歩くのか」のおおよそを理解しよう。

学習目標

●まとまりどうしの関係に注意して文章の構成を捉え、内容を読み取る。
●文章と図表を結び付けて読み、図表の役割を考える。

言葉の力　文章と図表などを結び付けて理解する

次のような点に気をつけて、文章と図表を結び付けて読むと、文章の内容が理解しやすくなる。
●図表が文章のどの部分と結び付いているかを読み取る。
●図表にはどのような役割があるかを考える。
▼文章の内容を視覚的に示す。
▼文章では表せない情報を補う。
▼複雑な情報を整理して示す。　など

文章を読む前に

ハトが首を振って歩くのを見て、どうしてあんなに首を振るのだろうかと思ったことがある人は多いことだろう。筆者は、この疑問をとことん追究した研究者たちの成果を、一つ一つ問いを立てながら紹介している。「ハトの首振り」という事象を解き明かしていく過程で、ハトはどのようにものを見ているのか、ハトとヒトの目にはどのような違いがあるのかなど、いろいろな気づきがあるのではないだろうか。

あらまし

ハトは地上を歩くときいつも首を振っている。どうして、そのような無駄に思える動きをするのだろうか。

一九三〇年にアメリカの研究者がハトの歩行を動画撮影したところ、ハトは歩きながら頭を静止させるために首を振っているのだということが分かった。

一九七五年、フリードマンはハトの首振りの要因として三つの仮説を立て、実験によって確かめた。この実験により、ハトは動く景色を目で追い、景色に対して頭を静止させるために首を動かしていることが分かった。

景色を目で追うという動作はヒトも行っている。しかし、ヒトはハトのように歩きながら目を動かすことはない。なぜなら、ヒトは目が前方を向いているので前に歩いても見ている景色はあまり動かないからである。これに対し、ハトは目が横を向いているため、歩くと景色が大きく動くので、景色を目で追う必要があるのである。また、ハトが目を動かさないで首を振るのは、目の形と大きさがヒトとは違っていて動かしにくいからである。

ここに紹介した内容が本当かどうか、自分の目で確認してみてほしい。自分の目で見て、自分の頭で考えることが、科学の第一歩である。

●文章の構成

序論・本論・結論の構成になっている。本論をさらに四つに分けて、全体を六つのまとまりで捉えておく。

・序論（初め〜55・10）……話題提示（ハトの首振りへの疑問）。
・本論1（55・11〜56・7）…ダンラップとマウラーの研究。
・本論2（56・8〜59・11）…フリードマンの実験。
・本論3（59・12〜60・12）…ヒトとハトの目の違い①。
・本論4（60・13〜61・5）…ヒトとハトの目の違い②。
・結論（61・6〜終わり）……まとめと呼びかけ。

最後から二番目の形式段落（61・6〜9）は、本論で述べてきたことを端的にまとめたものとなっている。この形式段落までを本論とする捉え方もあるだろうが、序論で「どうして無駄に思える動かし方をするのだろう」（55・10）と問いかけていることとの対応を踏まえ、結論に含めた。

●要　旨

ハトが首を振って歩くのは、目が横を向いているため景色を目で追う必要があるからであり、ヒトと違って目よりも首のほうが動かしやすいからである。

題名にあるとおり「ハトはなぜ首を振って歩くのか」という問いに答えていく文章となっている。筆者はハトの首振り研究の歴史をたどりながら、疑問を一つ一つ解き明かしていく形で説明を進めているが、問いの答えは結論部分にまとめられているので、要旨を短くまとめる場合はそこを押さえればよい。

●表現の特色

(1) 図や写真を添えて説明を補足している。

・ハトの歩行時の首振り（写真）…一連の写真を比べて見ることで、「体は一定の速度で前進するが、頭の動きは一定でない」ということを、読者も確認することができる。
・図A〜D…実験の条件と結果を図で表している。文章中では、段落を分けて「図Aの実験では……」という形で述べられており、図と照らし合わせて読むことを前提に書かれている。
・ぶれて不鮮明になった写真…文章中に「ちょうどぶれた写真のように」（59・9）とあるが、そのイメージを読者と共有できる。
・ヒトとハトが前に歩いたときの景色の動き（図）…「移動するときに生じる景色の動き方」（59・17）についての理解を助けるものとなっている。

(2) 読者の興味・関心に寄り添いながら話を進めている。

・「そう言うと……多くの人が不思議そうな顔をする。」（55・1）
・「その理由が……という人は、案外多いようだ。」（55・8）
・「さあ、そろそろ皆さんも……ではないだろうか。」（61・10）

(3) 読者目線で疑問を提示し、それに答える形で説明している。

・「どうして無駄に思える動かし方をするのだろう。」（55・10）
・「では、いったい何のために……だろうか。」（56・8）など

新出漢字・新出音訓

読みの太字は送り仮名を示す。（ ）は中学校では学習しなくてもよい読みを、—線は特別な言葉に限って使われる読みを示す。例は用例を示し、例中の太字は教科書本文中の語句であることを示す。新出音訓の▼は、常用漢字表の「付表」の語を示す。□には漢字を、（ ）には読みを書こう。

駄　p.55　ダ　14画　馬　□
①価値の低いもの。例**無駄**（むだ）。駄作（ださく）。②荷物を背負う馬。例駄馬（だば）。

撮　p.55　サツ　と**る**　15画　手　□
カメラで写す。例**撮影**（さつえい）。空撮（くうさつ）。特撮（とくさつ）。写真を撮（と）る。

刺　p.56　シ　さ**す**　ささ**る**　8画　刀　□
①つきさす。例**刺激**（しげき）。刺身（さしみ）。②とげ。はり。例有刺鉄線（ゆうしてっせん）。③せめる。そしる。例風刺（ふうし）。④名札。例名刺（めいし）。

床　p.57　ショウ　とこ　ゆか　7画　广　□
①板の間。例足（あし）もとの**床**（ゆか）。床下（ゆかした）。床の間（とこのま）。②寝どこ。例床に就（つ）く。起床（きしょう）。病床（びょうしょう）。

壁　p.57　ヘキ　かべ　16画　土　□
①家の周囲や内部のしきり。例箱（はこ）の**壁**（かべ）。壁紙（かべがみ）。壁面（へきめん）。壁画（へきが）。②とりで。例城壁（じょうへき）。③切り立った所。例絶壁（ぜっぺき）。

懸　p.59　ケン　（ケ）　か**ける**　か**かる**　20画　心　□
①かける。例**一生懸命**（いっしょうけんめい）。懸賞（けんしょう）。命懸（いのちが）け。②かかる。ぶら下がる。例懸垂（けんすい）。

使い分け
【架】橋を架ける。
【懸】命を懸ける。賞金を懸ける。
【掛】壁に絵を掛ける。保険を掛ける。

斜　p.59　シャ　なな**め**　11画　斗　□
ななめ。かたむいている。例**斜**（なな）**め前方**（ぜんぽう）。斜線（しゃせん）。傾斜（けいしゃ）。斜面（しゃめん）。

迫　p.59　ハク　せま**る**　8画　辶　□
①近づく。さしせまる。例**迫**（せま）**る**。切迫（せっぱく）。②圧力をかけて苦しめる。例迫害（はくがい）。

紹　p.61　ショウ　11画　糸　□
両方をつなぐ。仲をとりもつ。例**紹介**（しょうかい）。自己紹介（じこしょうかい）。

介　p.61　カイ　4画　人　□
①間に入る。例**紹介**（しょうかい）。仲介（ちゅうかい）。介入（かいにゅう）。②手助けをする。例介護（かいご）。介助（かいじょ）。介抱（かいほう）。

広がる言葉

粗　p.63　ソ　あら**い**　11画　米　□
①おおざっぱでいいかげんである。あらい。例**粗削**（あらけず）**り**。粗悪（そあく）。粗雑（そざつ）。粗末（そまつ）。②他人におくる品物をへりくだっていう言葉。例粗品（そしな）。粗茶（そちゃ）。

塔　p.63　トウ　12画　土　□
①細く高い建物。例**司令塔**（しれいとう）。金字塔（きんじとう）。管制塔（かんせいとう）。五重の塔（とう）。鉄塔（てっとう）。

■新出音訓（——線部の読みを書こう。）

①羽毛が生える。→p.61（　　）

答　①うもう

語句・文の意味

語義が複数の場合、①に教科書本文中の語義を示してある。類は類義語、対は対義語、文は語句を用いた短文例を示す。
●印は、教科書の脚注に示されている語句である。

▼55ページ

●**自由自在**（じゆうじざい） 思いどおりであるさま。「自由」「自在」もほぼ同じ意味。類縦横無尽（じゅうおうむじん）。文パソコンを使ってロボットを自由自在に操作する。

●**特徴**（とくちょう） 他と比較して、そのものに特に目立つところ。

「特徴」は、よい意味にも悪い意味に使います。「特長」は、主によい意味で使います。

●**じっと** ①意識を集中させるさま。類じっくり。注意深く。②体や視線を動かさずにいるさま。

●**必ずしも……ない**（かならずしも） 必ず……というわけではない。……ないこともある。文読書は好きだが、年間に読む本の数は必ずしも多くない。

わざわざ ①特別に。そのことのためだけに手間暇かけて行うさま。文わざわざ迎えに来てくださった。②故意に。しなくてもよいのにわざと行うさま。文わざわざ遠回りして帰った。

▼56ページ

●**並々ならぬ**（なみなみならぬ） 普通の程度を超えているさま。類ひとかたならぬ。並大抵でない。文彼は研究に並々ならぬ情熱を注いでいる。

●**おおむね** ①大部分がそうであるさま。類だいたい。おおよそ。②概略。おおよその内容。

●**実態**（じったい） 実際の状態。物事のありのままの様子。類実情。

●**要因**（よういん） 主要な原因。ある物事を引き起こすもととなったもの。類原因。因子。

刺激（しげき） 生物に対して作用し、何らかの反応を起こさせること。また、その要因となるもの。

●**仮説**（かせつ） ある物事を合理的に説明するために、仮に立てた理論。

▼57ページ

●**おのずと** 自然に。特別な働きかけがなくとも、そのままのなりゆきでそうなる様子。類おのずから。ひとりでに。文気温が上がれば雪はおのずと解ける。

すなわち 言い換えると。類つまり。

▼59ページ

せわしない ［「せわしい」も同じ意味。］①動作を次々に行い、落ち着きがないさま。②用事が多くて休む暇がない。類いそがしい。文花のまわりで、ミツバチがせわしなく飛び回っている。

●**鮮明**（せんめい） 鮮やかではっきりしているさま。文昔のことだが、記憶は鮮明だ。

●**展開**（てんかい） ①物事が大きく広がりをもっていくこと。②かたまっていたものを、のばして広げること。③物事が進行していくこと。文目の前に不思議な光景が展開していた。

▼60ページ

●**節約**（せつやく） 時間・お金・力などを無駄に使わず、できるだけ少なく切り詰めること。類倹約（けんやく）。対浪費（ろうひ）。無駄遣い。

●**発達**（はったつ） ①生き物の心や体が成長していく過程のこと。類成長。②物事の規模が大きくなったり、よりよい方向へ進歩したりすること。類発展。

▼61ページ

●**強大**（きょうだい） 強くて大きいこと。対弱小。

読み解こう

段落ごとの内容を捉えよう。

［　］の中には当てはまる言葉を書こう。

序論　［初め〜55・10］　**話題提示（ハトの首振りへの疑問）。**

■「私は、鳥の歩行の研究をしている。」（55・1）という書き出しの工夫を捉える。

・一般的には、鳥は空を飛ぶものという認識があるため、鳥の「歩行」を話題にすることで、その意外性が読者の興味を引きつける。

・鳥の生活において、地上を歩くことは、空を飛ぶことと同じくらい重要であることを紹介し、この文章の中心的な話題へとつなげている。

問　**筆者がこの文章の話題として提示していることは何か。**

答　ハトはなぜ首を振って歩くのかということ。

本論1　［55・11〜56・7］　**ダンラップとマウラーの研究。**

■ダンラップとマウラーの研究と、その時代背景を捉える。

・一九三〇年に、ダンラップとマウラーが世界で初めてハトが歩く様子を①［　］で撮影した。

・当時は、(1)動画を撮影することは簡単ではなかった。
(2)ヒトの歩行の研究すらあまりされていなかった。
（＝②［　］の研究はなおさらされていなかった。）

▼①動画　②ハトの歩行

●ポイント　「簡単ではなかった」というのは、機材や労力を必要としたということ。今からおよそ百年前のことであり、誰もが気軽に動画を撮影できたわけではない。

■ダンラップとマウラーの研究で明らかになったことは何か。

・ハトは歩きながら［　］ために、首を振っているということ。

▼頭を静止させる

■教科書56ページの写真の役割を考える。

・写真は、ダンラップとマウラーの研究を筆者が再現したもの。

・写真❶〜❽を比較することで、ハトが歩くときの次のような動きを確認できる。

(1)　体はおおむね①［　］の速度で前進する。

→ハトの尾の先に注目して体の位置を確認すると、写真❶〜❽まで一定の幅で前へ移動していることが分かる。

(2)　体が前進していくぶんだけ、首を②［　］ことで、頭を静止させている。

→ハトのくちばしの先に注目して頭の位置を確認すると、写真❹〜❼ではほぼ同じで、動いていないことが分かる。（写真上の右側の線の上にある。）体は前進しているのに頭は動いていないのは、そのぶん首を縮めているのである。

(3) ある程度まで首を縮めると、今度は一気に伸ばして、③［　］を前に移動させる。

→ハトのくちばしの先に注目して頭の位置を確認すると、写真❶〜❹で、左側の線から右側の線まで移動していることが分かる。この移動の幅は、体が前進する幅より大きい。つまり、前進する速さよりもすばやく首を伸ばしているということ。

▼①一定　②縮める　③頭

・**ポイント** 文章だけでは伝わりにくい部分も、写真と照らし合わせながら読むと理解しやすくなる。また、写真の上に線が引かれていることで、頭の位置を比較しやすくなっている。

テストに出る！

問 **教科書56ページの写真❶〜❽のうち、「ハトは歩きながら頭を静止させていたのである」(56・2)ということを表しているのは、どの部分か。**

答 ❹〜❼の部分。

本論2 〔56・8〜59・11〕 フリードマンの実験。

■**フリードマンが立てた三つの仮説を捉える。**

●ハトの首振りの要因の仮説

仮説1 移動する①［　］を目で見ることが刺激となって、首振りが起こる。

仮説2 ②［　］的に移動する速度の変化を感じることが刺激となって、首振りが起こる。

仮説3 ③［　］という動きをすると、脚の動きと連動して首も動く。

▼①景色　②空間　③歩く

・**ポイント** それぞれを端的に言い表すと、「景色の移動」「空間的な移動」「歩く動作」ということになる。

■**フリードマンが行った、四つの実験の内容を整理する。**

・フリードマンは、ハトの首振りの要因として、「景色の移動」「空間的な移動」「歩く動作」の三つの仮説を立てた。

・実験では、ハトを箱に入れていろいろな条件(図A〜D)を設定し、ハトが首を振るかどうかを確かめた。

	［条件］	［結果］
図A	・空間的に移動して①［　］。 ・歩く動作を行っている。 ・景色が動いている。	→首を振る。
図B	・空間的に移動していない。 ・歩く動作を行って②［　］。 ・景色が動いている。	→首を③［　］。
図C	・空間的に移動していない。 ・歩く動作を行っている。 ・景色が動いて④［　］。	→首を振らない。

図D

・空間的に移動している。
・歩く動作を行っていない。
・景色が動いていない。
→首を⑤［　　］。

▼①いない　②いない　③振る　④いない　⑤振らない

●ポイント 四つの実験の条件がどのように変えられているかを整理し、結果とどのような関係があるかを確かめよう。

■四つの実験から、ハトの首振りの要因は何であると結論づけることができるか。

［結論］首振りの要因は「景色の移動（景色が動いて見えること）」

↑

［根拠］(1) 首振りが起こった図Aと図Bの実験に共通する条件は、「景色の移動」だけである。
(2) 図Cの実験により、「歩く動作」は首振りの要因でないことが確かめられた。
(3) 図Dの実験により、「空間的な移動（速度の変化）」は首振りの要因でないことが確かめられた。

●ポイント 根拠(1)だけでも結論は出せそうだが、(2)・(3)も加わることで、結論の信頼性が増している。

■「景色を目で追うという動作」（59・3）の目的を捉える。

・景色を目で追う＝
　・ハト…①［　　］を動かす。
　・ヒト…②［　　］をきょろきょろ動かす。

↓

・見たいものをしっかり捉えるため。

▼①首　②目

●ポイント ハトとヒトでは動かす部位が異なっているが、動作の目的は同じである。

■教科書59ページの写真（ぶれて不鮮明になった写真）は、何のために提示されているのか。

・目に対して①［　　］が動いていると、見たいものが②［　　］になってしまうことを示すため。

▼①景色　②不鮮明

●ポイント この写真を撮ったカメラが「目」であり、撮れた写真が「見たいものの見え方」を示しているということである。

テストに出る！

問 **フリードマンの四つの実験について述べた部分（57・7〜58・15）から、実験の条件を分かりやすく説明するために比喩を用いている一文を抜き出しなさい。**

答 ちょうど私たちがランニングマシンの上を歩いているような状態だ。（58・4）

テストに出る！

問 **「このきょろきょろとした目の動きこそ、ハトの首振りと同じ意味を持つ」（59・6）とあるが、「同じ意味」とは、どのようなことか。本文中の言葉を用いて説明しなさい。**

答 景色に対して目を静止させることで、見たいものを鮮明に捉えようとしているということ。

◆ここでいう「意味」とは、「目的・理由」と考えると分かりやすいだろう。

本論3 〔59・12〜60・12〕 ヒトとハトの目の違い①。

■ヒトとハトの目の向きの違いが、景色の見方とどのように関係しているのかを整理する。

	目の向き	景色の動き	景色の見方
ヒト	①	・目に対して迫ってくるように動く。 ・注目しているものは視野の中心にあり続ける。	景色を目で追う必要はない。
ハト	横（斜め前方）	・注目しているものは前から後ろへ② する。	景色を目で追う③ 。

▼①前方 ②移動 ③必要がある

■教科書60ページの図にならって、「車窓から景色を見るときには、私たちはハトと同じように、前に進みながら横の景色を見ている。」(60・10)という状態を図示してみる。

・下の図のようになる。

・車に乗っていても前進することには変わりがないので、景色の動き(青矢印＝ここでは赤矢印)は教科書の図と同じである。しかし、顔が横を向き、目の向き(黒矢印)が違ってくる。

・こうなると、ハトと同じように視界の中の景色が大きく移動していくので、景色を目で追わなければならなくなる。

●ポイント 実際に自分で図をかいてみると、図に表されていることや、文章の内容についての理解が深まる。

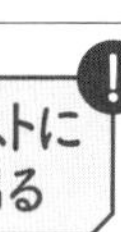

問 「どうしてハトは歩きながら……目で追っているのに、ヒトは……きょろきょろさせないのだろう。」(59・13)という問いに対する答えを、分かりやすく書きなさい。

答 ハトは目が横を向いているため、前に歩くと景色が移動するので、目で追う必要があるが、ヒトは目が前を向いているため、前に歩いても景色があまり動かないので、目で追う必要がないから。

本論4 〔60・13〜61・5〕 ヒトとハトの目の違い②。

■ヒトとハトの目の構造的な違いが、目の動かしやすさとどのように関係しているのかを整理する。

	目の形	大きさ（頭に対しての）	目の周りの筋肉	目の動かしやすさ
ヒト	①	小さい	発達している	よく動く
ハト	やや平たい形	非常に②	あまり発達していない	③

▼①球形 ②大きい ③あまり動かない

●ポイント 目の構造的な違いが、目の動かしやすさの違いを生み、更には、景色を目で追うときの動作の違いにつながっている。

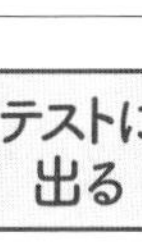

問 ハトが景色を目で追うために目ではなく首を動かすのはなぜか。

答 ハトの目は平たく大きくて動かしにくいが、首は長くてよく動くから。

◆首振りは、人間の感覚からすると無駄な動きに思えるが、ハトにとっては理にかなった効率的な動作なのである。

結論 **〔61・6〜終わり〕 まとめと呼びかけ。**

■**「ここまで、ハトの首振りについて紹介してきた。」(61・6)とあるが、筆者が提示してきた問いと答えを振り返る。**

問「あんなに首を振り振り歩かなくてもよさそうなのに、どうして無駄に思える動かし方をするのだろう。」(55・9)

答「ハトは歩きながら頭を静止させようとして、首を振っているのである。」(56・6)

問「何のためにハトは頭を静止させているのだろうか。」(56・8)

答「ハトに対して景色が動くと、ハトは景色に対して頭を静止させようとして、首を動かすのである。」(58・19)

「ハトが景色を目で追っていることを意味している。」(59・1)

問「どうしてハトは……景色を追っているのに、ヒトは歩きながら目をきょろきょろさせないのだろう。」(59・13)

答「ヒトが……理由は、目が前を向いているからであり、ハトが首を振るのは、目が横を向いているから」(60・7)

問「どうしてハトは、ヒトのように目をきょろきょろさせないのだろう。」(60・13)

答「あまり動かない目と、長くてよく動く首を持っているからこそ、ハトは首を振って景色を追うのである。」(61・4)

•ポイント 以上のような問いと答えを通して解明された内容を、改めて整理し直したのが、最後から二番目の形式段落である。

■**筆者は、この文章を通して、どのようなことを伝えようとしているのか。**

・自分の目で見て、自分の頭で考えるということの大切さ。

•ポイント 「ハトの首振り」というささいなことでも、その謎をとことん追究していくといろいろな事実が分かってくる。筆者は、そのおもしろさを読者に伝え、読者自身に自分の世界を広げるための行動を起こしてもらいたいと願っている。

テストに出る!

問 **筆者が「科学の第一歩」(61・13)だと考えているのは、どのようなことか。**

答 気になったことについて、自分の目で見て、自分の頭で考えること。

テストに出る!

問 **この文章の表現の特色として適切なものには○、不適切なものには×を付けなさい。**

ア 筆者が体験を通して知ったことを説明している。
イ 図解を示して複雑な内容を分かりやすく伝えている。
ウ 写真を多用することで読者を話題に引き込んでいる。
エ 読者が抱く疑問を予想してそれに答えている。

答 ア× イ○ ウ× エ○

てびき―解答と解説

教科書の課題を解き、学習内容をしっかりと身につけよう。 教科書62ページ

◉文章の構成を捉え、内容を読み取ろう

❶ ハトの首振りについて説明している部分(55・11〜61・5)を、四つのまとまりに分け、文章の構成を捉えよう。

解答

(1)(55・11〜56・7)**ハトが首を振る理由**
(ダンラップとマウラーの研究)
問い　ハトはなぜ歩くとき首を振るのか?
答え　頭を静止させるため。

(2)(56・8〜59・11)**ハトが頭を静止させる理由**
(フリードマンの実験)
問い　何のために頭を静止させるのか?
答え　景色が動くとき、景色に対して目を静止させて見たいものを鮮明に捉えようとするため。

(3)(59・12〜60・12)**ヒトとハトの目の違い①**
問い　ハトは歩きながら首を振るのに、ヒトは歩きながら目を動かさないのはなぜか?
答え　ハトの目は横を向いているので前に歩くと景色が大きく動くが、ヒトの目は前方を向いているので前に歩いても景色は大きく動かないから。

(4)(60・13〜61・5)**ヒトとハトの目の違い②**
問い　どうしてハトは、ヒトのように目を動かさず、首を振るのか?
答え　ヒトは目が球形で動かしやすいのに対し、ハトは目が平たく大きいので動かしにくい一方で首がよく動くから。

解説　「では」「しかし」といった接続語に着目して、話題の転換点を捉えよう。四つのまとまりは、それぞれ最初に提示された問いに答えるという形で展開している。

❷ フリードマンの実験について、仮説(56・11〜57・3)で挙げられた首振りの三つの要因と、実験結果の関係を、図や表を使って整理しよう。また、フリードマンがどのように結論を出したかを、その図や表を使って説明してみよう。

解答

●フリードマンの仮説(首振りの三つの要因)
(1) 景色の移動　…移動する景色を目で見ると、首振りが起こる。
(2) 空間的な移動　…体が空間的に移動する速度の変化が刺激となり、首振りが起こる。
(3) 歩く動作　…脚と首の運動が連動していて、歩くとおのずと首も動く。

●実験の条件と結果

	実験の条件			実験の結果
	景色の移動	空間的な移動	歩く動作	(首振り)
図A	○	×	○	○
図B	○	×	×	○
図C	×	×	○	×
図D	×	○	×	×

●結論の導き方

(1) 図Aと図Bで首振りが起こっており、共通する条件の「景色の移動」が要因と考えられる。

(2) 図Cと図Dでは首振りが起こっておらず、「空間的な移動」と「歩く動作」は、首振りの要因にはならない。

(3) 首振りの要因は、「景色の移動」である。

解説　図や表にまとめる際には、短く分かりやすいキーワードを示すとよい。また、言葉で表すよりも、「○」「×」のような記号を用いるほうが、一目見て分かりやすい。説明をする際に、それぞれの記号の意味を確認するようにしよう。

◉文章中の図表の役割について話し合おう

③ この文章で用いられている図や写真にはどのような役割があるか、話し合ってみよう。

解説　写真や図がなく、文章だけで内容を理解するのは難しいのではないだろうか。図があることで、どのようなところが分かりやすくなったか考えてみよう。

◆教科書56ページの写真…ダンラップとマウラーが撮影した動画を再現しており、ハトが前進するときに、頭をどのように動かしているかが分かるようになっている。文章では表せない情報を補い、文章の説明を分かりやすくする役割を果たしている。

◆教科書57～58ページの図…フリードマンが行った実験の条件と結果を視覚的に示している。図を見比べると、条件の違いがよく分かる。

◆教科書59ページの写真…「目に対して景色が動いていると、ちょうどぶれた写真のように、見たいものが不鮮明になってしまう。」(59・8)という文章に対応している。「ぶれた写真」を提示することで、見たいものが「不鮮明」になったときの状況を具体的に伝えている。

◆教科書60ページの図…景色の動く向きと、目の向き(よく見える方向)を矢印で示すことで、「景色を目で追う」という動作の仕組みを理解しやすくしている。

④ 「どうしてハトは、ヒトのように目をきょろきょろさせないのだろう。」(60・13)とあるが、この答えを他の人に分かりやすく伝えるつもりで、図や矢印を使って、フリップに整理しよう。

解答

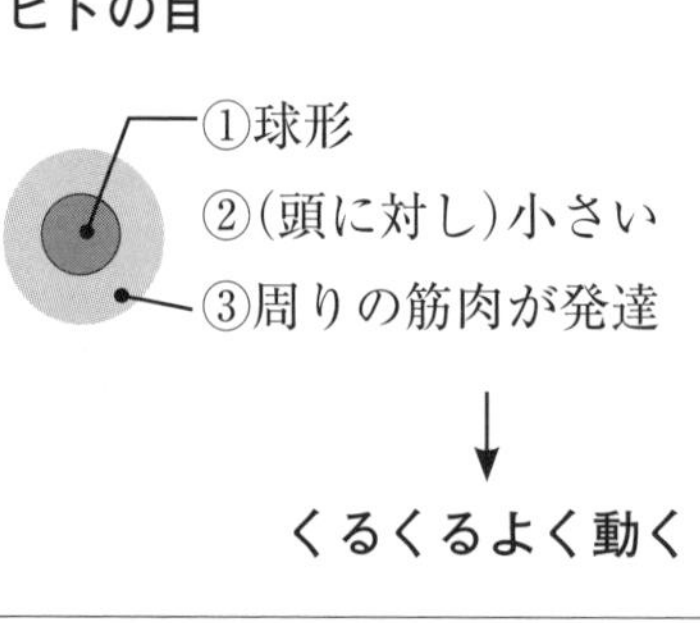

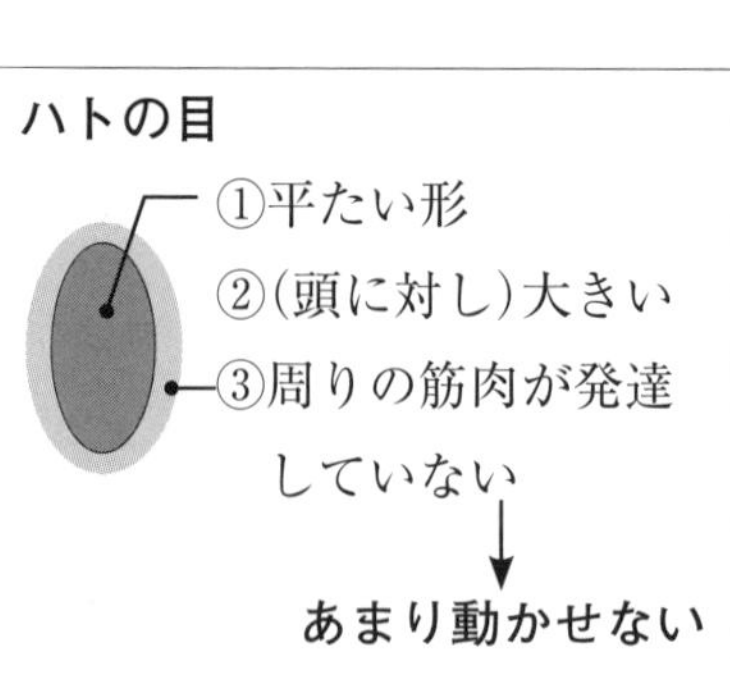

解説 ヒトとハトの目の構造の違いを、文章の内容をもとに図にしてみよう。「形」「(頭に対しての)大きさ」「目を動かす筋肉」について示す必要がある。また、その構造的な違いと、動かしやすさとを関連付けて示そう。フリップにはなるべく簡潔な言葉で示し、口頭で説明を加えていくとよい。

広がる言葉

ⓐ 「ハトはなぜ首を振って歩くのか」にある「それが科学の第一歩だ」(61・13)は、比喩的に使われる言葉である。次の例を参考に、1〜4の比喩的に使われる言葉を、別の言葉で言い換えてみよう。

解答 1手がかり・きっかけ　2いたむ・だめになる　3自分の利益になる・都合がよい　4気持ちを引き締める

ⓑ 次の(　)に入る言葉として、後のア〜シのどれが適切だろうか。また、その言葉を選んだのはなぜだろうか。

解答 1キ　2ウ　3ケ　4シ　5ア　6カ

解説 1「渋い」は、一般的に好まれることは少ないが味わい深いさま。2「風当たり」は、非難や攻撃にさらされること。3「見上げる」は、自分より優れていると認めて尊敬すること。4「特効薬」は、すぐに効果が出る対策のこと。5「粗削り」は、まだ十分に仕上がっていない状態のこと。6「羅針盤」は、進むべき方向を示してくれるもの。

解答に選ばなかった言葉についても、以下に用例を挙げておくので、意味と使い方を確認しておこう。

- 知事に政策の方針を尋ねたが生煮えの返事だった。
- 仲の良い夫婦だったが、最近は隙間風が吹いている。
- 彼はこのチームのアキレス腱だ。
- プレゼントをおくった人の好意に気づかないとは鈍い。
- 出世して、人を見下ろす態度をとるようになった。
- 淡い色合いの絵だが、この赤色がスパイスになっている。

ⓒ 次の比喩的に使われる言葉のリストから一つ選び、短文を作ってみよう。

解答

- (組織の)司令塔　例チームの司令塔として適切な指示を出す。
- (勝負の)鬼　例あの監督は選手にも厳しく、まさに勝負の鬼だ。
- (生活が)潤う　例気に入った家具を買いそろえて、生活が潤う。
- 黄色い(声)　例アイドルの登場で会場から黄色い声が飛んだ。
- 視野(が広い)　例旅に出ると視野が広がる。
- (正義を)貫く　例権力者に屈することなく正義を貫く。
- (表情が)硬い　例大勢の前で緊張しているのか表情が硬い。
- (言葉の)キャッチボール　例友人と話がはずみ、言葉のキャッチボールを楽しんだ。

▼書く 伝達

郷土のよさを伝えよう

「地域の魅力」の紹介文

教科書64～69ページ

学習目標

●身近な地域の中から題材を決め、多様な方法で集めた材料を整理し、伝えたいことを絞り込む。

●読み手を意識しながら、表現の効果などを確かめて、文章を推敲する。

1 紹介したいことを決める

(1) 個人ごとに題材を考える。

・紹介したい「地域の魅力」について考え、思いつくことを書き出してみる。資料などで調べて探してもよい。

例 自然 歴史 産業 観光名所 店や施設 行事や風習

(2) 各自が選んだ題材について、グループで意見交換する。

・他の人の意見を聞いて新たに気づくこともあるだろう。自分が知らなかったことをこの機会に調べて紹介するのでもよい。

2 情報を集めて伝えたいことを絞り込む

言葉の力 情報を集める

●できる限りさまざまな資料(本、パンフレット、新聞、雑誌など)に当たり、調べたいことに関する情報を見つける。

●情報をメモするときには、その出典(題名、著者名、発行年月日など)も必ず記録する。

●インターネットの情報には、匿名の記事などもあるため、本当に信頼できる情報かどうかに注意する。

●人に会って話を聞くときには、疑問点や更に詳しく知りたいことを質問しながら、だいじなことを落とさず聞き取る。

(1) 材料を集める。

・本や雑誌、パンフレットなどで調べる。

→図書館には地域の自然や歴史に関する資料を集めたコーナーもあるので活用するとよい。自治体や施設が発行しているパンフレットも集めてみよう。

・インターネットで調べる。

→情報の新しさや信頼性を確かめて利用する。公的な機関が運用しているサイトは比較的信頼性が高い。

・現地に行って調べる。

→よく知っていることでも実際に現地に行ってみると新たな発見があるかもしれない。また、紹介したい物事について詳しく知っている人に話を聞くなどしてもよい。

ポイント 人に話を聞くときは、その人ならではの知識や経験を引き出すことが大切。本やインターネットで調べられることは事前に調べ、何を聞きたいかを明確にしてから話を聞こう。

(2) 伝えたいことを絞り込む。

・「地域の魅力」としてアピールできる内容か、読み手が興味を持ってくれそうか、といった観点から検討する。

教科書の例▾ 集めた情報の例――教科書66～67ページ

・さまざまな資料を調べ、「ケーブルカー」「森林に関する歴史」「峠（とうげ）の茶屋のまんじゅう」「さる園」の情報を集めている。

・集めた情報を検討し「さる園」に魅力を感じているが、記事にするためには、更に情報を集める必要があると考えている。

・「さる園」の飼育員にインタビューをして、猿の社会について教わったり、ボスがとった行動を詳しく聞いたりしている。

3 文章の構成を考える

・書きたいことの中心を意識し、必要な情報を選び出す。

・読み手に伝わりやすい構成を工夫する。

ポイント 「紹介文」なので、「導入→本文→結び」の構成を基本とし、内容によって「本文」をいくつかに分けるとよい。

教科書の例▾ 伝えたい内容を整理し、構成を考えた例――教科書67ページ

・「導入→本文①→本文②→結び」という構成にしている。

・飼育員の川口さんから聞いた、猿たちの暮らしぶりについて紹介することを中心にしている。

・伝えたい内容を箇条書きで短くまとめて整理している。

4 原稿を下書きし、推敲して仕上げる

(1) 考えた構成に沿って下書きする。

(2) 推敲して記事を仕上げる。

・下書きをグループで読み合って、アドバイスし合うのもよい。

ポイント 文章は詳しく書けばよいというものではない。情報を「足す」ばかりでなく、「引く」ことも考えよう。

◎言葉の力　より効果的に伝わるように推敲する

● 読み手や目的を考えて、不要な情報は削除する。

● 順序を入れ替えたほうがよいところがないかを検討する。

● 興味をひく書きだし、言葉の選び方、臨場感のある描写、会話文の使用、文末表現の仕方など、表現を工夫する。

● 読み手の興味・関心をひく見出しを付ける。

教科書の例▾ 完成作品例――教科書69ページ

・題名が、文章の内容に興味を持たせるものになっている。また、「近尾山（ちかおさん）」と地名を入れることで、地域色が明確になっている。

・導入部分は簡潔にして、本文が引き立つようにしている。

→さる園をアピールすることが目的なので、「傾斜角が日本一」というケーブルカーに関する情報は［①　］した。

→本文の内容と関係の薄い「好きな餌（えさ）」の情報は削除した。

・書きだしが印象的で、臨場感のある描写になっている。

・川口さんの言葉をそのまま、［②　］文として取り入れている。

→文章に変化がついて、読者の注意をひきつける。

→「驚くべき行動」という表現が、読者の興味をひく。

→「ボスが飛び出してきた」ことを先に示し、詳しい状況説明は後回しにすることで、ボスの行動のスピード感が伝わる。

▼①削除　②会話

5 完成した紹介文を読み合う

・情報が分かりやすく整理されているか、興味をひきつける表現の工夫がされているか、などに着目しよう。

文法の窓1
用言の活用

教科書70、256〜259ページ

◉学習内容の要点を押さえ、教科書の問題の答えを確かめよう。（□の中には当てはまる言葉を書こう。）

・**活用**とは、後に続く言葉によって語の形が変化することをいう。
・活用によって変化した形を①□という。
・活用しても形が変化しない部分を**語幹**、形が変化する部分を**活用語尾**（ごび）という。ただし、「ない」を付けたとき、その上が一音しかない動詞は、語幹と活用語尾の区別がない。
・**用言**とは、活用のある②□語で、それだけで③□になれる単語のこと。動詞・形容詞・④□が用言にあたる。

▼①活用形　②自立　③述語　④形容動詞

1　**活用形の種類**

未然形…まだ動作や状態が実現していないことを表す形。
＊動詞と、形容詞・形容動詞とで、後に続く言葉に違いがある。
［動詞の場合］「ない」「う」「よう」などが後に続く。
［形容詞・形容動詞の場合］「う」が後に続く。
連用形…別の用言や「た」「て」などが続くときの形。
終止形…言い切るときの形。
連体形…体言が続くときの形。
仮定形…「もし……ならば」と仮定する形。
命令形…命令して言い切るときの形。
＊形容詞・形容動詞には、命令形はない。

2　**動詞の活用**

【動詞の活用の種類】

❶**五段活用**…五十音図で、ある行のアイウエオの五つの段にわたって変化する活用。
例「書く」「走る」「読む」など。
❷**上一段活用**…ある行のイ段で変化する活用。
例「起きる」「見る」など。
❸**下一段活用**…ある行の①□段で変化する活用。
例「受ける」「食べる」「出る」など。
❹**カ行変格活用（カ変）**…「②□」だけの特殊（とくしゅ）な活用。
❺**サ行変格活用（サ変）**…「する」と、「察する」「勉強する」などのように他の語に「する」が付いてできた語だけの、特殊な活用。

▼①エ　②来る

ポイント　❶〜❸の活用の種類は、動詞に「ない」を付け、そのすぐ上の語尾の音が、ア段・イ段・エ段のどれになるかで見分ける。

例　書く　→書か｜ない—ア段の音　→五段活用
起きる　→起き｜ない—イ段の音　→上一段活用
受ける　→受け｜ない—エ段の音　→下一段活用

【動詞の活用表】

活用表とは、活用形をまとめて一つの表にしたもので、活用形の各欄（らん）には活用語尾だけを入れる。

	基本形	語幹	未然形	連用形	終止形	連体形	仮定形	命令形
❶五段活用	書く	か	か こ	き い	く	く	け	け
	走る	はし	ら ろ	り っ	る	る	れ	れ
	読む	よ	ま も	み ん	む	む	め	め
❷上一段活用	起きる	お	き	き	きる	きる	きれ	きろ きよ
	見る	（み）	み	み	みる	みる	みれ	みろ みよ
❸下一段活用	食べる	た	べ	べ	べる	べる	べれ	べろ べよ
	出る	（で）	で	で	でる	でる	でれ	でろ でよ
❹カ行変格活用	来る	（くる）	こ	き	くる	くる	くれ	こい
❺サ行変格活用	する	（する）	し せ さ	し	する	する	すれ	しろ せよ
		主な続き方	ナイ・レル ラレル ウ・ヨウ	マス タ テ	言い切る ト カラ	トキ コト ノ	バ	命令で言い切る

＊語幹が（　）付きで示されている語は、語幹と活用語尾の区別がない。

● **教科書70ページの「動詞カード」の語は、右の表の中にある。語幹と活用語尾を組み合わせて、単語の形を確認しよう。**

【動詞の音便】

音便とは、発音しやすいように語尾などの音が変化すること。動詞の音便には次の三種類がある。

- **イ音便**　例 書きた→書いた　泳ぎて→泳いで　＊
- **促音便（そくおんびん）**　例 走りた→走った　会いて→会って
- **撥音便（はつおんびん）**　例 読みた→読んだ　＊　飛びて→飛んで　＊

＊撥音便と、ガ行（「泳ぐ」など）のイ音便のときは、後に続く言葉の「た」「て」「たり」が「だ」「で」「だり」と濁音（だくおん）になる。

【可能動詞】

五段活用動詞がもとになった下一段活用動詞で、「……できる」という可能の意味を表す動詞を、可能動詞という。

例 書く（五段）→書ける（下一段）

【他動詞と自動詞】

何かに対して働きかける意味を持つ動詞を他動詞、働きかける意味を持たない動詞を自動詞という。

例 人を集める。（他動詞）　人が集まる。（自動詞）

3 形容詞の活用

形容詞の活用の仕方は一種類だけで、命令形はない。

基本形	語幹	未然形	連用形	終止形	連体形	仮定形	命令形
暑い	あつ	かろ	かっ く う	い	い	けれ	○
うれしい	うれし						
	主な続き方	ウ	タ ナル・ナイ ゴザイマス	言い切る ト カラ	トキ コト ノ	バ	

＊「ございます」に続くときは、「お暑うございます」のようにウ音便になる。

4　形容動詞の活用

・活用の仕方は、「〜だ」と、丁寧(ていねい)な形の「〜です」の二種類。
・命令形はなく、丁寧な形の活用には仮定形もない。
・語幹だけで用いられることもある。例 まあ、きれい。

基本形	語幹	未然形	連用形	終止形	連体形	仮定形	命令形
元気だ	げんき	だろ	だっ で に	だ	な	なら	○
元気です		でしょ	でし	です	(です)	○	○
主な続き方		ウ	タ ナイ ゴザイマス ナル	言い切る ト カラ	トキ コト ノ	バ	

【形容動詞と紛らわしい品詞の見分け方】

「〜だ」「〜な」「〜に」の三つの形にすることができれば、形容動詞と考えてよい。

例 「巨大な」→○巨大だ　○巨大に　→形容動詞
「大きな」→×大きだ　×大きに　→連体詞
「大いに」→×大いだ　×大いな　→副詞

○考えよう ―――――――――― 教科書70ページ

○ **次の動詞を活用させて、活用標本箱に整理してみよう。**

解答

出	出	出る	出る	出れ	出ろ 出よ
飛ば 飛ぼ	飛び 飛ん	飛ぶ	飛ぶ	飛べ	飛べ
落ち	落ち	落ちる	落ちる	落ちれ	落ちろ 落ちよ

言わ 言お	言い 言っ	言う	言う	言え	言え
聞か 聞こ	聞き 聞い	聞く	聞く	聞け	聞け
教え	教え	教える	教える	教えれ	教えろ 教えよ
似	似	似る	似る	似れ	似ろ 似よ

○問題 ―――――――――― 教科書259ページ

1 **下の傍線部の動詞を基本形に直し、活用の種類と活用形を答えよう。**

解答 1いる・上一段活用・連用形　2来る・カ行変格活用・未然形　3教える・下一段活用・終止形　4掃除(そうじ)する・サ行変格活用・未然形　5飛ぶ・五段活用・命令形／走る・五段活用・命令形　6分かる・五段活用・仮定形　7遊ぶ・五段活用・連用形　8歌う・五段活用・連体形

2 **可能動詞になるものはどれだろうか。**

解答 2鳴く　3読む　6会う　8買う

解説 可能動詞になるのは五段活用動詞である。

3 **下の動詞の連用形は、どの種類の音便になるだろうか。**

解答 1促音便　2撥音便　3促音便　4イ音便　5促音便　6撥音便　7イ音便　8イ音便　9撥音便　10促音便

解説 「た」や「て」が続く形にしたらどうなるかを考える。

4 **下の傍線部の品詞と活用形を答えよう。**

解答 1形容詞・連体形　2形容動詞・連用形　3形容動詞・連用形　4形容動詞・連用形　5形容詞・連用形　6形容詞・連用形

漢字道場 3

漢字の意味

教科書71ページ

新出漢字・新出音訓

読みの太字は送り仮名を示す。( )は中学校では学習しなくてもよい読みを、━線は特別な言葉に限って使われる読みを示す。例は用例を示し、例中の太字は教科書本文中の語句であることを示す。新出音訓の▼は、常用漢字表の「付表」の語を示す。□には漢字を、( )には読みを書こう。

p.71 **旋** セン 11画 方 □
①回転する。例**旋回**(せんかい)。旋盤(せんばん)。旋風(せんぷう)。②一回りして帰る。例凱旋(がいせん)。③あちこち回る。例斡旋(あっせん)。

p.71 **把** ハ 7画 手 □
①つかみとる。例**把握**(はあく)。②たば。たばねたものを数える語。例十把(じっぱ)ひとからげ。

p.71 **踊** ヨウ おど**る** おど**り** 14画 足 □
おどる。例**舞踊**(ぶよう)。盆踊(ぼんおど)り。

p.71 **軌** キ 9画 車 □
①車輪の跡。例**軌道**(きどう)。軌跡(きせき)。②物事のきまり。例常軌(じょうき)。軌範(きはん)。

p.71 **妨** ボウ さまた**げる** 7画 女 □
じゃまをする。例**妨害**(ぼうがい)。妨(さまた)げる。

p.71 **慶** ケイ 15画 心 □
めでたいこと。よろこび。例**慶弔**(けいちょう)。慶賀(けいが)。慶事(けいじ)。

p.71 **是** ゼ 9画 日 □
よい。正しい。例**是非**(ぜひ)。是正(ぜせい)。是認(ぜにん)。

p.71 **弔** チョウ とむら**う** 4画 弓 □
とむらう。例**慶弔**(けいちょう)。弔辞(ちょうじ)。弔電(ちょうでん)。

p.71 **禍** カ 13画 示 □
災難。わざわい。例**禍福**(かふく)。災禍(さいか)。戦禍(せんか)。

p.71 **偽** ギ いつわ**る** (にせ) 11画 人 □
①いつわる。いつわり。例**真偽**(しんぎ)。偽名(ぎめい)。②本物らしく見せる。例偽造(ぎぞう)。

p.71 **艦** カン 21画 舟 □
戦争に使う船。例軍艦(ぐんかん)。艦隊(かんたい)。

p.71 **艇** テイ 13画 舟 □
細長い小舟。ボート。例救命艇(きゅうめいてい)。艦艇(かんてい)。

p.71 **舶** ハク 11画 舟 □
海洋を航行する大きな船。例舶来(はくらい)。船舶(せんぱく)。舶載(はくさい)。

p.71 **宰** サイ 10画 宀 □
①大臣や家老など、要務をとりしきる人。例**宰相**(さいしょう)。②つかさどる。例主宰(しゅさい)。

p.71 **辱** ジョク (はずかし**める**) 10画 辰 □
はずかしめる。はずかしめられる。例**雪辱**(せつじょく)。屈辱(くつじょく)。侮辱(ぶじょく)。

p.71 **漫** マン 14画 水 □
①しまりがない。とりとめがない。例**散漫**(さんまん)。漫然(まんぜん)。②こっけいな。例**漫画**(まんが)。③ほしいまま。例放漫(ほうまん)。

p.71　**廉**　レン　13画　广　□

①いさぎよい。例**清廉**（せいれん）。破廉恥（はれんち）。②値段が安い。例**廉価**（れんか）。廉売（れんばい）。

p.71　**露**　ロ　ロウ　つゆ　21画　雨　□

①つゆ。大気中の水分が冷やされて地面や物についた水滴（すいてき）。例**雨露**（あめつゆ）。結露（けつろ）。②姿を現す。さらけ出す。例**暴露**（ばくろ）。露出（ろしゅつ）。露見（ろけん）。

p.71　**芳**　ホウ（かんばしい）　7画　艹　□

①香りがよい。例**芳香**（ほうこう）。②他人に属するものにつけて、敬意を表す語。例**芳名**（ほうめい）。

p.71　**隆**　リュウ　11画　阝　□

①高い。盛り上がっている。例**隆起**（りゅうき）。②勢いが盛んである。例**隆盛**（りゅうせい）。興隆（こうりゅう）。

p.71　**篤**　トク　16画　竹　□

①熱心。誠意がある。例**篤実**（とくじつ）。篤志（とくし）。②病気が重い。例**危篤**（きとく）。

p.71　**拘**　コウ　8画　手　□

①こだわる。例**拘泥**（こうでい）。②とらえる。とどめる。例拘留（こうりゅう）。拘束（こうそく）。拘置所（こうちしょ）。

■**新出音訓**（――線部の読みを書こう。）

①一国の宰相。p.71（　）

②秘密を暴露する。p.71（　）

③隆盛をきわめる。p.71（　）

答　①さいしょう　②ばくろ　③りゅうせい

◉学習内容の要点を押さえ、教科書の問題の答えを確かめよう。

1　似た意味の漢字

・漢字には、互いに似た意味を持つものがある。

・似た意味を持つ漢字を組み合わせた熟語もある。

例・「創」―「作」→「創作」…つくること。

・「鉱」…自然のままの金属。
「鉄」…金属の一種としての鉄。
「鋼」…鍛（きた）えて質を高めた鉄。
→「鉄鉱石」「鉄鋼業」

2　反対の意味の漢字

・漢字には、互いに反対の意味を持つものがある。

・反対の意味を持つ漢字を組み合わせた熟語もある。

例「軽」↕「重」→「軽重」…軽いことと重いこと。

「利」↕「害」→「利害」…利益と損害。

3　複数の意味・思いがけない意味

・多くの漢字は複数の意味を持つ。

・漢字の持つ複数の意味はつながりがある場合が多いが、つながりが見えにくいものや、思いがけない意味のものもある。

例「北」
「北風」…（方位の）「きた」を表す。
「敗北」…「にげる」という意味を表す。

＊「北」は互いに背を向けた二人の人間をかたどった漢字で、もともと「背く（そむく）」「背中」の意味を表す。それで、敵に背中を見せて逃げることを「敗北」といい、太陽に向かったときに背中がある方角の「きた」を表すこととともなった。

○問題 ——— 教科書71ページ

① 似た意味を持つ漢字どうしを結び付けて、熟語を作ろう。

解答 舞踊・旋回・把握・軌道・妨害〔順不同〕

解説 舞／踊…「舞う」と「踊る」。どちらも、「音楽に合わせて体を動かす」という意味。旋／回…どちらも「円をえがいてまわる」という意味。把／握…「つかみとる」ことと、「にぎる」こと。軌／道…「車輪の跡」と「道」。妨／害…どちらも「さまたげる」という意味。

② 反対の意味を持つ漢字どうしを結び付けて、熟語を作ろう。

解答 苦楽・慶弔・是非・禍福・真偽〔順不同〕

解説 苦楽…「苦しみ」と「楽しみ」。

慶弔…「よろこび祝うべきこと」と「悲しみとむらうべきこと」。

是非…「道理に合うよいこと」と「道理に合わない悪いこと」。

禍福…「わざわい(災難)」と「さいわい(幸福)」。

真偽…「本当のこと」と「偽りのこと」。

③ 次の「ふね」を表す漢字について、意味の違いを調べよう。

解答

1 「舟」＝(人力でこぐ)小型のふね。

2 「艦」＝戦争用の武装したふね。

3 「艇」＝ボートのような細長い小さなふね。

4 「舶」＝(海を渡る)大きなふね。

解説 「ふね」を意味する最も一般的な漢字は「船」だが、ふねの大きさや用途に応じて右の漢字も使われる。それぞれの漢字を用いた熟語としては、次のようなものがある。

例 小舟・笹舟(ささぶね)・軍艦・艦隊・救命艇・競艇・舶来・船舶

④ 次の各組について、傍線部の漢字の意味の違いを調べよう。

解答

1 手相＝外に現れたかたち。ありさま。
宰相＝君主を助けて政治を行う人。大臣。

2 横断＝よこぎる。よこにわたる。
専横＝勝手気まま。ほしいまま。

3 風雪＝空から降るゆき。
雪辱＝恥や疑いをはらす。すすぐ。

4 散漫＝しまりがない。とりとめがない。
漫画＝こっけいな。

5 清廉＝いさぎよい。心が正しい。
廉価＝値が安い。

6 雨露＝草木の葉や地面などについた水滴(すいてき)。
暴露＝あらわにする。さらけ出す。

7 芳香＝香りがよい。
芳名＝他人の物事を表す語の上につけて敬意を表す。

8 隆起＝高く盛り上がる。
隆盛＝勢いが盛んである。

9 篤実＝誠意がある。真心がこもっている。
危篤＝病気が重い。

10 泥水＝水分を含んだ土。どろ。
拘泥＝こだわる。とどこおる。

解説 熟語の意味を調べるときには、熟語を構成する漢字がそれぞれどのような意味を持っているのかということも確かめるようにしよう。

▼読む

読書1

読書への招待
卒業ホームラン

作者・重松清

教科書72〜85ページ

ガイダンス

学習目標を押さえ、「卒業ホームラン」のおおよそを理解しよう。

○学習目標

●読書の意義を知り、おすすめの本の魅力を紹介し合う。

●文章を読む前に

「卒業ホームラン」は、少年野球チームの監督をつとめる徹夫と、息子でチームの一員でもある小学六年生の智、中学二年生の娘典子、妻の佳枝、という四人家族の物語である。徹夫の目線から語られており、我が子を試合に出してやりたいと思う父親の立場と、試合に勝利することを優先させなければならない監督の立場との板挟みに悩んだり、親として子供に何と言葉をかけてやるべきか迷ったりする徹夫の心情が丁寧に描かれている。「努力することの意味」「家族や親子の関係」など、身近な問題を考えさせてくれる作品である。

●あらすじ

徹夫が息子智の所属する少年野球チームの監督を引き受けて六年。今日は最後の試合である。素振りをする智のかたわらで、徹夫は智の実力からして出場は難しいと考えていた。一方、妻の佳枝は、何に対しても無気力になっている娘典子のことを徹夫にうったえた。典子は、試合に出る可能性がほとんどない智を見て「頑張ってもいいことないじゃん。」と言い、徹夫は言葉に詰まる。

徹夫は、この一年負け知らずのチームを全勝のまま卒業させてやりたいと思うが、監督に徹しきれず一度は智を最後のベンチ入りメンバーに選ぶ。しかし、試合開始直前になって、補欠の欄から智の名前を消した。試合は一方的な負け試合となり、今日なら智を出しても誰からも文句は言われなかったのにと、親として複雑な気持ちになった。それでも智はふだんと変わらぬ声援を送っていた。

試合後、徹夫が中学校での部活はどうするのかと智に尋ねると、「野球部」だと言う。「野球好きだもん」という理由に胸が熱くなった徹夫は、智と三球だけの真剣勝負を始める。三球目にやっとバットに当たったボールは、フライになって飛んだ。佳枝の「ホームラン!」という声をよそに、智はショートフライだと言った。

徹夫が「帰ろう」と声をかけ、ホームベースという言葉の意味を改めて考えていたとき、試合を見に来ていた典子の姿が目に入った。

文章の構成

本文の一行空きを場面の切れ目と考えると、五つの場面で構成されている。これは、野球の試合当日の時間の経過に沿っている。なお、第二場面は、(1)補欠のメンバーに悩む徹夫、(2)徹夫と典子の会話、という形で更に分けることもできる。

・第一場面（初め〜74・5）……試合当日の朝の、家族四人の様子。
・第二場面（74・6〜77・21）…出発前、監督と父親という二つの立場に悩む徹夫と、徹夫の言葉に反抗する典子。
・第三場面（77・22〜78・19）…試合直前、智を補欠から外すことに決めた徹夫。
・第四場面（78・20〜80・38）…試合中、ふだんと変わらぬ様子の智と、チームの惨敗（ざんぱい）。
・第五場面（80・39〜終わり）…試合後、智と三球勝負をし、家族への思いを新たにする徹夫。

表現の特色

(1) 中心人物と一体化した語り

全体的には「徹夫は……」「智は……」と三人称で書かれているが、主語が明記されず一人称で語られているようなところや、「あいつの努力を最後の最後で無駄にしたのは、俺だ。」（80・3）のように、徹夫の心の中の言葉がそのまま地の文になっているところも多い。父親である徹夫の目線を中心にして描かれた小説である。

(2) 人物の性格や心情が伝わる会話文

短い会話のやりとりが連続する場面が多く見られる。人物ごとに言葉遣いも巧みに書き分けられ、それぞれの人物の声や話しぶりが自然と想像できる。

主題

結果にかかわらず努力する大切さ、帰る場所としての家族。

「頑張ってもしかたがない」と考える典子に対し、徹夫は「頑張ればいいことがある」とまでは言いきれずにいる。徹夫は「努力することがだいじで、結果はどうでもいいんだ」と典子には言いつつも、最後の試合のメンバー選びでは結局、結果を出すための選択をした。そんな徹夫には、「いいことがないのに、頑張る」智の気持ちも実のところよく分からなかったが、「野球が好きだから頑張る」という智の言葉に、忘れかけていたものを思い出す。「いいことがあるかもしれないから、頑張る」という考え方は、やはり結果にとらわれたものであり、どこかあやうい。しかし、智のように純粋な動機に支えられた頑張りはゆるぎなく、すがすがしい。

また、家族四人がそろって家に向かう最後の場面には、作者の家族観が表れている。家族の一人一人が異なる人生を歩み、時に反発したりすることはあっても、自分の存在を丸ごと受け止めてくれるのはやはり家族であり、そこが帰る場所なのである。

新出漢字・新出音訓

読みの太字は送り仮名を示す。（　）は中学校では学習しなくてもよい読みを、―線は特別な言葉に限って使われる読みを示す。例は用例を示し、例中の太字は教科書本文中の語句であることを示す。新出音訓の▼は、常用漢字表の「付表」の語を示す。□には漢字を、（　）には読みを書こう。

監 カン　p.72　15画　皿　□
①とりしまる。例**監督**。監視。②ろうや。例監獄。

督 トク　p.72　13画　目　□
①とりしまる。例**監督**。②せきたてる。例督促。

「しっかり見る」という意味を持つので「目」が付きます。

拍 ハク　ヒョウ　p.73　8画　手　□
①手を打ってリズムをとる。楽曲の調子。例**拍子抜け**。四拍子。②手のひらを打ち合わせる。例拍手。

塾 ジュク　p.73　14画　土　□
子弟を教育する私設の場所。例**塾**。私塾。

哀 アイ　あわ**れ**　あわ**れむ**　p.73　9画　口　□
①あわれむ。悲しむ。例**哀れむ**。悲哀。哀愁。哀惜。哀切。②泣きつく。例哀願。

諭 ユ　さと**す**　p.73　16画　言　□
①教えみちびく。例**教え諭す**。教諭。②官が人民にさとしきかせる。例諭告。

援 エン　p.74　12画　手　□
たすける。救う。例**応援**。**声援**。**救援**。援護。援助。

癖 ヘキ　くせ　p.74　18画　疒　□
かたよった性質・特徴・習慣。例**癖**。酒癖。病癖。習癖。

卓 タク　p.74　8画　十　□
①机。例**座卓**。食卓。卓上。②優れる。抜きんでる。例卓越。

「卓越」は、周りから抜きんでて優れていることです。

鍛 タン　きた**える**　p.74　17画　金　□
きたえて強くする。例**鍛えぬく**。鍛錬。

粘 ネン　ねば**る**　p.75　11画　米　□
ねばる。例**粘り強さ**。粘土。粘着質。

貫 カン　つらぬ**く**　p.75　11画　貝　□
①つらぬく。やりとおす。例**貫く**。貫通。貫徹。②重さの単位。例尺貫法。

冗 ジョウ　p.76　4画　冖　□
必要でなく無駄である。例**冗談**。冗長。

奪 ダツ　うば**う**　p.76　14画　大　□
取りあげる。うばう。例**奪う**。略奪。奪還。

揚 ヨウ　あ**げる**　あ**がる**　p.77　12画　手　□
①高くあげる。持ちあげる。例**引き揚げる**。掲揚。抑揚。浮揚。②あげる。熱した油で調理する。例揚げ物。精進揚げ。

肘 ひじ　p.77　7画　肉　□
ひじ。例**肘**。肘鉄砲。肘掛け。

欄　ラン　20画　木　p.77
①区切られた部分。例**欄**。空欄。欄外。②手すり。例欄干。

審　シン　15画　宀　p.78
規準に合っているかどうか判定する。くわしく調べる。例**主審**。審判。審議。不審。

寧　ネイ　14画　宀　p.78
①くり返して心を込める。例**丁寧**。②やすらか。おだやか。例安寧。

促　ソク　うながす　9画　人　p.78
①急がせる。例**促す**。促進。促成栽培。催促。②つまる。例促音。

俺　おれ　10画　人　p.78
男性が自分を指していう語。例**俺**。

尽　ジン　つくす　つかす　つきる　6画　尸　p.80
出しつくす。例**尽くす**。尽力。無尽蔵。

惜　セキ　おしい　おしむ　11画　心　p.80
残念だ。残念に思う。例**惜しい**。惜敗。

緩　カン　ゆるい　ゆるむ　ゆるやか　ゆるめる　15画　糸　p.81
ゆるめる。ゆるい。例**緩む**。緩和。緩急。

「緩(カン)」「援(エン)」「暖(ダン)」は、同じ部分を持っているけど、音読みは違うんだね。

頬(頰)　ほお　16画　頁　p.81
顔の両脇の部分。例**頬**。頬紅。頬張る。

湧　ユウ　わく　12画　水　p.81
水などがわき出る。例**湧く**。湧水。湧出。

怖　フ　こわい　8画　心　p.83
おそれる。おののく。例**怖がる**。恐怖。

儀　ギ　15画　人　p.83
①礼法にかなった正しい行い。例**礼儀**。儀式。婚儀。②ことがら。例難儀。

据　すえる　すわる　11画　手　p.83
そのままにしておく。動かないようにする。例**腰が据わる**。据え付ける。

顎　ガク　あご　18画　頁　p.84
あご。例**顎**。顎ひげ。顎関節。

掲　ケイ　かかげる　11画　手　p.84
目につくように示す。例**掲げる**。掲示板。掲載。

劣　レツ　おとる　6画　力　p.85
①比べておよばない。例**劣勢**。劣等感。②いやしい。性質が悪い。例下劣。卑劣。

■**新出音訓**（――線部の読みを書こう。）

①河川敷で遊ぶ。p.72（　）
②田舎の両親。p.74（　）
③笑顔を見せる。p.78（　）
④ほほ笑む。p.80（　）
⑤話に納得する。p.84（　）

答　①かせんしき　②いなか　③えがお　④え　⑤なっとく

語句・文の意味

語義が複数の場合、①に教科書本文中の語義を示してある。類は類義語、対は対義語、文は語句を用いた短文例を示す。
●印は、教科書の脚注に示されている語句である。

▼72ページ

華やぐ 明るくはなやかな様子。

キャスター ニュースキャスターの略。テレビなどで、ニュースの伝達・解説をする人。

行楽 観光地などに出かけて楽しむこと。

愛想 ①にこやかで親しみのある態度や顔つき。文店員さんの愛想がよかったので、予定外のものまで買ってしまった。②人に対する好意。もてなし。③相手の機嫌をとるような態度や言葉。

首をひねる 疑問に思って考え込む。

可能性 物事が事実としてそうである見込み、また、これから実現する見込み。文この調子でいけば優勝する可能性がある。

色あせる 時間がたって色が変わる。ここでは使い古した様子を示す。

河川敷 河川の一部として定められている川岸の敷地。

素振り ボールを用いずバットだけを振る、野球の練習。

▼73ページ

難しいよ。実力の世界だからな 「実力の世界だから、難しいよ」の倒置になっている。智が試合に出場することは難しいということ。このとき徹夫は、妻の佳枝が智を試合に出してやってほしいと頼みにきたのかと思い、先回りして答えたのである。

拍子抜け 意気込んでいたことが無駄になって張り合いがなくなること。調子がくるうこと。文開演の二時間前から並んで待ったが、客席には余裕があり拍子抜けした。

反抗 はむかうこと。逆らうこと。類抵抗。反発。対服従。

プレッシャー 圧力。圧迫。精神的に追い詰められること。

いらだつ 思いどおりにならず、あせっていらいらする。

今自分がいなければいけない……立ち去っていくような態度 自分自身のことや周囲のことに対して一切の興味を失っているような態度のこと。

悪びれる 気おくれがして自信がなさそうな態度をとる。「悪びれず」「悪びれる様子もなく」など打ち消しの語とともに用いられることが多い。ここでの「悪びれもせず」は、塾の冬期講習用のお金を友達との遊びに使ったことを、悪いこととも思わない典子の態度をいう。

真顔 真面目な顔つき。真剣な表情。

保証 物事が間違いなく確実であると認め、責任を持つこと。文この店の料理の味は、私が保証する。

言葉に詰まる 言うべき言葉が見つからず、困る。文理由を説明しろと迫られ、言葉に詰まった。

諭す 物事の道理を言い聞かせる。教え導く。類説く。導く。

▼74ページ

ふざけるな ここでは、「道理に合わないことを言うな。」ということ。

顔をしかめる 不快な感情の表現として、まゆのあたりにしわを寄せる。

それを悟られないよう 「それ」は、不快に思って顔をしかめていることを指す。「悟る」は、気づく、感づく、の意。

棒読み 文章や言葉を何の感情も交えずに、

一本調子に読み下すこと。

かい　あることを行った効果。ききめ。

▼75ページ

ものにする　①思いにかなったものにする。成しとげる。ここでは、試合に勝利する、の意。②手に入れる。③習得する。文名人のもとで修業を積んで伝統の技をものにする。

しんがり　列・順番などのいちばん後ろ。

公平　平等でかたよりのない様子。類平等。

そこまでは監督に徹しきれなかった　智をメンバーから外してまで監督としての実力主義を貫くことはできなかったということ。「徹する」は、（ある状態を）最後まで変わらずに貫き通すこと。

後ろめたさ　他からとがめられるような、良心に恥じるところがある心持ち。

間延び　間が延びること。しまりがないこと。

気のない　進んでしようという気にならない。気乗りがしない。

▼76ページ

むっとする　怒りがこみあげる。

いなす　相手の追及などを軽くかわす。

鼻で笑う　ばかにして相手にしない。

いつものパターンじゃん、それ　いつも智はベンチ入りしながら、結局試合に出られない。そのことを典子は手厳しく指摘している。

とがめる　失敗や罪を取り上げて、責める。類なじる。非難する。

胸が痛む　心に痛みを感じる。悩みや心配などで苦しい思いがする。文悲しみにくれる友の姿に、胸が痛んだ。

口にしたとたん、ひどい言い方をした、と思った　監督としての本音といえるが、全ての努力を否定するような、心ない言い方になってしまい、智に対して悪いことをしたと感じている。

▼77ページ

屁理屈　道理に合わない理屈。「屁」は、ここでは、取るに足らないものという意味。例弟は屁理屈を並べ、ゲームをやめようとしない。

硬い　（緊張などのため）動作のぎこちない様子をいう。

首をかしげる　首を傾けて、疑問や不審を感じている様子を表す。文荷物が届いたが、差出人の名前に覚えがないので首をかしげた。

手こずる　もてあます。ここでは、（相手投手の球を）打つのに苦労する、の意。

▼78ページ

おざなり　その場だけの間に合わせ。いいかげん。

智一人だけ、丁寧に、一所懸命にやっている　智の、野球に対するひたむきな姿勢がよく表れている行動の一つ。

走り書き　急いで書くこと。

どこか気まずそうな六年生の仲間　六年生でただ一人ベンチ入りすらできなかった智に対する、ほかの六年生たちの遠慮がちな様子が見て取れたのである。「気まずい」は、相手や周囲の人と気持ちが調和せず、具合が悪い様子。

負けず嫌い　人に負けたりおくれをとったりするのを特に嫌がる性質であること。

本音　本心から出た言葉。本心。文誘われたので買い物に出かけたが、本音を言えば家でのんびりしていたかった。

▼79ページ

それは決して口にはできない　レギュラーになれるはずもないのに、どうして頑張るのかということを口に出して言うことはできない。これを口にすると、智の可能性を完全に否定してしまうことになるからである。

球が高めに浮く　投手が投げたボールが狙った位置よりも高く入ること。コントロールがうまくできていないことをいう。

頭に血が上る　かっとなって冷静な判断ができなくなる。

致命的　再起できないほどのひどい痛手を受ける様子。取り返しのつかない様子。

火のついた　勢いを得た。

▼80ページ

あいつの努力を最後の最後で無駄にしたのは、俺だ　今日のような完全な負け試合であれば監督の息子だからという非難を受けることなく智を出場させることができたのに、自分があくまでも勝ちにこだわって補欠から外してしまったために、出場させるチャンスをなくしてしまったということ。

惨敗　一方的でみじめな負け方をすること。

きょとんとする　驚いたり、相手の言うことが分からなかったりして、目を大きく開けてぼんやりしている様子。

▼81ページ

打ち上げ　仕事(ここでは試合)を終えた後の、祝いやねぎらいの会。

悲しみのほうが胸に湧いてくる　何事に対してもやる気を失い、頑張ってもいいことがあるとは信じられなくなっている典子の、行く当てもなく、単に暇をつぶすために動き回っている姿を想像して、痛ましく感じてしまう、父親としての感情。

そぶり　表情や動作などに表れた様子。

▼82ページ

すうっと重みが消えていった　「重み」とは、監督の立場を貫き、実力主義で智を一度も試合に出さなかった後ろめたさや、「頑張ればいいことがある」と信じさせてやりたいのに、どうすればいいか分からない、父親としての無力さに悩む気持ちなどであると考えられる。

簡単な、理屈にもならない、忘れかけていた言葉　上手だろうが下手だろうが野球に励むのは、野球というスポーツがただ好きだからという、理屈ではない、素朴で純粋な意欲の源がそこにあるということを意味する。

苦笑　状況のおろかさや、ばかばかしさに戸惑いながらも、しかたなく笑うこと。にが笑い。

▼83ページ

はにかむ　恥ずかしそうにする。

礼儀　社会生活において人が守るべき行動様式。特に、敬意の表し方。[類]作法。

上体が泳ぐ　体の上半身が重心を失ってよろめく。

手は抜かない　いいかげんなやり方はしない。

▼84ページ

納得　他人の考えや行動について理解したうえで受け入れること。[類]得心。承知。

不満　納得できず、物足りなく感じている様子。[対]満足。

ナイスバッティング　智の中にしっかりとしたものがあると感じた徹夫が、心から智を激励する気持ちでかけた言葉。

▼85ページ

見届ける　①自分の目で直接見て確かめる。②物事の成り行きを最後まで見る。[文]木の枝についていたさなぎが、チョウになって飛び立つのを見届けた。

あなた、ほら、やっぱり来てる　明示されていないが、来ているのは典子である。

劣勢　他よりも勢力が劣っていること。おくれをとること。[対]優勢。

読み解こう

場面ごとの内容を捉えよう。［　］の中には当てはまる言葉を書こう。

第一場面 ［初め〜74・5］ 試合当日の朝の、家族四人の様子。

■**場面の設定と、それぞれの人物の置かれた状況を捉える。**

・三月（智の小学校卒業直前）の日曜日、天気のいい朝。

・徹夫と智は、少年①［　］チームの活動のため、河川敷のグラウンドに出かけようとしている。

徹夫「難しいよ。実力の世界だからな。」→（智についての心配ごと）

佳枝「智のことじゃないわよ。」「典子のこと。」→（典子についての心配ごと）

第三場面への伏線

・典子は、秋頃から何事に対しても②［　］をなくしている。

・今日の塾の模試にも行く気がない。

・冬休みには塾の冬期講習のお金を遊びに使ってしまった。

・「頑張ったって、しょうがないじゃん。」と考えている。

▼①野球　②やる気

■**典子の状況について、徹夫がどのように考えているかを読み取る。**

・「難しい年頃だというのは、分かる。」（73・17）

→典子は今「難しい年頃」、いわゆる思春期にさしかかっており、感情の激しいゆれが生じたり、目標を見定めがたくどうしていいか分からなくなったりしている。それについては、徹夫も理解している。

→「しばらくは扱いづらいだろう」（73・18）と覚悟している。しかし

・典子の態度が、「今自分がいなければいけない場所からさらりと立ち去っていくような態度」（73・22）であることが気がかり。

●**ポイント** 思春期の難しい年頃だからということでは済ませられない一面が、徹夫の心に引っかかっている。

■**「頑張ったって、しょうがないじゃん。」（73・32）と言ったときの典子の気持ちを考える。**

徹夫　「来年は受験なんだぞ。」と繰り返す。

・受験勉強を頑張るべきだという考え。

典子　「頑張ったって、しょうがないじゃん。」→徹夫を①［　］ように見る（反発・不信）

・頑張って受験勉強をして高校に入ったとしても、それが自分にとっての②［　］に結び付くとも思えないし、また頑張れば必ずいいことがあるという③［　］もないと思い、未来に希望を見いだせないでいる。

▼①哀れむ　②いいこと　③保証

■**「徹夫が返す言葉に詰まってしまう」（73・34）理由を考える。**

・徹夫は、頑張れば何かいいことがあると必ずしも確信しているわけではないからである。

・『ある。』と答えると、うそとまでは言わなくとも、何か大きなごまかしをしてしまうことになる」(74・3)と感じており、典子に反論できるような材料がないのである。

・徹夫自身は「負けたくないから必死に頑張ってきた。それが報われたこともあったし、報われなかったことも、もちろん、ある。」(78・31)という経験をしており、経験に照らせば、やはり「ある」とは言いきれない。

第二場面 [74・6～77・21] 出発前、悩む徹夫と反抗する典子。

■ **「ふざけるな、と監督として思う。」(74・17)とあるが、どういう考え方に対して「ふざけるな」と言っているのか。**

・自分の息子を先発出場させてほしいと頼んでくる、親たちの身勝手な考え方に対して言っている。

●**ポイント** 監督としては、試合に勝つことを最優先し、実力本位の判断をしなければならない。それなのに、親たちは個人的な感情や事情から要求をしてくるので、腹を立てているのである。

■ **「父親として立場を入れ替えてみると、その気持ちも分からないではない。」(74・17)とあるが、「その気持ち」とはどういうものかを考える。**

・練習で頑張ってきた息子の[　　]を見たい、また、親しい人に見せたいという気持ち。

▼晴れ姿

●**ポイント** 徹夫には、監督としての立場と父親としての立場の両方があり、どちらを優先すべきかで悩んでいる。

■ **「典子の声に、父親をとがめるような響きはなかった。ごく自然な言い方で、だからこそ、胸が痛む。」(76・22)から、徹夫の気持ちをつかむ。**

・とがめるような口調なら、監督としての立場を説明することもできるだろうが、典子の言い方が自然であるがゆえに、智を最後の試合に出場させてやりたいという父親としての気持ちが強くなっている。

■ **「出せない、やはり。」(76・29)とあるが、その理由を明らかにする。**

・「智は補欠の七番手だ。監督の息子だ。チームには二十連勝が懸かっている。」(76・28)

- 補欠の七番手 → 実力が足りない
- 監督の息子 → 息子をひいきしたと非難される
- 二十連勝が懸かっている → 負けるわけにはいかない

→ 出せない、やはり。

●**ポイント** 実力が足りない選手を入れて負けたとなれば、監督の責任である。しかも、それが監督の息子であれば、チームよりも息子のことを考えたと見なされ非難されることになるだろう。そういう事態が予想されるがゆえに、「出せない」のである。

テストに出る!

問 **「そこまでは監督に徹しきれなかった。父親の自分を少しだけ残してしまった。」(75・20)とは、具体的にどのようにしたことをいうのか。**

答 あくまで実力主義を貫くということはできず、智よりうまい五年生をさしおいて、智を補欠の最後のメンバーに選んだことをいう。

テストに出る！

問「智ってさあ、中学生になったら、あたしみたいになるかもよ。」(77・16)とあるが、典子は智がどうなると推測しているのか。理由も含めて説明しなさい。

答 頑張って努力し練習してきても一度も試合に出ることができなかったことによって、野球を頑張ることに意味を見いだせなくなり、野球はもちろん、あらゆることにやる気をなくしてしまうと推測している。

第三場面 〔77・22〜78・19〕 試合直前、智を外す決断をした徹夫。

■徹夫の揺れる気持ちはどういうところに表れているか。

・エースの調子が悪いので、控え選手にはピッチャーである五年生の長尾（ながお）君を入れるべきだと考えた。→監督としての判断

・準備運動を、丁寧に、①［　　］にやっている智の姿を見て、補欠の最後には智の名前を書いた。→父親としての判断

・周囲の、勝利への熱い期待を感じ取ると、智の名前を消して五年生ピッチャーの名前を書いた。→②［　　］としての判断

▼①一所懸命　②監督

テストに出る！

問「メンバー表の〈加藤〉を二重線で消して、横に〈長尾〉と書き込んだ」(78・18)のは、徹夫にどんな考えがあったからか。

答 親としての情に流されず実力主義を貫くとともに、勝つためにはベストを尽くさなければならないという考えがあったから。

第四場面 〔78・20〜80・38〕 試合中、智の様子とチームの惨敗（ざんぱい）。

■試合中の智の様子を捉える。

（補欠から外されたので、ベンチ入りすらできない。）

・下級生といっしょにベンチの横で選手たちに声援を送っている。

・六年生の仲間や、ただ一人ベンチ入りした五年生にも笑顔で接している。→ふだんと変わらない

・空振り三振したピンチヒッターに「惜しい惜しい、ナイススイング！」と励ましの声をかけている。

●ポイント 最後の試合で補欠からも外されたことを悔しがったり、すねたりすることもなく、明るく元気な様子である。

■智の様子を見て、徹夫がどのように思っているかを読み取る。

・「俺なら、そんなことはできなかった。」(78・28)（そんなこと＝試合中の智のような振る舞い）

　●負けず嫌い→負けたくないから頑張る。

　「いいことがあるかもしれないから、頑張る。」(78・36)

・徹夫には、智の気持ちが分からない。

　●「いいことがないのに、頑張る」(79・2)

・監督としても、親としても、それは決して口にはできない。（それ＝智の気持ちが分からないこと）

●ポイント 徹夫は、智の気持ちが理解しきれないのだが、監督であれば選手のことを、親であれば子供のことを理解しておくべきだという思いがあるため、「分からない」とは言えないのである。

■**「今日なら、出せた。」(80・1)と徹夫が思った理由を考える。**

・試合は大差がついて①［　　］が確実となり、智を出しても結果に影響することはなく、自分の息子をひいきしたと人から②［　　］を言われることもないだろうから。

▼①負け　②文句

■**「俺は智の父親として、この監督のことを一生許さないだろう。」(80・8)とあるが、「智の父親」「この監督」それぞれの思いを明らかにする。**

・「智の父親」…智の①［　　］に報いるために、最後の試合に出してやりたいと思っている。

・「この監督」…②［　　］ためにベストを尽くし、努力より実力本位で選手を選ぶことが大切だと思っている。

▼①努力　②勝つ

■**「智は一瞬きょとんとした顔になった」(80・37)とあるが、その理由を考える。**

・ふだんの練習や試合なら「加藤」と呼ばれるのに、「智」と呼ばれたので、どうしたのかと不思議に思ったから。

●ポイント　徹夫は「監督」としてではなく「父親」として声をかけた。智も一瞬戸惑ったものの、そのことは察しただろう。

問　**「俺なら、そんなことはできなかった。」(78・28)の「そんなこと」とは、具体的にどのようなことか。**

答　ベンチ入りさえできなかったのに、心からチームメイトに声援を送り、自分と入れ替わってベンチ入りした下級生にも笑顔で接すること。

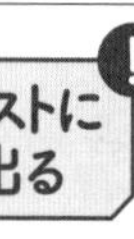

問　**「今日の試合だけは、見られたくなかった。」(80・29)とあるが、徹夫がこのように思うのはなぜか。**

答　努力していた智は試合に出られず、試合も惨敗に終わり、「頑張ってもいいことがない」ことを証明するような結果だったから。

第五場面　［80・39〜終わり］　試合後、智と徹夫の三球勝負。

■**「笑いながら言って、緩んだ頬がしぼまないうちに続けた」(81・5)ときの徹夫の心情を読み取る。**

・努めて笑顔を作り、明るい調子で次の話題を話そうとしている。

←(暗くなりがちな内容)

「智、今日、残念だったな。」(81・7)
「おまえのこと、試合に出せなくて……。」(81・10)

・最後の試合に出られなかったことに触れると智の気持ちが沈むことは分かっているが、徹夫としては智に謝りたい気持ちもあって、そのことを口にしている。

■**「頑張れば、いいことがある。……そう信じていられる子供は幸せなんだと、今気づいた。」(81・25)に至るまでの、徹夫の考えの移り変わりを押さえる。**

【第一場面】

・典子に「頑張ったら、何かいいことあるわけ？」(73・33)と聞かれて、言葉に詰まってしまい、「ある。」と答えると、「何か大きなごまかしをしてしまう」(74・4)ように感じていた。

【第三場面】

・「努力することがだいじなんだよ。結果なんて、本当はどうでもいいんだ。」(77・7)と言いながら、典子に「お父さん、本気でそう思ってる?」(77・13)と問われると小さくうなずくしかなく、自分が屁理屈を並べ立てただけのような気になってしまった。

【第四場面】

・「頑張ればいいことが……『あるかもしれない。』くらいなら典子に言ってやれるかもしれない。」(78・34)と、「頑張る」と「いいこと」をなんとか結び付けつけようとしている。一方で、『いいことがないのに、頑張る』智の気持ち」(79・2)は、ますます分からなくなっている。

【第五場面】

・「頑張れば、いいことがある。努力は必ず報われる。そう信じていられる子供は幸せなんだと、今気づいた。」(81・25)

・「頑張ればいいことがある」と信じることを、子供たちにやめさせたくはないと強く思う。ただ、そのために親として具体的にどうしたらいいのかまでは分からず、悩んでいる。

●ポイント 「頑張る」と「いいこと」が結び付く保証があるかどうかよりも、それを信じられることが大切なのだ、という心境になっている。

■「今度は別のスポーツにしたら?」(81・37)と佳枝が言った理由を考える。

・野球ではいくら練習をし努力をしても試合に出ることができなくてかわいそうだったので、努力が実を結びそうなものをほかに探したほうがやりがいがあるのではないか、と考えたから。

■「すうっと重みが消えていった。」(82・8)とあるが、徹夫が感じていた「重み」の内容について考える。

・一所懸命に努力をした智を一度も試合に出してやらなかったことへの心苦しさ。

・典子に、努力することの意味をうまく説明できなかったもどかしさ。

・父親と監督を兼ねる立場の難しさ。

これらが「重み」になっていたと考えられる。

■「頬が内側から押されるように緩んだ」(82・9)理由を読み取る。

・智が「僕、野球[　　]だもん。」(82・6)ときっぱり答えたから。

「拍子抜けするほど簡単な、理屈にもならない、忘れかけていた言葉」(82・11)

・どんなに下手でも、野球が好きでたまらないからやりたいという気持ちの表明。智は、結果としての「いいこと」と結び付かなくても、自分の中から湧きあがる「好き」という気持ちを原動力に野球を頑張ることができていたということ。

・この言葉を聞いて、徹夫もようやく、智が野球を頑張る気持ちを理解できた。

▼好き

●ポイント 「頑張ればいいことがある」と信じさせてやりたいがどうしたらいいか分からず悩んでいた徹夫だったが、智はだいじょうぶだと安心できたのである。

■**「それを親が信じてやらなくて、誰が信じるというんだ……。」(82・40)とはどういうことかを考える。**

・智の打球がホームランになる可能性が全くないというわけではない。たとえそれが「千発打って一発の割合」(82・38)というわずかなものだとしても、親としては子供の[　　]を信じてやるべきだということ。

▼可能性

■**「『ホームラン！』佳枝がグローブをメガホンにして叫んだ。」(84・7)とあるが、このときの佳枝の気持ちを考える。**

・智を最大級の言葉で褒めることで、元気づけてやりたいという気持ち。

■**「お父さん、今のショートフライだよね。」(84・18)から、智のどのような内面が読み取れるかを考える。**

・親のなぐさめなどをよそに、現実を冷静に捉え、好きな野球に対しての誠実さを失わない強さを持っている。

・親が思っている以上に精神的に成長している。

■**「ホームベースという言葉を作った誰かさんに『ありがとう。』を言いたい気分だった。」(84・38)とあるが、このときの徹夫の気持ちについて考える。**

・「野球とは、家を飛び出すことで始まり、家に帰ってくる回数を競うスポーツなのだ。」(85・1)

←（野球と人生を重ね合わせている）

・子供たちは、これからの人生でいろいろなことに出会って、そのたびにひとまわり大きくなっていくだろうが、帰ってくるところはいつでも家族のいるところなのだと、改めて気づかせてくれたことに感謝したい気持ち。

テストに出る！

問 **「今なら、何かをあいつに話してやれるかもしれない。」(85・13)とあるが、誰に、どんなことを話すというのか。**

答 典子に、結果に結び付くからだけではなく、好きだから頑張れることもあり、自分が好きなものを探してみたらどうか、というようなことを話す。

課題

教科書85ページ

○**徹夫、典子、智の言葉や行動がどんな意味を持っているか、話し合ってみよう。**

解説 小説には、人物の言葉や行動、態度が描写されているが、その裏にどのような思いがあるかまでは詳しく書かれていない。それは人物が置かれている状況や出来事のつながりなどから読者が読み取っていくことになる。徹夫の心情は地の文で語られているところもあるが、他の登場人物は徹夫の目線から捉えた言動が描かれているだけなので、その人物の立場に立って想像していこう。印象に残った場面を取り上げ、人物の言動をどのように解釈したか、考えを伝え合うことで、新たに気づくこともあるだろう。そうやって何度も読み返し、作品を深く味わっていこう。

4 ▼読む 吟味・判断

黄金の扇風機
サハラ砂漠の茶会

筆者・田中真知（たなかまち）
筆者・千住博（せんじゅひろし）

教科書90～99ページ

ガイダンス

学習目標を押さえ、「黄金の扇風機」「サハラ砂漠の茶会」のおおよそを理解しよう。

○学習目標

- 文章を読み比べて、論の進め方について考える。
- 文章の内容について、自分の知識や体験と結び付けて考えを深める。

○言葉の力　読み比べて考えを深める

複数の文章を読み比べるときには、次の点に注意する。

- 共通点や相違点に注意して、それぞれの主張を捉える。
- それぞれの文章で、考えの根拠が正しいか、また、その根拠から考え（結論）が適切に導かれているかを吟味する。
- 自分の知識や体験とも結び付けて、自分の考えを深める。

●文章を読む前に

さまざまな情報があふれる現代では、その情報を吟味・判断し活用する力が重要になってきている。文章を読んで、その内容を正しく読み取るだけでなく、書き手がどのような考え方をしているのかをよく理解し、そのうえで自分の考えを持つことが大切である。ここでは「美」というものをテーマにした二つの文章を読み比べてみよう。

●黄金の扇風機

●あらまし

筆者はエジプトで暮らした際、エジプトと日本の美的センスの違いに違和感を覚えた。しかし、数年後には、その違和感が明らかに減った。ここから言えることは、文化や地域によって美的感覚は異なるし、その感覚は変化するということである。現在では世界中の価値観が似通ってきているように思われるが、ある価値観だけが支配的になると、それ以外の見方を否定することにもなりかねない。また、自分の価値観だけにとどまると世界の美しさを見落とすことにもなりかねない。大切なことは、新しい感じ方に対して心を柔軟に開いておくことである。

●文章の構成

一行空きで分けられ「序論・本論・結論」の構成になっている。ここでは、本論を更に二つに分けて四つの段落で捉えておく。

- ・第一段落（初め～90・9）……人は美しさを感じ、求める。
- ・第二段落（90・10～92・8）…エジプトでの体験。
- ・第三段落（92・9～93・10）…美的感覚の多様性とその変化。
- ・第四段落（93・11～終わり）…心をしなやかに持つことの大切さ。

● 要旨

何を美しいと感じるかは民族や地域や文化によってさまざまであり、変化するものでもある。ある特定のものだけを美しいと見なしたり、自分の慣れ親しんだ美しさの中にとどまったりするのではなく、新しい感じ方に心を柔軟に開いておくことが大切である。

●サハラ砂漠の茶会

● あらまし

筆者は取材でアフリカのサハラ砂漠を訪ねた。遊牧民の男がいれてくれた紅茶は味わい深く、茶道に通じる美的体験に思えた。また、現地の食べ物は驚くほどおいしく、「人間は皆同じである」と実感した体験であった。音楽のような芸術作品も、人類皆のものであり、どの国の人が聴いても伝わる「何か」を持っている。美を共通の体験として、人々は互いに同じ人間だと知ることができる。現代はこの感覚が欠如しつつあり、そこからさまざまな問題が生じているが、「人間は皆同じである」ということを伝えるのが、美の役割である。

● 文章の構成

前半は筆者の体験を述べた随想的な文章、後半は芸術や美に関する筆者の考えを述べた論説的な文章になっている。

・第一段落（初め〜96・3）……サハラ砂漠での体験。
・第二段落（96・4〜終わり）…美を通して「人間は皆同じである」と知る。

● 要旨

人間は皆同じであり、美しいものは誰が見ても美しい。美は、現代の人々に欠如しつつある「人間は皆同じである」という感覚を教えてくれる。人が作り出す美としての芸術の役割もそこにある。

新出漢字・新出音訓

読みの太字は送り仮名を示す。（ ）は中学校では学習しなくてもよい読みを、—線は特別な言葉に限って使われる読みを示す。例は用例を示し、例中の太字は教科書本文中の語句であることを示す。新出音訓の▼は、常用漢字表の「付表」の語を示す。□には漢字を、（ ）には読みを書こう。

飾 p.90 ショク かざる　13画　食 □
①ととのえ、きれいにする。例 **飾る**。装飾。修飾。②外見をよくする。とりつくろう。例 虚飾。粉飾。

軟 p.90 ナン やわらか やわらかい　11画　車 □
やわらかい。変化しやすい。例 **柔軟**。軟骨。軟弱。軟式野球。

殿 p.91 デン テン との どの　13画　殳 □
①りっぱな建物。例 **宮殿**。御殿。②身分の高い人の敬称。例 殿下。殿様。③姓名・官職名の下に付ける敬称。例 大佐殿。

枠 p.91 わく　8画　木 □
①外側を囲むもの。例 **枠付き**の鏡。窓枠。枠組み。②物事の範囲。例 予算の枠内。

靴 p.91 （カ） くつ　13画　革 □
革・布・ゴム・合成皮革などで作ったくつ。例 **靴**。靴下。革靴。

涼 p.92 リョウ すずしい すずむ　11画　水
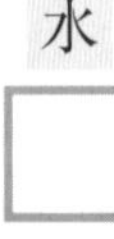

①ひんやりする。例涼しげ。涼風。②さびしい。例荒涼。

p.92 **粧** ショウ 12画 米
よそおう。例化粧。雪化粧。

p.92 **浸** シン ひたす ひたる 10画 水
①水がしみこむ。例浸透。②水に入れてぬらす。水につかる。例浸水。浸食。水浸し。

p.93 **徐** ジョ 10画 彳
ゆるやか。例徐々に。徐行。

p.93 **欧** オウ 8画 欠
ヨーロッパ。例欧米文化。西欧料理。欧州。

p.93 **陥** カン おちいる（おとしいれる） 10画 阝
①よくない状態になる。おちる。くずれる。例陥る。陥没。陥落。②誤り。足りないところ。例欠陥。

p.94 **漠** バク 13画 水
①広いすなはら。例砂漠。②とりとめがない。ぼんやりしている。例漠然。

p.94 **携** ケイ たずさえる たずさわる 13画 手
①手に持つ。例携帯。携行。②手をむすぶ。例提携。連携。

p.94 **沸** フツ わく わかす 8画 水
①湯がわく。にえ立つ。例お湯を沸かす。沸騰。沸点。②わき出る。ふき出す。例沸き立つ。沸々。

p.94 **亭** テイ 9画 亠
建物。宿場。やどや。例亭主。料亭。

p.95 **狭** （キョウ） せまい せばめる せばまる 9画 犬
間隔や範囲が小さい。例狭い。狭小。

p.95 **超** チョウ こえる こす 12画 走
①一定の範囲や限度をこえる。例超える。超特急。②すぐれている。例超人。超越。

p.96 **摘** テキ つむ 14画 手
①つまみ出す。例花を摘む。摘出。指摘。②悪をあばく。例摘発。

p.97 **如** ジョ（ニョ） 6画 女
②そのような状態である。例欠如。突如。面目躍如。

p.97 **垣** かき 9画 土
屋敷や庭などの囲い。塀。例垣根。生け垣。

広がる言葉

p.99 **尾** ビ お 7画 尸
①物事の最後。例接尾語。末尾。語尾。②うしろ。あと。例尾行。③しっぽ。例竜頭蛇尾。

p.99 **瞭** リョウ 17画 目
あきらか。例明瞭。一目瞭然。

p.99 **抽** チュウ 8画 手
抜き出す。例抽象的。抽出。抽選。

■**新出音訓**（——線部の読みを書こう。）

①化粧する。（　　）p.92

②程なく始まる。（　　）p.94

答　①けしょう　②ほど

語句・文の意味

語義が複数の場合、①に教科書本文中の語義を示してある。類は類義語、対は対義語、文は語句を用いた短文例を示す。
●印は、教科書の脚注に示されている語句である。

●**黄金の扇風機**

▼90ページ

自然のものであれ、人間の手の加わったものであれ　「Aであれ、Bであれ」は、「Aであっても、Bであっても」「AとBの違いはあるとしても、どちらにせよ」という意味。

柔軟　①時と場合に応じて適切に対処できるさま。②柔らかくしなやかなさま。

●**違和感**　どこかちぐはぐで、しっくりしない感じ。文和室にガラステーブルを置くのは違和感がある。

●**センス**　物事の微妙な感じを理解する感受性。類感性。

▼91ページ

あしらう　①素材や色などを取り合わせる。文水玉模様をあしらった紙袋に入れる。②応対する。もてなす。③相手を見下げていいかげんに扱う。

●**シンプル**　無駄なところや、飾り気がないさま。類単純。簡素。

チャームポイント　人の心をひきつける魅力となっている部分。

●**シック**　品があって落ち着いているさま。類粋。上品。

●**……づくし**　……と同類のものが全てそろっているさま。本文の「金づくし」は、日用品のありとあらゆる物が金色であることを指す。文魚づくしの料理で客をもてなす。

▼92ページ

●**絶対的**　他のものと比較できない存在・状態であるさま。他のものの影響を受けないさま。対相対的。

●**美意識**　美しいと感じる心の働き。「何を美しいと感じるか」(90・7)、「美的センス」(90・12)、「美的感覚」(91・20)とほぼ同じ意味。文四季のある気候が日本人の美意識を育んだ。

●**逆に言えば**　見方を逆にして言うならば。ここでは、前の文で「歓迎すべきこと」とプラスの評価をしているのに対し、後の文では「失われること」というマイナスの評価をしている。文今週は雨の日が多くて外出できなかった。逆に言えば、家でのんびり過ごすことができた。

●**平均的**　かたよりのないさま。全体の中でいちばん普通であるさま。類一般的。平凡。並。

●**浸透**　①考え方や情報などが広く行きわたること。②液体が他の物にしみこんでいくこと。

普及　広く行きわたること。文パソコンや携帯電話が普及する。

▼93ページ

●**否定**　そうではないと打ち消すこと。存在や価値を認めないこと。対肯定。

●**ダイナミック**　状況によってさまざまに変化するさま。躍動的。動的。対スタティック。静的。

●**特定**　取り立てて指定すること。文写真に写っている人物を特定する。

●**こわばる**　柔らかいものが固く突っ張ったようになる。文間違いを指摘されて表情がこわばった。

しなやか ①動きがなめらかで、柔らかいさま。②弾力があり、曲がってもすぐにはね返るさま。

●サハラ砂漠の茶会

▼94ページ

いざとなったら 困難な事態に対して、いよいよ行動を起こさなければならないときがきたら。

●**作為** ①わざとそうすること。何らかの意図をもって手を加えること。②事実ではない、こしらえごと。

しげしげ ①念を入れて見るさま。よくよく。つくづく。②たび重なるさま。たびたび。何度も。

程なく それほど時間を置かずに。類まもなく。やがて。

●**紛れもない** 他のものと紛れることがないほど確かである様子。文その指輪は紛れもなく私のものだ。

▼95ページ

●**元来** もともと。類本来。

●**十全** 欠けたところがなく、全てがそろっていて完全であるさま。類万全。十分。存分。

時空を超えて 十六世紀の安土桃山時代に日本で生まれた「茶道」の精神が、現代のサハラ砂漠にいる筆者の心へ、時間的・空間的隔たりを超えて伝わったことをいう。

●**裏腹** 正反対であること。文母親の心配とは裏腹に、子供は冒険を楽しんでいた。

▼96ページ

●**いわば** 言ってみれば。たとえて言うならば。文富士山は、いわば自然の芸術作品だ。

地球の裏側 地球上で遠く離れた場所をいうのによく用いられる表現。

●**西洋** ヨーロッパやアメリカの国々の総称。類欧米。対東洋。

美的体験 本文中では、〈美しいものに実際に触れ、美しいと感じる体験〉といった意味で使われている。

●**確信** 確かであると信じること。また、その思い。文今日の試合では彼が勝つと確信している。

▼97ページ

●**思想** ①世界の在り方や生き方に対して持っている、あるまとまった考え方。特に社会や政治についての一定の見解。類主義。②心に思い浮かぶ考え。

●**とうてい** 下に打ち消しの語を伴って「どうしても(〜ない)」「とても(〜ない)」という意味を表す。文電車に乗り遅れたので、約束の時間にはとうてい間に合いそうにない。

●**いつしか** いつの間にか。時間とともに変化したことに気づかないうちに。文いつしか冬になっていた。

●**欠如** あるべきものが欠けていること。類欠落。文常識が欠如している。

格差 同類のものの間における、程度の差のこと。価格・所得・資格・等級などについていう。

垣根を取り払う 「垣根」は土地を仕切るための囲い。ここでは他者との間を隔てるもののたとえ。「壁」も同様のたとえとしてよく使われる。

読み解こう

段落ごとの内容を捉えよう。[　]の中には当てはまる言葉を書こう。

黄金の扇風機

教科書90〜93ページ

第一段落 〔初め〜90・9〕 人は美しさを感じ、求める。

■**人間と美しさとの関係を読み取る。**

・人間は本来美しさを[　]心を持っているし、美しさを求める心を持っている。

▼感じる

■**筆者の考えが述べられた一文を押さえる。**

・「だいじなことは……心を柔軟に開いておくことだと思う。」(90・7)の一文で主張を述べている。この考えの根拠を、続く本論で展開していくという構成になっている。

第二段落 〔90・10〜92・8〕 エジプトでの体験。

■**「エジプトと日本の美的センスの違い」(90・12)について整理する。**

●エジプトの美的センス…ヴェルサイユ宮殿風のロココ趣味、金色の装飾などの①[　]な印象を与えるものが美の条件。

(例)猫足(ねこあし)のテーブル、シャンデリア、金色の枠付きの鏡、ピンクに金の花柄のベッド、金色の羽の扇風機、金色の飾りの付いた靴、ショッキングピンクや鮮やかな赤の口紅。

●日本の美的センス…エジプトの金色の家具や日用品にはなじめない。→シックなもの、②[　]なものがよいと思う。

(例)シンプルな黒のパンプス、涼しげな色の羽の扇風機、シックなブラウン系の口紅。

▼①豪華(ごうか) ②シンプル

■**「さすがにツタンカーメンの黄金のマスクの国である。」(91・19)には、筆者のどのような気持ちが表れているか。**

・エジプト人の、金色を好むという美的感覚は、紀元前十四世紀のツタンカーメン王の時代から受け継がれたものであり、長い伝統が築きあげてきたものなのだと感心する気持ち。

テストに出る!

問 **「僕は一九九〇年代に八年ほどエジプトのカイロで暮らしたことがある。」(90・10)とあるが、筆者がこの体験談を持ち出したのは、どのようなことを示すためか。本文中の言葉を用いて答えなさい。**

答 国や文化が変われば、美的感覚は大きく異なるものだということ。

◆筆者は同内容を言葉を換えながら何度も繰り返しているので、例えば90ページ7行目の言葉を用いて、「何を美しいと感じるかは、民族や地域や文化によってずいぶん違うということ。」などとまとめることもできる。

問 **「店で見かける電化製品や家具などの趣味が、明らかに変わってきた」(92・2)とあるが、どのように変わったのか。説明しなさい。**

答 華やかなものだけでなく、シンプルなものやシックなものが見られるようになり、以前に比べて日本の美的センスとの違和感が減った。

第三段落〔92・9～93・10〕 美的感覚の多様性とその変化。

■筆者がエジプトでの体験を通して感じ取ったことを読み取る。

・「言えることは二つある。」(92・9)の直後に二つ書かれている。

(1) 何を美しいと感じるかは、文化や地域によって、①[　　]だということ。

(2) その感覚(＝美しさの感じ方)は時代とともに、あるいは何かのきっかけによって、②[　　]ということ。

▼①さまざま　②変わる

●ポイント 同じことを第三段落の後半では「美しさとはさまざまであり、しかも、それは変化する。」(93・7)と、一文で言い換えている。

■筆者の「気になること」(92・12)と、それが気になる理由について整理する。

【気になること】

・「美意識の違いによる違和感が、世界的にだんだん①[　　]てきている」(92・12)こと。

↓言い換えると

・「世界中の価値観が徐々に似通ってきている」(93・1)こと。

【気になる理由】

・エジプトで筆者の違和感が減ったことは、金色の扇風機の羽を美しいと感じる感覚(文化や伝統が築きあげてきたもの)が、エジプトから②[　　]ことを意味するから。

・ある価値観だけが支配的になると、ほかの見方を③[　　]したり、見下したりするような乱暴な考え方にも結び付きかねないから。

▼①薄れ　②失われる　③否定

●ポイント 「違和感」がなくなるのは、一見よいことのように思えるが、違いのあった感覚のうち、どちらか一方の感覚が「失われる」ことだと捉えると、必ずしもよいことではないのではないかと筆者は考えている。

テストに出る

問 **「世界中の価値観が徐々に似通ってきている」(93・1)原因として、どのようなことが挙げられているか。**

答 グローバリズムの浸透や、テレビやネットなどの情報メディアの普及。

テストに出る

問 **「そのダイナミックな感覚」(93・7)とは、どのような感覚か。**

答 美しさとはさまざまであり、しかも、それは変化するものであると捉える感覚。

第四段落 〔93・11～終わり〕 **心をしなやかに持つことの大切さ。**

■**「心をしなやかに持つこと」(93・12)とは、どういうことかを考える。**

・第一段落に提示された主張と呼応している。

「文化や伝統が築きあげてきた美しさ、あるいは自分の慣れ親しんだ美しさが全てだと思わず、新しい感じ方に対して心を①［　　］おくこと」(90・8)

・第三段落の後半で述べられているような「乱暴な考え方」(93・6)や、「②［　　］見方」(93・8)に陥らないようにすることでもある。

▼①柔軟に開いて　②こわばった

●**ポイント**　筆者は「美しさとはさまざまであり、しかも、それは変化する。」(93・7)と述べているが、美しさをそのようなものとしてダイナミックに捉えるためには、我々が自分の心を〈さまざまに変化しうるもの〉にしておくことが必要だと言っているのである。

サハラ砂漠の茶会

教科書94～97ページ

第一段落 〔初め～96・3〕 **サハラ砂漠での体験。**

■**サハラ砂漠を旅する前の筆者の心境を捉える。**

・砂漠での食事がどういうものか全く想像がつかず、食べ物が口に合わなかったら、しょうゆをかけて食べようと考えていた。

●**ポイント**　筆者にとってサハラ砂漠は、自分の日常とはかけ離れた未知の世界だった。

■**筆者がサハラ砂漠での体験を「紛れもない『茶会』」(94・14)と捉えた理由を読み取る。**

●筆者のサハラ砂漠での体験　【「茶会」に通じる点】

(1) 遊牧民の男が、火をおこし、お湯を沸かして、筆者にお茶をいれてくれた。
　→ ①［　　］が客を茶でもてなしてくれた。

(2) ひびの入ったような古いティーカップや真っ黒に焦げたポットが使われており、味わい深かった。
　→ 茶道具は、高価なものではなく、②［　　］ものが使われていた。

(3) 周囲には、火星や月面を思わせるような光景が広がっていた。
　→ ③［　　］をイメージすることができた。

(4) 二度と会うことのない道案内の男のもてなしの心に感謝しながら、十全に味わった。
　→ 一期一会ということを実感した。

⇦ ・「これが千利休の考えた茶なのではないか」(95・1)

・「茶道という④［　　］体験が時空を超えて伝わってきた」（95・13）

▼①亭主　②何気ない　③宇宙　④美的

・ポイント 安土桃山（あづちももやま）時代の日本で千利休が考えだした茶道というものに通じる心を、現代のサハラ砂漠で味わうことができたので、「時空を超えて伝わってきた」と表現している。そして、この体験を茶道の「茶会」と同じ意味を持つものとして捉えている。

■ **「そのことは私にとって驚きであり、感動ですらありました。」（95・20）とあるが、筆者がこれほど驚いた理由を考える。**

・筆者は現地の食事に期待というよりむしろ不安を抱いていた。ところが、よい意味で予想を裏切られる結果となり、感動したのである。

テストに出る！

問 「何でもないティーカップを通して私は教えられた気がしたのでした。」（95・5）とあるが、どのようなことを教えられたのか。説明しなさい。

答 高価なものをありがたがって用いるのではなく、すぐここにある何気ないものにその価値を認めるということ。

◆具体的には、「なるほど、こういうふうに作為なく……使いやすい器なのだな」（94・11）という気づきのことである。

テストに出る！

問 筆者はサハラ砂漠での体験をどのようなものだと結論づけているか。本文中から三十字以内で抜き出しなさい。

答 「『私とあなたは同じ人間だ』と感じることのできた貴重な体験」（96・2）

第二段落 ［96・4〜終わり］ 美を通して「人間は皆同じである」と知る。

■ **「それでは音楽についてはどうでしょうか。」（96・4）とあるが、この問いに対する筆者の答えを読み取る。**

・サハラ砂漠での体験…現地の食べものは日本人の筆者にとっても最高においしかった。

→「人間は皆同じである」（96・4）

●音楽については…

（例）ベートーベンやバッハの音楽はドイツ人だけのものか。

・「ドイツ人の音楽が日本人に分かるのか（分かりはしない）」と批判する人もいる。

↔

・「私はそうは思いません。」（96・10）↓日本人にも分かる。

↑（根拠）

・芸術は人類皆のものであり、全てを超えて伝わってゆくものこそ芸術であるから。

・ポイント 前段落で「食べもの」を通して考えたことを、音楽・芸術へと発展させている。

■ **「それを教えてくれるのが美的体験なのです。」（96・15）とあるが、「それ」とは何を指すのかを読み取る。**

・「それ」は、直接的には前の文の「何か」を指していると考えられるが、この部分だけではその内容が捉えにくい。

・「美的体験」という言葉は、第一段落では「茶道という美的体験が時空を超えて伝わってきた」（95・13）という形で登場しており、美しいものを実感する体験といった意味である。ここでは、音楽などの芸術に触れて心を動かす体験といえる。

・第二段落の後半には、「そのこと（＝人間は皆同じであること）を伝えるのが美の役割です。」(97・7)、「美は……『人間は皆同じである』という大切なことを教えてくれるのです。」(97・12)とある。

・以上を踏まえると、「それ」とは、〈美的体験が教えてくれる「何か」〉であり、〈「人間は皆同じである」という感覚〉のことだといえる。

■**筆者が「芸術」をどのようなものと考えているかを捉える。**

・人類皆のものであり、国境や民族、宗教、思想をも超えて伝わってゆき、「人間は［　］である」ということを教えてくれるもの。

▼皆同じ

■**「人間は皆同じである」という感覚と、「私たちとあなたたちとは……分かり合えない。」(97・7)という考え方との対比を捉える。**

・美的体験…人類皆が①［　］して体験できる。
→「人間は皆同じである」
・大切なこと

↕

・国や民族（文化・慣習）の違い。
・宗教や政治や②［　］の違い。
・③［　］格差の問題など。
→「私たちとあなたたちとは……分かり合えない。」
・現代のさまざまな問題の根にある考え方

・筆者は、「『人間は皆同じである』という感覚が人々に欠如し始めました」(97・11)と、現代社会への懸念を示している。

▼①共通　②思想　③経済

・**ポイント**　現代では人々の考え方は「同じである」より「分かり合えない」のほうに傾きがちである。だからこそ、「美」に目を向けるべきだと筆者はうったえている。

てびき―解答と解説

教科書の課題を解き、学習内容をしっかりと身につけよう。　教科書98～99ページ

◉二つの文章の論の進め方を比較しよう

❶ 二つの文章の筆者は、「何を美しいと感じるか」や「美」について対照的な主張をしている。それぞれの筆者がどのような主張をしているかをまとめよう。

解答

◆「黄金の扇風機」…何を美しいと感じるかは文化や地域によってさまざまであり、その感じ方や価値観は変化する。

◆「サハラ砂漠の茶会」…美しいものは誰が見ても美しい。美という共通の体験を通して、人間は皆同じであるということを知ることができる。

解説　前者は「美はさまざまであり変化する」と捉え、後者は「美は人類共通の体験」と捉えているところが対照的である。しかし、前者も、「さまざまであるから分かり合えない」というのではなく、「さまざま」であることを出発点としながら、「新しい感じ方に心を開いておく」ことの大切さを述べており、美を感じる人間の心には共通するものがあるという考え方を示していると

もいえる。

② 二つの文章の筆者は、それぞれの主張をどのような具体例から導き出しているだろうか。主張とその根拠となる具体例の関係を明らかにしてまとめよう。

解答

◆「黄金の扇風機」

主張(1)　何を美しいと感じるかは文化や地域によってさまざまである。

具体例　・エジプト人が好む家具や電化製品、靴などは日本人の筆者にとってはなじめず、違和感があった。

主張(2)　美しさの感じ方や価値観は変化する。

具体例　・数年後に、エジプトで見かける電化製品や家具などの趣味が明らかに変わって違和感が減った。

◆「サハラ砂漠の茶会」

主張(1)　美しいものは誰が見ても美しい。

具体例　・サハラ砂漠の遊牧民が食べているものが日本人の筆者にも最高においしかった。

・遊牧民の少年が花を摘んで遠来の旅行者にプレゼントし、旅行者も喜んで受け取った。

主張(2)　美という共通の体験によって、人間は皆同じであると知ることができる。

具体例　・サハラ砂漠で遊牧民の男に紅茶でもてなしてもらい、茶道という美的体験が時空を超えて伝わってきたと感じた。

・ベートーベンやバッハの音楽は、ドイツ人にしか理解できないわけではない。

解説　「黄金の扇風機」では、エジプトでの体験を紹介したあと、「言えることは二つある」(92・9)としているので、具体例と主張の関係はつかみやすいだろう。「サハラ砂漠の茶会」では、全ての具体例が「人間は皆同じである」という主張につながっていくが、ここでは、人の感じ方は同じだということを直接的に述べている具体例と、茶道や音楽といった美的体験に関するものとに分けて示した。

◎自分の知識や体験と結び付けて、自分の考えを書こう

③ 「美」についての自分の考えを、次の条件で書こう。

[条件]・百字以上、二百字以内で書く。

・二段落構成とする。第一段落には、文章中の言葉を引用しながら、どちらの主張に共感したかを明示する。第二段落には、自分の知識や体験を根拠として示し、自分の考えを書く。

解説　二つの文章には、「何を美しいと感じるかはさまざまだし、価値観は変化する」「美は人間に共通の体験である」という考え方が示されていた。まずは、どちらに共感したか考えてみよう。次にその根拠として、何かを美しいと感じた体験や、美しいものとして思い浮かぶものなどを挙げてみよう。自然、芸術(絵画・音楽・映画など)、ファッション、スポーツ、人の言葉遣いや振る舞いなどに目を向けてみるとよい。「美」について自分はどのように考えるかということも加えて、まとめるようにしよう。

○広がる言葉

ⓐ「黄金の扇風機」の「絶対的」(92・10)や、「サハラ砂漠の茶会」の「美しさ」(97・2)のように、単語の下に付いて意味を添える言葉を接尾語という。ほかに、「的」や「さ」が語尾に付く言葉を挙げてみよう。

解答

・積極的・消極的・比較的・合理的・抽象的・具体的　など
・優しさ・寒さ・鮮やかさ・爽やかさ・親密さ　など

解説

「―的」は、名詞に付いて、そのような状態や性質といった意味を添える。「―さ」は形容詞や形容動詞の語幹などに付いて名詞を作ったり、性質や状態の程度を表したりする。

ⓑ日本語には、「真正面」や「非常識」のような、単語の上に付いて意味を添える接頭語もある。次の1〜3に示した言葉に接頭語を付けてみよう。

解答

1無得点　2未発見　3不明瞭

解説

否定の意味を添えるものだけでなく、「高得点」「新発見」「再発見」なども接頭語と考えることができる。

ⓒ次の（　）に入る言葉として、ア・イのどちらのほうが適切だろうか。また、その言葉を選んだのはなぜだろうか。

解答

1　イ…「無意識」は「意識しないで」という意味。「芸術的」は目覚まし時計を止める動作とは結び付かない。

2　イ…「客観的」は多くの人が妥当と考えるものの見方や考え方であるさま。「無感動」は心が感動しないこと。「視点」という言葉を修飾しているので「客観的」のほうがふさわしい。

3　イ…「無神経」は配慮が行き届かないこと。「不手際」は物事の進め方が悪いこと。「発言」に対しては「無神経」が適切。

4　イ…「茶目っ気」は子供っぽくいたずら好きな感じ。「違和感」はちぐはぐな感じ。「孫娘」のしぐさなので「茶目っ気」が適切。

5　ア…「非対称」は形などが対応していないこと。「抽象的」は具体的な形をもたないこと。人間の体は形あるものとして存在しているので「抽象的」は不適切。

ⓓ次の接頭語・接尾語を伴う言葉のリストから一つ選び、短文を作ってみよう。

解答

・正当化　例自分の行動を正当化するための言い訳。
・準優勝　例決勝戦で負けたので、準優勝となった。
・安っぽい　例この服は生地が薄いので安っぽく見える。
・諸外国　例会議には諸外国の首脳が出席している。
・世界中　例世界中の人々の幸せを願う。
・詩織さん　例詩織さんは、私の友人だ。
・超音波　例超音波は人の耳には聞こえない音である。
・没個性　例就職活動をしている学生の服装は没個性だ。
・春めく　例木々が芽吹き、景色が春めいてきた。
・ご都合　例先生のご都合はいかがでしょうか。
・理論上　例理論上は可能であっても、実現は難しい。
・大急ぎ　例忘れ物に気づいて、大急ぎで引き返した。
・多面的　例物事を多面的な視点から捉えることが大切だ。
・か弱い　例草むらで子犬がか弱い声で鳴いていた。

学びの扉（とびら）

論証の説得力を見極（みきわ）める

教科書100、234～237ページ

他人の考えを聞くときは、その考えに説得力があるかどうかを見極めながら聞くことが大切である。

●結論と根拠を見つける

・①［　　］を挙げて自分の考えを述べることを論証という。論証に説得力があるかどうかを見極めるには、まず、どういう根拠からどういう②［　　］が導かれているかを捉える必要がある。

・「なぜなら」「だから」などの接続する語句も手がかりになる。

▼①根拠　②結論

例 歩道には街路樹があるといい。なぜなら、夏は木陰（こかげ）ができて涼しいから。
（結論 ← 根拠）

例 手で書いた文字には人柄が表れる。だから、手紙は手書きにしたほうがいいと思う。
（根拠 → 結論）

●論証に説得力があるか見極める

(1) 根拠は正しいか。

→根拠が正しくないなら、その論証には説得力がない。

例 赤は女子の色だから、男子は赤い服を着るべきではない。
（根拠が正しくない ×根拠 → 結論）

(2) 根拠から結論が適切に導かれているか。

→根拠から結論が適切に導かれていないなら、その論証の説得力は弱い。

例 近所の小学生二人が一輪車に乗っていた。最近の小学生は昔に比べて運動能力が高くなったようだ。
（根拠から結論が適切に導かれていない　根拠 ─×→ 結論）

→「小学生二人」の事例を根拠に、小学生全般の傾向を述べるのは無理がある。（説得力は弱い）

例 詩織さんはねこが嫌いだと思う。ペットを飼うなら小鳥がいいと言っていたから。
（結論 ←×─ 根拠）

→「ペットは小鳥がいい」と思うことと、「ねこが好きか嫌いか」には関連性がない。（説得力は弱い）

テストに出る！

問 **次の論証はどういう点が説得力の弱いものになっているか、説明しなさい。**

(1) 早く試合に出たいなら、サッカー部に入るといいよ。サッカーはチームの構成人数が多い競技だから。

(2) 本を多く読む人は漢字もよく知っている。読書家の京子さんは、漢字の書き取りテストの成績がいいはずだ。

答 (1) 根拠から結論が適切に導かれていない。試合に出られるかどうかは本人の実力や部員の総数によるだろう。

(2) 根拠が正しくない。読書量が多いと知識量が多い傾向はあるかもしれないが、漢字が得意とは限らない。

▼書く 論証・説得

根拠を吟味して書こう

「地図」の意見文

教科書101〜106ページ

学習目標

●自分の考えが伝わる文章になるよう、根拠の適切さについて吟味する。
●文章の構成を工夫し、分かりやすくて説得力のある意見文を書く。

1 自分の立場を決める

ここでは、教科書102ページの問題を検討し、新しいバス停として「A集落」と「B橋」のどちらがよいかを考えていく。

(1) 地図と参考資料を読み、状況を確認する。

(2) 「A集落」と「B橋」それぞれの利点と欠点を考える。

→二つが候補地として挙がっているということは、どちらにも利点と欠点があるということである。「A集落」に設置すれば、その集落の住民の利便性が増す(＝利点)が、道路の幅を広げる工事が必要で費用がかさむ(＝欠点)。「B橋」に設置すれば、観光客の利便性が増す(＝利点)が、観光目的以外の利用者にはあまり関係がない(＝欠点)。

(3) どちらがよいか、自分の立場を決める。

2 根拠を考え、吟味する

(1) 意見を支える根拠を書き出す。

・1で考えたこと以外にも、なるべくたくさんの根拠を挙げる。
・その意見が実現した場合にどんな利点があるか、逆に実現しなかった場合にどんな不都合があるかを考えてみるとよい。

(2) 書き出した根拠に説得力があるかどうか吟味する。

言葉の力　根拠を吟味する

●根拠が確かな事実や事柄に基づいたものか、また、根拠から意見が適切に導かれているかについて考える。
●個人的な経験や主観だけでなく、数値や資料など、客観的な事実を挙げるとよい。
●反対の立場から簡単に反論されてしまわないかどうかを考える。

教科書の例▼ 「A集落」の立場に立った場合の根拠の例—教科書103ページ

根拠(1) 資料にあった「約四割が高齢者」という客観的な①［　］に着目している。また、利便性について「買い物」「通院」のように具体的な例を挙げて考えている。

→数値はどういう資料から引用したのかも、明記するとよい。

根拠(2) 「バスは誰のためのものか」という観点で考えている。

→ただし、「住民のためのもの」と判断した根拠が弱い。資料に「町営バス路線」とあることと関連付けるとよい。

根拠(3) 地図から、AとBのルートの長さの違いを読み取っている。

根拠(4) 自分の②［　］に基づいて考えている。

→ただし、「観光客がバスを利用することはない」と言いきることには無理がある。根拠の説得力を高めるには、③［　］的な事実を挙げる必要がある。

▼①数値　②経験　③客観

3 お互いの根拠を吟味し合う

・グループでお互いの根拠を吟味し合い、改善点を助言し合う。
→2と同様の観点から吟味するが、他の人から助言してもらうことで、自分一人では気づかなかったことにも目が向けられる。

4 意見文を書く

・2～3で考えてきたことを踏まえて、意見文に入れる根拠を決め、分かりやすい構成を考えて意見文を書く。

○言葉の力　分かりやすい構成で意見文をまとめる

意見文は、次のような構成で書くとよい。

1 自分の意見を述べる。
2 意見の根拠を挙げる。根拠が複数あるときには、「第一に」「第二に」という書き方（ナンバリング）を用いるとよい。
3 予想される反対意見とそれに対する反論についても、組み込めるとよい。
4 まとめる（改めて意見を述べる）。

教科書の例▼　意見文の完成例 ―― 教科書105ページ

意見…「A集落に設置すべきだ」という立場を明記している。

根拠…・二つの根拠を挙げ、それぞれの観点を「住民の利便性の問題」「所要時間の問題」と端的に表現している。
・段落を二つに分け、ナンバリングを用いて述べている。
・根拠1では、情報の引用元が「C新聞」であることを明記して、説得力を高めている。
予想される反対意見への反論…根拠2に対して「費用と時間がかかる」という反対意見が予想されることを述べ、「地域の活性化につながる」というメリットがあることを挙げて反論している。
まとめ…最後に改めて、意見を短く述べている。

5 完成した意見文を読み合う

・完成した意見文を読み合い、気づいたことを伝え合う。

ポイント　内容や構成の工夫されている点に着目し、今後の表現に生かすようにする。

○問題 ―― 教科書106ページ

○ D市で、図書館の分館を一つ新設することになり、下の地図の「Aショッピングモール」の中と、「Bスポーツセンター」の中が候補地となっている。下の地図と参考資料を踏まえて、Aショッピングモールと、Bスポーツセンターのどちらがよいか、根拠を挙げて意見文にまとめよう。

解説　地図と参考資料の次のような点に着目しよう。

・地図…図書館本館とどのように役割分担できるか、人が集まりやすい場所はどこか、交通の利便性はどうか、周辺環境はどうか。
・参考資料…「幅広い世代の利用を想定」「若い世代の読書への関心を高める役割」などから、どんな人が利用しやすいようにすべきかを考える。
・既存の施設の中に図書館を併設する点にも注意する。
→それぞれの施設を訪れた人が図書館を利用することが考えられるが、ショッピングモールとスポーツセンターでは利用者層も違ってくると考えられる。図書館が併設された際に、どのような形で利用されることになるか、具体的に考えてみよう。

▼話す・聞く　話す

説得力のある提案をしよう
プレゼンテーション

教科書107〜112ページ

学習目標
- 聞き手に納得してもらうために、説得力のある話の構成を考える。
- 資料や機器を活用して、分かりやすく印象的に話す。

ここでは、学校生活をよりよいものにするための提案を考え、プレゼンテーションを行う。

1 グループの提案を決める

・四〜六人のグループを作り、学校生活や学習体験を振り返って、問題だと思うことや、もっとよくしたいと思うことを出し合う。
・どうすれば問題が解決するか、どんなふうによくなるかを考えて、提案することを決める。

ポイント 提案は、「……ために、……しよう。」のように、目的(現状をどう変えたいか)と、具体的に取り組みたいことをセットにしてまとめるとよい。

2 提案のための材料を集める

・「現在の状況や問題点」と「提案を実行したときのメリット」を理解してもらうためには何が必要かを考える。
・必要な情報を、本や資料、インターネットなどを使って調べる。
→統計資料や、具体的な事例、識者の見解などを探してみよう。
・詳しい人から話を聞いたり、アンケートをとったり、自分で状況を調べたりしてもよい。

3 説得力のある話の構成を考える

言葉の力　説得力のある話の構成を考える
- 現在の状況や問題点の認識に誤りはないか、確かめる。
- 提案が問題を解決したり、改善したりするものになっているか、提案内容と提案理由との結び付きを吟味(ぎんみ)する。
- 聞き手に分かりやすく伝えるための説明の順序を考える。
- 説得力のある説明をするには、数値などの客観的な事実や具体例を示すとよい。
- 聞き手の質問を予想し、その答えを組み込むことも効果的である。

教科書の例▼ 構成表の例 教科書109ページ

・(1)現在の状況や問題点、(2)提案内容、(3)提案理由、(4)まとめ、という順序で説明している。
→最初に現状についての認識を聞き手と共有しておくと、提案内容を理解してもらいやすい。
・「学校図書館は、静かで苦手だと感じている人が多い」という現状認識に①［　　］を持たせるために、「図書委員会のアンケート」で得られた意見を加えている。
→複数の人の考えを反映したものとして示すことで、客観性を持たせることができる。

・提案理由として、提案を実現することによる[②]を二つ挙げている。
・「ふだん本を読まない人はどうする？」という[③]を予想して、人の話を聞くだけでも楽しめるという説明を加えている。
→聞き手が疑問を持ちそうなことには、先回りして対応しておく。
・「南中学校で学校図書館の利用者が増えた」という事例を紹介することで説得力を持たせている。
→実際に成果を上げた事例があれば、自分たちの提案もうまくいく可能性が高いと思ってもらえる。

▼①説得力　②メリット　③質問

4　資料を用意し、リハーサルを行う

○言葉の力　資料や機器を活用する

●内容に応じて、キャッチコピーや図、表、グラフ、写真や映像などの適切な形式を選ぶ。
●もとになる資料があるときは、出典を明記する。
●資料のどこに注目すればよいかを指差しや言葉で伝える。
●多くの人に伝えるときや広い会場で行うときは、プレゼンテーションソフトなどを活用するとよい。

(1)　説明を分かりやすく、印象的にするための資料を用意する。
・要点のまとめ…話の展開に見通しを持たせることができる。
・グラフ…数量の大小や変化などを捉えやすくする。
・写真や映像…物や出来事の様子が瞬時に伝わる。
・図…物事の関係性などが伝えやすい。
・キャッチコピー…だいじなことを強調し、印象づける。

(2)　資料を提示するタイミングや見せ方、機器の操作を確かめながら、プレゼンテーションの練習をする。

教科書の例▼ プレゼンテーションの例 ――――― 教科書111～112ページ

・冒頭で、聞き手に問いかけをして興味をひいている。
→聞き手との距離感を縮めて、話に引き込む効果がある。
・「資料①」として、アンケート調査の結果を表にまとめて示している。提示する際、一位の項目は隠してある。
→ランキング形式で一部が隠されていると、聞き手は自分なりの予想をし、答えを知りたくて話の続きに注意を向ける。一呼吸置いてから、隠してあった部分も見せて話を進めるとよい。
・「理由は二つあります。まず、理由の一つ目は……」のように、ナンバリングを用いて話している。
→二つの理由が順番に説明されていくことが聞き手にも分かり、先の見通しを持ちながら話を聞くことができる。
・「資料②」として、ブックカフェの様子を映像で紹介している。
→聞き手は映像を見てブックカフェを疑似(ぎじ)体験でき、その場の様子や雰囲気(ふんいき)を直接感じ取ることができる。
・「資料③」では、最も伝えたいことをまとめて印象づけている。
→締めくくりの言葉は、聞き手の印象に残りやすい。それを更に目で見て確かめられるようにして、強調している。

5　プレゼンテーションをする

(1)　グループごとにプレゼンテーションをする。
(2)　お互いの提案内容やプレゼンテーションの構成、発表の仕方などについて、感想を伝え合う。

文法の窓2　助詞

教科書113、260〜261ページ

◎学習内容の要点を押さえ、教科書の問題の答えを確かめよう。（□の中には当てはまる言葉を書こう。）

・助詞とは、付属語（それだけで一文節になれない単語）で、①□のない単語を指す。

・助詞は、体言・用言・②□・他の助詞の後などに付く。

▼①活用　②助動詞

●助詞の種類

助詞は、その働きから次の四種類に分類される。

①格助詞…主として名詞（体言）の後に付いて、後に続く言葉との関係を示す。

> が・の・を・に・と・へ・から・より・で・や

例
雨が降る。主語　妹の筆箱　所有
読書を楽しむ。対象　旅行に行く。目的
友達と遊ぶ。相手　北へ向かう。方向
今から始める。起点　電車はバスより速い。比較
部屋でくつろぐ。場所　風や雨　列挙

②接続助詞…活用する語（用言・助動詞）の後に付いて、前後をいろいろな関係でつなぐ。

> て（で）・と・ば・ものなら・から・ので・が・けれども（けれど）・のに・ても（でも）・ものの・し・たり（だり）・ながら・つつ・なり　等

例
白くて小さい犬　並立
雨が降ると道がぬかるむ。条件
一晩寝れば治る。仮定の条件
早く起きたから眠い。理由
探したけれども見つからなかった。逆接

③副助詞…いろいろな語の後に付いて、その語にさまざまな意味を添える。

> は・も・こそ・さえ・すら・でも・だって・まで・だけ・ばかり・のみ・しか・きり・ほど・くらい（ぐらい）・など・とか・やら・なり・ずつ・か　等

例
学校が始まるのは四月だ。題目　君こそ適任だ。取り立て
野球も好きだ。同類
小学生でさえ解ける。他を類推
子供にまで笑われる。強調　一日だけ休める。限定
宇宙は想像もつかないくらい広い。程度

④終助詞…文末に付いて、話し手・書き手の気持ちを表す。

> か・かい・かしら・の・な（なあ）・こと・ね（ねえ）・よ・さ・ぜ・ぞ・や・わ・とも・な・ものか　等

例 いっしょに行きませんか。勧誘（かんゆう）　いつ晴れたの。質問
美しい絵だなあ。感動　よし、うまくできたぞ。強調

●教科書113ページの課題

［グループA］ の例文

・海へ泳ぎに行くより山で鳥や花の写真をとる。
・家へ帰り、庭で植木にいつもより多くの水や肥料をあげる。

解説 グループAには格助詞が入っている。格助詞は主に名詞に付くが、それ以外の語に付くものもある。「に」や「より」の使い方を工夫してみよう。

［グループB］ の例文

・教わりつつ練習したのに上達しないし、疲れたけれど、歌いながら踊れば注目されるので、楽しい。

解説 グループBには接続助詞が入っている。例えば「……けれど、……ので、楽しい（残念だ）。」のような文脈をまず作り、「……」の部分を他の文節で更にふくらませてみよう。

［グループC］ の例文

・今日こそは私も、弟さえ驚くくらいできるだけ遠くまで行く。

解説 グループCには副助詞が入っている。名詞に付けるだけでなく、動詞や形容詞に付けることも考えてみよう。

○考えよう ―― 教科書113ページ

○ 次の傍線部の助詞は、上のA～Cのどのグループに入るだろうか。

解答 1＝A　2＝B　3＝B　4＝C

解説 Aは格助詞、Bは接続助詞、Cは副助詞である。

1 「が」は主語を表す。
2 「が」は逆接を表す。この場合の「が」は「けれども」に置き換えられる。
3 「でも」は「ても」が濁（にご）ったもので、逆接を表す。
4 「でも」は他を類推させる意を表す。ここでは「子供」より大きな大人なら当然飛び越えるということを類推させる。

○問題 ―― 教科書261ページ

1 下の文から、助詞を探そう。

解答 1くらい・も・ば・よ　2から・に・は・の・か　3に・ので・を・が・も

解説 文を文節に分け、自立語の下に付いていて活用のない語を探していこう。

2 下の各組の傍線部には、どのような違いがあるだろうか。

解答 1㋐は接続詞で、㋑は接続助詞。2㋐は副助詞で、㋑は終助詞。3㋐は格助詞で、㋑は接続助詞。

解説 それぞれ、次のような点に着目して考える。

1 ㋐はそれだけで文節を作っている。㋑は「好きだ」という形容動詞とともに文節を作っている。
2 ㋐は文中に用いられ、㋑は文末に用いられている。
3 ㋐は「公園」という名詞に付いて主語を示す。㋑は「た」という助動詞に付いて前後を逆接の関係でつないでいる。

漢字道場4 同訓異字

教科書114〜115ページ

新出漢字・新出音訓

読みの太字は送り仮名を示す。( )は中学校では学習しなくてもよい読みを、—線は特別な言葉に限って使われる読みを示す。例は用例を示し、例中の太字は教科書本文中の語句であることを示す。新出音訓の▼は、常用漢字表の「付表」の語を示す。□には漢字を、( )には読みを書こう。

碁 p.114 ゴ 13画 石 □
囲碁。例**碁**。碁石。

銃 p.114 ジュウ 14画 金 □
鉄砲。例**銃**。銃弾。銃声。銃口。

執 p.114 シツ シュウ とる 11画 土 □
①とり行う。例**執る**。執務。執政。執事。
②こだわる。例執着。確執。執念。

患 p.114 カン (わずらう) 11画 心 □
病気になる。例**患者**。患部。急患。疾患。

診 p.114 シン みる 12画 言 □
病状をしらべる。例**診る**。診断。診療。診察。検診。問診。

慎 p.114 シン つつしむ 13画 心 □
失敗のないよう気を配る。例言葉を**慎む**。慎重。謹慎。慎み深い。

謹 p.114 キン つつしむ 17画 言 □
つつしむ。かしこまる。例**謹む**。謹賀新年。謹慎。謹厳実直。

渓 p.114 ケイ 11画 水 □
谷。谷川。例**渓流**。渓谷。雪渓。

搾 p.114 (サク) しぼる 13画 手 □
しぼる。例**搾る**。搾取。搾乳。

痕 p.115 コン あと 11画 疒 □
①きずあと。例**痕**。爪痕。
②あとに残ったしるし。例痕跡。血痕。

侵 p.115 シン おかす 9画 人 □
他の領分に入り込んでかすめとる。例**侵す**。侵入。侵害。侵略。侵犯。

諮 p.115 シ はかる 16画 言 □
上の者が下の者に問う。例**諮る**。諮問。

勧 p.115 カン すすめる 13画 力 □
すすめる。はげます。例**勧める**。勧誘。

賭(賭) p.115 (ト) かける 16画 貝 □
かけをする。かけごと。例**賭ける**。賭け事。

卸 p.115 おろす おろし 9画 卩 □
問屋が小売店に品物を売り渡す。例**卸す**。卸値。卸業者。棚卸し。

唄 p.115 うた 10画 口 □
ふしをつけてうたうもの。民謡。例**唄**。

窯 p.115 (ヨウ) かま 15画 穴 □
高温で物を焼いたり溶かしたりするための装置。例**窯**。窯元。炭焼き窯。

p.115

釜 かま　10画 金 □

飯を炊いたりするのに用いる金属製の器。

例 釜(かま)で炊(た)く。釜飯(かまめし)。茶釜(ちゃがま)。

■新出音訓（——線部の読みを書こう。）

①返り討ちにあう。p.114（　　）

②親の敵を討つ。p.114（　　）

③後れをとる。p.114（　　）

④体裁を整える。p.114（　　）

⑤準備が調う。p.114（　　）

⑥服装を調える。p.114（　　）

⑦幾何学を学ぶ。p.114（　　）

⑧頂点を極める。p.114（　　）

⑨感極まって泣く。p.114（　　）

⑩痛恨(つうこん)の極みだ。p.114（　　）

⑪学問を究める。p.114（　　）

⑫毛糸を断つ。p.115（　　）

⑬布を裁つ。p.115（　　）

⑭民主化を図る。p.115（　　）

⑮人間業ではない。p.115（　　）

⑯名人の技。p.115（　　）

答 ①う ②かたき ③おく ④ていさい ⑤ととの ⑥ととの ⑦きかがく ⑧きわ ⑨きわ ⑩きわ ⑪きわ ⑫た ⑬た ⑭はか ⑮わざ ⑯わざ

◉学習内容の要点を押さえ、教科書の問題の答えを確かめよう。

・同訓異字とは、同じ訓読みを持ち、意味の似ている漢字のこと。

・同訓異字の大部分は用言に相当し、特に動詞が多い。

ポイント 同訓異字には微妙な意味の違いがある。どのような文脈で使うのかを用例を通して理解し、適切に使い分けよう。

○問題 ——— 教科書114～115ページ

①次の傍線部を漢字で表すとき、（　）の同訓異字のどちらを用いるだろうか。

解答 1診る　2慎む　3遅れる　4速い　5絞る　6治る　7整える　8究める

②次の各組の同訓異字を使って、それぞれ文を作ろう。

解答

1 川を上る。／木に登る。／天に昇る。

2 退路を断つ。／布を裁つ。／消息を絶つ。

3 法を犯す。／国境を侵す。／危険を冒す。

4 水深を測る。／解決を図る。／審議会に諮る。

5 車を前へ進める。／入会を勧める。／候補者として薦める。

6 壁に絵を掛ける。／事業に命を懸ける。／勝敗に金を賭ける。

7 貯金を下ろす。／乗客を降ろす。／小売店に商品を卸す。

③次の傍線部を漢字で表すとき、（　）の同訓異字のどちらを用いるだろうか。

解答 1歌　2型　3業　4足　5釜

解説 2「型」は、もとになる形、決まりきった形式、典型、などの意味。「型にはまる・血液型・新型」などに用いる。3 技術や技能の場合は「技」、行いや行為の場合は「業」を用いる。

▼読む 詩

日本語のしらべ 落葉松

作者・北原白秋

教科書116〜118ページ

学習目標を押さえ、「落葉松」のおおよそを理解しよう。

ガイダンス

学習目標

●詩に描かれた情景や心情を捉え、リズムを感じ取りながら朗読する。

詩の形式と構成

八つの連から成る**文語定型詩**。各連に番号が付けられている。

・第一連…落葉松林のさびしさと旅行くことのさびしさ。
・第二連…林を出入りしながら続く細い道。
※第二連から第七連では、落葉松林を歩いていく情景を描く。
・第三連…霧雨や山風が感じられる道。
・第四連…人がさびしげに通っていく道。
・第五連…足音をひそめて感じるさびしさ。
・第六連…林の上に浅間山を望む。
・第七連…林に降る雨とかんこ鳥(カッコウ)の声。
・第八連…無常ではあるが趣深い自然に対する感動。

主題

落葉松のさびしい情趣と、それに共鳴する作者の心。

落葉松の風情に、作者は自身の心境や世の中のありようを重ね合わせ、自然と一体となったような心持ちになっている。

詩人と作品 北原白秋

教科書118ページ

・一八八五年福岡県に生まれ、一九四二年に五十七歳で亡くなる。
・若くして詩や短歌に才能を発揮し、人々に親しまれる作品を多く残している。童謡の創作でも知られている。
・詩集「邪宗門」「思ひ出」「水墨集」、歌集「桐の花」などがある。

語句・文の意味

語義が複数の場合、①に教科書本文中の語義を示してある。類は類義語、対は対義語、文は語句を用いた短文例を示す。
●印は、教科書の脚注に示されている語句である。

▼116ページ

しみじみと見き 心に深く感じ入りながらじっくりと見た。「き」は過去を表す。

さびしかりけり さびしいことだなあ。「けり」は感嘆を表す。

入りぬ 入った。「ぬ」は完了を表す。

道はつづけり 道は続いている。

われのみか、ひともかよひぬ 私だけでなく、ほかの人も通った。

▼117ページ

ゆゑしらず歩みひそめつ わけもなく歩み(足音)を静かにした。

けぶり立つ見つ (浅間山に)噴煙が立ち上っているのを見た。

かんこ鳥鳴けるのみなる カッコウが鳴いているだけである。

あはれなり しみじみとした趣がある。

常なけど 無常で、はかないけれど。

読み解こう　詩の内容を捉えよう。［　］の中には当てはまる言葉を書こう。

■**詩全体のリズムや表現の特色を捉える。**

・全ての連が四行でそろえられている。

・一行が五音・七音から成り、［①　］調のリズムがある。

・語句の［②　］が多い。

※「からまつ」は全部で十七回。「からまつはさびしかりけり」「浅間嶺にけぶり立つ見つ」など、行単位での繰り返しも多い。

・文末に「けり」「なり」が多用され、韻を踏んでいる。一方で、「つ」「ぬ」「なる」などの文末が交じることで変化を生んでいる。

・ほとんどの連に［③　］が用いられている。

※「からまつはさびしかりけり。／たびゆくはさびしかりけり。」など、対句内にも語句の反復が含まれる。

・**ポイント**　全体の調子が整っており、畳みかけるような響きがある。

▼①五七　②反復　③対句

■**「わが通る道」（116・13）とはどのような道かを押さえる。**

・落葉松林の奥に入ったり、林から出たりしながら続く、細い道。

・霧雨がかかり、山風が通っていく道。

・自分だけでなく、ほかの人も通った道。

・**ポイント**　人生の道を重ね合わせているようにも受け取れる。

■**「いよよしづけし」（117・13）の意味を押さえ、その情景を読み取る。**

・ますます静かである、という意味。

・霧雨が音もなく降り注ぎ、林をしっとりとぬらす。時折聞こえてくるカッコウの鳴き声が、静けさを引き立てている。

■**第八連に込められた作者の思いを捉える。**

・自然があるがままの姿で趣深いように、自分も世の中のことをあるがままに受け入れようという思いが込められている。

テストに出る

問　**この詩の形式上の分類を、漢字五字で答えなさい。**

答　文語定型詩

テストに出る

問　**作者は「世の中」（117・17）をどのようなものと捉えているか。説明しなさい。**

答　しみじみと趣深く、はかなく移り変わっていくもの。

◆「あはれなりけり」「常なけど」を押さえて答えよう。

課題　教科書117ページ

○**詩に描かれた情景や心情を捉え、リズムを感じ取りながら朗読しよう。**

解説　静かな落葉松林の雰囲気に自身の心境を重ね合わせ、人生にも通じる「さびしさ」を作者はしみじみと感じている。

山風や霧雨によるかすかな物音によっていっそう引き立てられる落葉松林の静けさや、その中を歩いてゆく作者の姿を思い浮かべてみよう。無常である自然の営みにしみじみとした味わいを感じ、それを「あはれなりけり」「うれしかりけり」と肯定的に受けとめている作者の心境を想像して朗読しよう。

5
▼古典

枕草子・徒然草

教科書120〜127ページ

ガイダンス

学習目標を押さえ、「枕草子・徒然草」のおおよそを理解しよう。

学習目標

●筆者のものの見方や考え方、表現の仕方を捉える。
●見聞きしたことや体験したことをもとに、表現を工夫して随筆を書く。

文章を読む前に

自分の体験や考えなどを自由な形式で書いた文章を随筆という。古典の中にも随筆といえる作品があり、ここでは「枕草子」と「徒然草」を取り上げて読んでいく。文章に表れた、筆者のものの見方や考え方を読み取っていこう。

■「枕草子」とは　教科書120ページ

成立…平安時代。

筆者…清少納言。一条天皇の中宮（のちに皇后）定子に仕えた女房。

内容…定子の命を受けて、宮中の日常の回想や、自然や人間についての感想を書き記したもの。鋭い感性で、見落とされがちなものにも目を向け、おもしろさ・美しさを見いだしている。

■「徒然草」とは　教科書124ページ

成立…鎌倉時代の末。

筆者…兼好法師。若くして出家した。歌人であり、仏教や古典にも通じた知識人でもある。

内容…人生や世の中に対する批評、失敗談や故実に関する知識などを書き留めたもの。自身が見聞きした物事を深く洞察し、自分の考えを述べている。

古典コラム　係り結び　教科書127ページ

・文中に「こそ」「ぞ」のような**係りの助詞**が使われると、文末の活用語が終止形以外の活用形に変化することがある。
・係りの助詞と文末の結び方との関係を**係り結び**という。

例　①聞きしにも過ぎて尊くこそおはしけれ。（126・上8）
　※通常の文末は「おはしけり」。
②「……」とぞ言ひける。（126・上12）
　※通常の文末は「言ひけり」。

・係りの助詞には、次のようなものがある。
●ぞ・なむ・こそ……前の語を強調する。
●や・か……疑問などの意味を表す。

新出漢字・新出音訓

読みの太字は送り仮名を示す。（　）は中学校では学習しなくてもよい読みを、━線は特別な言葉に限って使われる読みを示す。例は用例を示し、例中の太字は教科書本文中の語句であることを示す。新出音訓の▼は、常用漢字表の「付表」の語を示す。□には漢字を、（　）には読みを書こう。

p.120 **随** ズイ　12画　阝　□
①思ったまま。気まま。例**随筆**（ずいひつ）。随意（ずいい）。②つき従う。例随行（ずいこう）。

p.120 **鎌** かま　18画　金　□
かま。刃（は）に柄を付けた、草などを刈る農具。例**鎌倉時代**（かまくらじだい）。鎌首（かまくび）。

p.120 **紫** シ　むらさき　12画　糸　□
むらさき色。例**紫**（むらさき）。紫外線（しがいせん）。

p.121 **蛍** ケイ　ほたる　11画　虫　□
ほたる。ほたるのように光るもの。例**蛍**（ほたる）。蛍光灯（けいこうとう）。蛍雪の功（けいせつのこう）。

p.121 **霜** （ソウ）　しも　17画　雨　□
しも。水蒸気や地中の水分が地表で凍ったもの。例**霜**（しも）。霜柱（しもばしら）。

p.122 **房** ボウ　ふさ　8画　戸　□
①へや。例**女房**（にょうぼう）。独房（どくぼう）。②ふさ。例乳房（ちぶさ）。

p.123 **軒** ケン　のき　10画　車　□
①屋根の張り出した部分。ひさし。例**軒**（のき）。軒下（のきした）。軒先（のきさき）。②家屋の数を数える助数詞。例一軒家（いっけんや）。

p.124 **躍** ヤク　おどる　21画　足　□
①生き生きと動きまわる。例**活躍**（かつやく）。躍動（やくどう）。②はねあがる。例跳躍（ちょうやく）。躍進（やくしん）。飛躍（ひやく）。

p.124 **稽（稽）** ケイ　15画　禾　□
考える。比較する。例**滑稽**（こっけい）。稽古（けいこ）。

右上の形に注意しましょう。「犬」ではなく「尤」です。

p.124 **慨** ガイ　13画　心　□
①なげく。感動する。例**感慨**（かんがい）。慨嘆（がいたん）。②激しくおこる。例憤慨（ふんがい）。

p.125 **廷** テイ　7画　廴　□
①政治を行うところ。例**宮廷**（きゅうてい）。朝廷（ちょうてい）。②役所。裁判所。例法廷（ほうてい）。出廷（しゅってい）。

p.125 **僧** ソウ　13画　人　□
仏教の修行（しゅぎょう）をする人。例**僧侶**（そうりょ）。小僧（こぞう）。老僧（ろうそう）。

p.125 **侶** リョ　9画　人　□
とも。なかま。つれ。例**僧侶**（そうりょ）。伴侶（はんりょ）。

p.125 **庶** ショ　11画　广　□
多くの。もろもろの。例**庶民**（しょみん）。庶務（しょむ）。

p.125 **洞** ドウ　ほら　9画　水　□
①ほらあな。例洞穴（どうけつ）。空洞（くうどう）。洞窟（どうくつ）。②見とおす。例**洞察**（どうさつ）。

p.126 **詣** （ケイ）　もうでる　13画　言　□
①おまいりする。例**詣でる**（もうでる）。**参詣**（さんけい）。②学芸などがすすむ。例造詣（ぞうけい）。

語句・文の意味

語義が複数の場合、①に教科書本文中の語義を示してある。類は類義語、対は対義語、文は語句を用いた短文例を示す。
●印は、教科書の脚注に示されている語句である。

●枕草子

▼120ページ

あけぼの　夜がほのぼのと明けようとする頃。「あかつき」(＝夜中を過ぎて朝になるまでの時間帯)の終わり頃で、「あした」(＝夜が完全に明けきった時間帯)に先立つ時を示す。

やうやう　だんだん。次第に。

山際　空の、山と接する辺り。

▼121ページ

月の頃　十五夜前後の月の明るい頃。

さらなり　「言ふもさらなり」の略で、改めて言うまでもないということ。

闇　闇夜。陰暦の月初めや月末は、晴れていても月は出ない。

をかし　趣がある。風情がある。興味や関心をひかれるおもしろさがあることをいい、「あはれなり」と対比される。

山の端　山が空に接しているところ。「山際」と対になる言葉。

いと　たいへん。非常に。とても。

あはれなり　しみじみと心ひかれる。心にしみる感動をいい、この時代の美意識を代表する言葉である。

まいて　まして。「烏」でもしみじみと心ひかれるのだから、秋の風物の「雁」ならばなおさらだという気持ちを表す。

雁　ガン。秋に日本に飛来して越冬し、春に北の方へ帰る渡り鳥。

言ふべきにあらず　言うまでもない(ほど趣がある)。

つとめて　①早朝。②(何か事があった)翌朝。

持て渡る　持って移動する。「持て」は、「持ちて」の変化した形。

つきづきし　ふさわしい。似つかわしい。

わろし　みっともない。よくない。「わろし」は、絶対的に悪いわけでなく、他と比較して相対的に劣る意を表す。

▼123ページ

けざやか　鮮やか。はっきりとしている様子。

前栽　庭先の植え込み。

透垣　板や竹で少し隙間を空けて作った垣根。「すきがき」のイ音便。

羅文　透垣の上部に作られたひし形の飾り。「らもん」ともいう。

白き玉　真珠。「白玉・白珠」あるいは「玉」だけでも真珠を指す場合がある。

いみじう　たいそう。形容詞「いみじ」の連用形「いみじく」のウ音便。よくも悪くも、程度のはなはだしいことをいう。

つゆをかしからじ　少しもおもしろくないだろう。「つゆ」は下に打ち消しの表現を伴って、「少しも(〜ない)・全く(〜ない)」の意を表す。ここでは打ち消しの推量を表す「じ」と呼応している。「つゆ」は「露」が小さく消えやすいものであることから、「わずか・少し」の意を表すようになった。

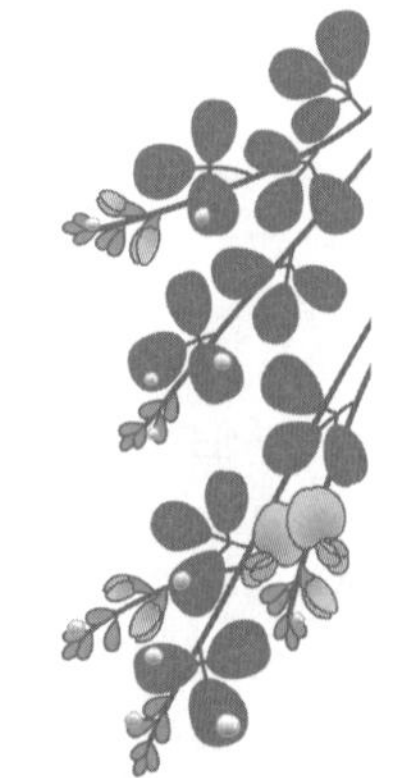

●徒然草

▼124ページ

つれづれなるままに　何もすることがないままに。「つれづれなり」は、「何もすることがなくて退屈だ」「所在なく手持ちぶさただ」という意味を表す。

日暮らし 一日中。朝から晩まで。

硯に向かひて 「硯」は墨をするための道具。机に向かって物を書くという行為を表している。

よしなしごと とりとめのないこと。たわいないこと。

そこはかとなく 何という当てもなく。「そこはかとなし」は、「(原因・理由・内容などが)はっきりしない。とりとめがない」という意味を表す。

あやしう 妙に。不思議に。「あやしう」は、形容詞「あやし」の連用形「あやしく」のウ音便。

ものぐるほしけれ 形容詞「ものぐるほし」が活用した形。上の助詞「こそ」と係り結びの関係にある。「ものぐるほし」は、「正気を失ったようだ。気が変になりそうだ」という意味を表すが、ここでは、「普通とは違った変な感じ」といった意味。

▼126ページ

仁和寺にある法師 仁和寺にいたある法師。

石清水 京都府八幡市男山の山上にある石清水八幡宮。仁和寺から二十キロメートルくらいの道のりの所にある。

心憂く覚えて 残念に思って。「心憂し」は、もともと、つらいと嘆く自分を情けないと思う気持ちを表す形容詞。

徒歩より 徒歩で。「より」は手段・方法を表す助詞。

極楽寺・高良 石清水八幡宮に付属する寺と神社(「末寺」「末社」という)で、どちらも男山の麓にあった。

かばかりと心得て これだけだと思い込んで。仁和寺の法師は、極楽寺・高良社だけを石清水八幡宮だと思ったのである。

さて そして。それから。

かたへの人 仲間の法師。「かたへ」は「かたわら、そば」の意。「かたへの人」は、「そばの人」から転じて、「同輩、仲間」という意味になる。

年ごろ 長年。長年の間。

果たしはべりぬ 果たしました。「ぬ」は、「〜た・〜てしまった」という完了の意を表す助動詞。

尊くこそおはしけれ 尊くいらっしゃいました。「おはす」は「あり」の尊敬語。「けれ」は、助動詞「けり」が活用した形で、「尊く」を強調する「こそ」と係り結びの関係にある。

そも そもそも。それにしても。

何事かありけん 何事があったのだろうか。「か」は、疑問を表す係りの助詞で、結びは「けん」である。

ゆかしかりしかど 知りたかったけれども。「ゆかし」は、動詞「行く」が形容詞化した語で、「そこへ行ってみたくなるほど心がひかれる」がもともとの意味。心ひかれる対象によって、「見たい」「聞きたい」「知りたい」「読みたい」などの意になる。

神へ参るこそ本意なれ 神に参詣することが本来の目的なのだ。「本意」は、「本来の志、本来の目的」という意味。「こそ」と「なれ」は係り結びの関係にある。

……とぞ言ひける 「ぞ」と「ける」は係り結びの関係にある。

先達 ①指導者。案内人。②学問・修行・技能・芸術などで、先にその道に達した人。先輩。③修験道で、同行者の先導をする山伏。

あらまほしきことなり いてほしいものである。「まほし」は、「〜たい・〜てほしい」という希望の意を表す助動詞。

読み解こう

章段ごとの内容を捉えよう。

[ ]の中には当てはまる言葉を書こう。

春はあけぼの（枕草子 第一段）

120・9〜121・9

春はあけぼの。やうやう白くなりゆく山際、少し明かりて、
春は明け方。だんだん白んでゆく山際（の空）が、少し明るくなって、

紫だちたる雲の細くたなびきたる。
紫がかった雲が細くたなびいている（のがよい）。

夏は夜。月の頃はさらなり、闇もなほ、
夏は夜。月の（明るい）頃は言うまでもない（ことで）、闇（夜の頃）もやはり、

蛍の多く飛びちがひたる。また、ただ一つ二つなど、ほのかに
蛍がたくさん飛び交っている（のがよい）。また、ただ一つ二つなど、ほのかに

うち光りて行くもをかし。雨など降るもをかし。
光って（飛んで）行くのも趣がある。雨など降るのも趣がある。

秋は夕暮れ。夕日の差して山の端いと近うなりたるに、烏の
秋は夕暮れ。夕日が差して山の端がたいへん近くなった頃に、烏がね

寝所へ行くとて、三つ四つ、二つ三つなど飛び急ぐさへ
ぐらに（帰って）行くというので、三つ四つ、二つ三つなど急いで飛んでいくのまでも

あはれなり。まいて、雁などの連ねたるが、
しみじみと心ひかれる。まして、雁などが列を作って（飛んで）いるのが、

いと小さく見ゆるは、いとをかし。日入り果てて、風の音、
たいへん小さく見えるのは、たいへん趣がある。日がすっかり沈んで、風の音や、

虫の音など、はた言ふべきにあらず。
虫の鳴き声など（が聞こえてくるの）は、また言うまでもない（ほど趣がある）。

冬はつとめて。雪の降りたるは言ふべきにもあらず、
冬は早朝。雪の降っているのは言うまでもない（ことで）、

霜のいと白きも、またさらでも、いと寒きに、
霜のたいへん白いのも、またそうでなくても、たいへん寒いときに、

火など急ぎおこして、炭持て渡るも、いとつきづきし。
火などを急いでおこして、炭を持っていくのも、（冬の朝に）たいへん似つかわしい。

昼になりて、ぬるくゆるびもていけば、火桶の火も、
昼になって、だんだん暖かくなって（寒さが）緩んでいくと、火桶の火も、

白き灰がちになりてわろし。
白い灰ばかりになってみっともない。

■季節ごとに、筆者が趣深いと考えている時間帯と風物を捉える。

	【時間帯】	【風物】
春	…①[ ]。	空や雲の様子。
夏	…夜。	月、闇、②[ ]、雨。
秋	…③[ ]。	烏や雁、風の音、虫の音。
冬	…早朝。	雪や④[ ]、炭火。

▼①明け方 ②蛍 ③夕暮れ ④霜

●**ポイント** 筆者は、それぞれの季節を代表する自然の風物だけではなく、独特の感性でさまざまなものに目を向け、情趣を感じ取っている。

■「春はあけぼの。」のように、各段落の冒頭を体言止めにした効果を考える。

・簡潔に言い切ることによって、対象を鮮明に力強く印象づけ、かつ歯切れのよいリズムを生み出している。

問 「やうやう」(120・9)を、①現代仮名遣いに改め、②意味を答えなさい。

答 ①ようよう ②だんだん。次第に。

■「をかし」という美意識を理解する。

・「をかし」は、客観的・理知的に対象を捉えて興味深さに心を動かされる感動を表す。

・自然の美や季節の風物について用いられる場合は、明るい感じをともなって、「[ ]がある」「風情(ふぜい)がある」ことを意味する。

▼趣

・ポイント 「をかし」は、「興味をひかれておもしろい」といった意味で使われることもあるが、現代語の「おかしい」にあるような、「滑稽(こっけい)で笑いたくなる」「変だ」といった意味とは違うので注意しよう。

■筆者が、夏の情趣をどのように捉えているかを理解する。

・筆者は、①[ ]の明るい夜、蛍の飛ぶ闇夜、雨の降る夜を趣があるものとしている。

・このうち、闇夜の風情について、蛍が描く光の線という動きのあるものに注目し、闇と光を対照的に捉えているあたりに、筆者の鋭い②[ ]がうかがえる。

▼①月 ②感性

テストに出る

問 「月の頃はさらなり」(121・1)とはどういうことか、分かりやすく言い換えなさい。

答 月の明るい夜に趣があることは改めて言うまでもない。

■「あはれ」という美意識を理解する。

・「あはれ」は、もともと物事に深く感動したときに発する声で、「あはれなり」は、心にしみる感動を表す。

・自然の美や季節の風物について用いられる場合は、「[ ]と心ひかれる趣がある」ことを意味する。

▼しみじみ

■「まいて」(121・4)は、何と何を比べているのか。

・「①[ ]」と「②[ ]」を比べている。

・いつでも見かける烏であっても趣深いのだから、まして秋の風物である雁ならばいっそう趣が深いということ。

▼①烏 ②雁

■筆者が秋の情趣を、視覚と聴覚で捉えていることを理解する。

・視覚で捉えたもの …ねぐらへ帰る烏や、①[ ]を作って飛ぶ雁。

・聴覚で捉えたもの …風の音や、②[ ]。

▼①列 ②虫の音

・ポイント 筆者が風の音や虫の音に耳をすましているのは「日入り果てて」からのことであり、辺りは暗くなり視界が閉ざされてしまったからこそ聴覚が敏感(びんかん)になったともいえる。

テストに出る

問 **「山際」(120・9)と「山の端」(121・3)の違いを答えなさい。**

答 山と空が接する部分の、空のほうが「山際」、山のほうが「山の端」。

テストに出る

問 **「夕日の差して」(121・3)とあるが、そこから更に時間が経過したことが分かる情景描写を、本文中から抜き出しなさい。**

答 日入り果てて(121・5)

■ **筆者が「つきづきし」(121・8)と感じていることを捉える。**

・「つきづきし」は、「①　」という意味。

・厳しい②　の中、急いでおこした赤く燃える炭を運んでいく情景が、冬の早朝に似つかわしいと筆者は考えている。

▼①似つかわしい　②寒さ

● **ポイント** 寒さを象徴する雪や霜の白さと、赤い炭火という色彩の対比が鮮やかである。

■ **「わろし」(121・9)と筆者が感じる理由を考える。**

・早朝…厳しい寒さ(雪・霜) ←→ 赤く燃える炭 →○ つきづきし
　＊緊張感のある対比

・昼……寒さが緩む――白い灰ばかり →× わろし
　＊ともに勢いがない

● **ポイント** 「よし(良し)」「あし(悪し)」が絶対的な評価を表すのに対し、「よろし」「わろし」は、「まあまあよい」「あまりよくない」といった相対的な評価を表す。昼間の情景は、早朝の緊張感のある情景に比べて、気の緩んだ感じがして好ましくないというのである。

テストに出る

問 **①「つとめて」(121・7)、②「わろし」(121・9)の意味を答えなさい。**

答 ①早朝。　②みっともない。よくない。

テストに出る

問 **心ひかれる風物に対する感動を表している語を、本文中から二つ抜き出しなさい。**

答 をかし・あはれなり

テストに出る

問 **この文章は、春・夏・秋・冬の四つの段落から成るが、各段落の表現の特色として最も適切なものを、次から一つずつ選んで記号で答えなさい。**

ア 肌に伝わる温度を感じさせる描写となっている。
イ 時間とともに微妙に変化する色彩を捉えている。
ウ 趣の異なる複数の情景を対等に並べ挙げている。
エ 視覚的な描写から聴覚的な描写へと移っている。

答 春＝イ　夏＝ウ　秋＝エ　冬＝ア

九月ばかり（枕草子 第百二十五段）

123・上2～123・上14

九月ばかり、夜一夜降り明かしつる雨の、今朝はやみて、
九月頃、一晩中降って夜明けまで続いた雨が、今朝はやんで、

朝日いとけざやかに差し出でたるに、前栽の露はこぼるばかり
朝日がたいへん鮮やかに差し始めたときに、庭先に植えた草木の露はこぼれるほ

ぬれかかりたるも、いとをかし。透垣の羅文、軒の上などは、
どにぬれかかっているのも、たいへん趣がある。透垣の羅文、軒の上などでは、

かいたる蜘蛛の巣のこぼれ残りたるに、雨のかかりたるが、
張り巡らしてある蜘蛛の巣が破れ残っているところに、雨がかかったのが、

白き玉を貫きたるやうなるこそ、いみじうあはれに
（まるで）真珠を貫き通しているようであるのは、たいそうしみじみとした感じがして

をかしけれ。
趣がある。

少し日たけぬれば、萩などの、いと重げなるに、
少し日が高く昇ると、萩などが、（露が載っていて）たいへん重そうなのに、

露の落つるに、枝うち動きて、人も手触れぬに、ふと上ざまへ
露が落ちると、枝が動いて、人も手を触れないのに、さっと上の方へ

上がりたるも、いみじうをかし。と言ひたることどもの、
跳ね上がったのも、たいそうおもしろい。と（私が）言っているいろいろなことが、

人の心には、つゆをかしからじと思ふこそ、またをかしけれ。
（ほかの）人の心には、少しもおもしろくないだろうと思うのが、またおもしろい。

■ 場面の時や、天候を読み取る。
・九月頃の朝。昨夜一晩中降っていた雨がやみ、朝日が昇り始めたとき。空は明るく晴れわたっていることがうかがえる。

■ 筆者が目にしている「前栽」（123・上4）の様子を読み取る。
・庭先に植えてある草木の上にたくさんの①［　］がついているところへ、②［　］が鮮やかに差し込んで、水滴がきらきらと光っている。

▼①露 ②朝日

● ポイント 露が「こぼるばかりぬれかかりたる」（＝こぼれるほどにぬれかかっている）と描写されているが、その前に、「朝日いとけざやかに差し出でたるに」という周辺の状況が描写されていることにも留意して、情景を想像しよう。

■ 「白き玉を貫きたるやうなる」（123・上7）と表現されている状況を捉える。
・透垣の羅文の隙間や軒の上の空間に、蜘蛛の巣が残っていて、そこに雨がかかったために、蜘蛛の糸に水滴が玉状になってついている。それを［　］にたとえている。

▼真珠

テストに出る！

問 「いみじうあはれにをかしけれ」（123・上8）を現代仮名遣いに改めなさい。

答 いみじゅうあわれにおかしけれ

問 「白き玉」(123・上7)にたとえられているものは、何か。現代語で答えなさい。

答 雨のしずく(水滴)

■萩の枝がひとりでに跳ね上がった原因を捉える。

・萩は、細く長い枝に細かい葉が付いている。そこに露がたくさんかかっているため、たいそう重そうに枝がしなっていた。

・露が落ちると、重しがなくなった枝が元に戻るため、ひとりでに跳ね上がった。

■「と言ひたることども」(123・上12)が指している内容を捉える。

・「少し日たけぬれば、……いみじうをかし。」(123・上9〜上12)

・ポイント 「と」は引用を表す助詞で、直前の一文を「 」でくくるような働きをしている。前の段落で描写されてきた雨上がりの朝の庭の光景(朝日に輝く草木の露、蜘蛛の巣に連なる水滴の玉など)は、一般的にも「をかし(趣がある)」と思われるだろうが、この段落で描写されている萩の枝の動きは、筆者ならではの着眼点であるといえるだろう。

■筆者が「またをかしけれ。」(123・上13)と感じた事柄を捉える。

・自分が①[　　]と感じることでも、自分以外の人にとっては少しも②[　　]だろうと思うこと。

▼①おもしろい ②おもしろくない

・ポイント 要するに、自分と他人とではものの感じ方に違いがあり、そのこと自体がまたおもしろい、というわけである。ここにも、筆者ならではの感性がうかがえる。

また、「つゆをかしからじ」の「つゆ」は「少しも(〜ない)」という意味の副詞だが、その語源は「露」である。筆者が「露」を趣深く感じたことを「つゆ」という語で否定する、そうした言葉のおもしろさも含めて「をかし」と述べているのだろう。

清少納言(せいしょうなごん)は、他人が気づかないことに自分だけが気づいているという状況を、楽しんでいたのね。

テストに出る

問 「いと重げなる」(123・上9)とあるが、何のどのような様子をいっているのか。

答 萩などが、葉に露をたくさん付けて枝をしならせている様子。

テストに出る

問 「思ふ」(123・上13)の主語は、「作者」「ほかの人」のどちらか。

答 作者

◆「つゆをかしからじ(=少しもおもしろくないだろう)」と、筆者が、ほかの人の受け止め方を推し量っている。

つれづれなるままに（徒然草　序段）

124・8〜9

つれづれなるままに、日暮らし、硯に向かひて、
何もすることがないままに、　一日中、　硯に向かって、

心に移りゆくよしなしごとを、そこはかとなく書きつくれば、
心に浮かんでは消えてゆくとりとめのないことを、何という当てもなく書きつけていると、

あやしうこそものぐるほしけれ。
妙に変な感じがしてくることだ。

■筆者が序段で述べている内容を整理する。

(1)　（①　　）なるままに　→書こうと思った理由。

(2)　心に移りゆく（②　　）を　→書こうとする物事。

(3)　（③　　）書きつくれば　→書く姿勢や態度。

(4)　あやしうこそものぐるほしけれ　→書いているときの心境。

▼①つれづれ　②よしなしごと　③そこはかとなく

●ポイント　筆者は、所在なさにまかせて、心に浮かぶことを、はっきりした目的もなく書いたと述べている。「随筆」とは、見聞・経験・感想などを気の向くままに記した文章であるから、「徒然草」はまさに随筆というのにふさわしいであろう。

退屈なときについ筆をとってしまうのは、やっぱり文章を書くことが好きなんだろうね。

■「あやしうこそものぐるほしけれ」に表された心境を捉える。

・さまざまな考えや感想がとめどなく浮かんでは消えてゆく（①　）の不思議さ。

・思いを（②　　）ことのおもしろさ。

⇒ それらに心が強くひかれ、妙に変な感じがする。

▼①心　②書き留める

●ポイント　言葉では説明しにくいので「妙に変な感じ」といっているが、文章を書くことに没頭してしまうような心境であろう。

■なぜ「徒然草」という書名が付けられたのかを考える。

・「つれづれなるままに」（＝何もすることがないままに）書いた作品だから。

・「草」は「草子」（＝綴じ本、仮名書きの書物の総称）の意。

テストに出る！

問　通常ならば「ものぐるほし」となる文末が「ものぐるほしけれ」（124・9）という形で結ばれているのは、①文中のどの助詞のせいか、書き抜きなさい。また、②このような助詞と文末の結び方との関係を何というか、答えなさい。

答　①こそ　②係り結び

テストに出る！

問　本文中から、筆者の心境を表している言葉を八字で抜き出しなさい。

答　ものぐるほしけれ

仁和寺にある法師（徒然草 第五十二段）

126・上2〜上14

仁和寺にある法師、年寄るまで石清水を拝まざりければ、
仁和寺にいたある法師が、年を取るまで石清水八幡宮を拝んだことがなかったので、

心憂く覚えて、あるとき思ひ立ちて、ただ一人、徒歩より
残念に思って、あるとき思い立って、ただ一人で、徒歩で

詣でけり。極楽寺・高良などを拝みて、かばかりと心得て
参詣した。極楽寺や高良社などを拝んで、これだけだと思い込んで

帰りにけり。
帰ってしまった。

さて、かたへの人にあひて、「年ごろ思ひつること、
そして、仲間に向かって、「長年願っていたことを、

果たしはべりぬ。聞きしにも過ぎて尊くこそおはしけれ。
果たしました。（話に）聞いていたのにも勝って尊くいらっしゃいました。

そも、参りたる人ごとに山へ登りしは、何事かありけん、
それにしても、参詣した人がみんな山に登っていたのは、何事があったのだろうか、

ゆかしかりしかど、神へ参るこそ本意なれと思ひて、
知りたかったけれども、神に参詣することが本来の目的なのだと思って、

山までは見ず。」とぞ言ひける。
山（の上）までは見ていません。」と言ったのだった。

少しのことにも、先達はあらまほしきことなり。
少しのことにも、指導者がいてほしいものである。

■仁和寺の法師は、どんなことを「心憂く」(126・上3)思ったのか。

・年を取るまで石清水八幡宮を［　　］こと。

▼拝んだことがなかった

・ポイント　石清水八幡宮は、伊勢神宮・賀茂神社（または春日大社）と並んで「三社」とよばれ、人々の信仰が厚い神社である。また、仁和寺からもさほど遠くない場所にある。にもかかわらず、法師は長年参拝したことがなかった。

■「かばかりと心得て」(126・上5)の具体的内容を理解する。

・「石清水八幡宮は、極楽寺や高良社などだけだ」と思い込んでいたということ。

・ポイント　教科書126ページの図を確認しよう。法師が拝んだ寺社は山の麓にあるものばかりで、石清水八幡宮は山上にある。

テストに出る！

問　仁和寺の法師は、何を思い立ったのか。

答　石清水八幡宮に参詣すること。

テストに出る！

問　「徒歩より詣でけり。」(126・上4)を現代語訳しなさい。

答　徒歩で参詣した。

■石清水八幡宮を参詣した法師の感激が表れている表現を捉える。

・「聞きしにも過ぎて尊く［　　］おはしけれ。」(126・上8)

・係りの助詞によって「尊く」が強調されている。

・期待していた以上に感動した様子がうかがえる。

●ポイント　「こそ」と「けれ」が係り結びの関係。係りの助詞「こそ」は、現代語でも「今日こそ行こう。」のように使われ、前の語を強調する働きがある。ただし、文末の形が変化する「係り結び」は現代語にはない。

▼こそ

■参詣した人がみんな山に登っていった理由を押さえる。

・山の上にある石清水八幡宮に参詣するため。

■法師は、山に登る人々を見てどう思ったか、そのあと、どういう行動をとったか。

・思ったこと　→「山の上に何があるのか①［　　］。」

・その後の行動　→山の上を②［　　］帰ってきた。

▼①知りたい　②見ないで

●ポイント　興味はあったものの、それを押しとどめたのである。

■法師が山の上に登らなかったのはなぜか。

・石清水八幡宮に参詣することが［　　］なのであって、それ以外の場所に立ち寄るのはよくないと思ったから。

▼本来の目的

●ポイント　法師は「本来の目的」を見失わない真面目さや信仰心の深さをアピールしているが、実際は本来の目的から外れてしまっている。ここに、この法師の失敗の滑稽さがある。

テストに出る！

問　**法師が「何事かありけん」(126・上10)と思った理由を、現代語で書きなさい。**

答　参詣した人がみんな山に登っていったから。

テストに出る！

問　**「神へ参るこそ本意なれと思ひて、山までは見ず」(126・上11)という言葉からは、法師のどのような心情が読み取れるか。**

答　自分のいちずな信仰心を誇る気持ち。

■筆者が「少しのことにも、先達はあらまほしきことなり。」(126・上13)と評した理由を考える。

・法師が、不案内な石清水参詣に「ただ一人」で出かけたために、末寺・末社だけを拝んで満足し、結果として、石清水八幡宮の本社を拝むことができなかったから。

●ポイント　「先達」がいて、事前に適切な情報を得ることができれば、法師はこのような失敗をしなかっただろう。また、「何事かありけん」と思ったときに、事情を知っているであろう周囲の人に尋ねてみれば、失敗は防ぐことができた。

テストに出る！

問　**「先達はあらまほしきことなり。」(126・上13)を現代語訳しなさい。**

答　指導者がいてほしいものである。

てびき―解答と解説

教科書の課題を解き、学習内容をしっかりと身につけよう。

教科書127ページ

◉筆者のものの見方や考え方、表現の仕方を捉えよう

❶「枕草子」の筆者は、「九月ばかり」の中で、どのようなものを「をかし」と感じているのだろうか。

解答 ①植え込みにかかった露＝庭先の植え込みにこぼれるほどに露がかかっていて、朝日を受けてきらきらと輝いている様子。

②蜘蛛の巣についた露＝透垣の羅文や軒の上に張られた蜘蛛の巣の破れ残っているところに丸い水滴が並んでついていて、まるで真珠を貫き通しているかのような様子。

③露のかかった萩の動き＝萩などに重く降りかかっていた露が落ちて、軽くなった枝がひとりでに跳ね上がる様子。

④自分と他人の感性の違い＝自分がここでおもしろいと言っていることなどは、ほかの人には少しもおもしろくないだろうと思うこと。

解説 ①②③の情景はいずれも映像が目に浮かぶようである。筆者が、心動かされた一瞬をうまく切り取って、言葉で表現していることが分かる。④は、そうした自然の細かな表情に興味を抱いている自分自身を客観的に捉えたものといえる。

❷「徒然草」の筆者は、「仁和寺にある法師」のどのような行動に対して「少しのことにも、先達はあらまほしきことなり。」(126・上13)と考えたのだろうか。

解答 法師が、極楽寺と高良社だけを石清水八幡宮と思い込み、肝心の本社を拝まずに帰ってしまったこと。

解説 この失敗の直接の原因は、法師が「ただ一人」で参詣したことによる。「先達」さえいれば、法師はこうした失敗をしなくて済んだだろうと筆者は考えている。

❸四つの章段から、よい表現だと思うところや、おもしろい目のつけどころだと思うところを探し、発表し合おう。

解説 「枕草子」第一段・第百二十五段では、季節感のある自然の情景が取り上げられている。季節の味わい方として共感できるところ、あるいは意外に思ったところなどを挙げてみよう。

「徒然草」の序段では、心の向くままに文章を書くときの気持ちが表現されている。思ったことを自由に書き並べるとき、自分だったらどんな感じがするだろうか。第五十二段は法師の失敗談と筆者のコメントから成る文章である。この法師の失敗談を自分ならどんなふうに解釈するだろうか。考えてみよう。

◉表現を工夫して随筆を書こう

❹「枕草子」や「徒然草」に倣って、見聞きしたことや体験したことをもとに、短い随筆を書いてみよう。

解説 「枕草子」のように、四季折々の自然の情景の中で、自分がいいと思う場面を描写してみよう。「徒然草」第五十二段のようなスタイルで、見聞きしたおもしろいエピソードに自分の感想を添えて書いてみるのもいいだろう。

5 ▼古典

平家物語

教科書128～141ページ

ガイダンス

学習目標を押さえ、「平家物語」のおおよそを理解しよう。

学習目標

●表現の特徴に注意して朗読し、古典の世界に親しむ。
●描かれた状況や心情を読み取り、武士の価値観や生き方について考える。

文章を読む前に

軍記物語の傑作「平家物語」から、冒頭の「祇園精舎」と、屋島の合戦の一場面に当たる「那須与一」「弓流」を取り上げている。また、源頼朝の挙兵から平家の滅亡までを現代語で簡単に紹介し、源平の戦いの大筋がつかめるようにしてある。主な登場人物の相関図や、合戦の場面を描いた絵巻物などの図版も参照し、情景を思い浮かべながら読んでいこう。

■「平家物語」とは

教科書128～136ページ

成立…鎌倉時代の十三世紀に成立した軍記物語。十二巻。
原作者…不詳。知識人と僧侶、芸能に秀でた者などが協力して作りあげたといわれる。
内容…武士の身で太政大臣にまでなった平清盛を中心に、平家一門の興亡のありさまを描いたもの。
特色…物語として読まれただけでなく、琵琶法師によって琵琶に合わせて語られ（「平曲」という）、広い階層の人々に親しまれた。

■主な登場人物■

平清盛　平家一門の栄華を築いた人物。後白河上皇の信任を得て、太政大臣にまで昇り詰める。娘を天皇の后にすることで権力を強めた。しかし平家が力をつけると次第に後白河法皇との対立が深まり、源氏や諸国の武士の反発も招くようになった。

後白河天皇（上皇・法皇）　保元・平治の乱の際に清盛と手を組むが、後に対立するようになる。平家の勢力が弱まると、源氏と手を結び権力を持ち続けた。

源頼朝　伊豆に追放されていたが、平家打倒のため挙兵した。平家を滅ぼした後、鎌倉幕府を開いた。

木曽義仲　源義仲。頼朝の従弟で木曽（長野県南部）で育ったため、木曽義仲とよばれた。平家軍を破って京都に攻め入ったが、後白河法皇や頼朝と対立して討たれることとなった。

源義経　頼朝の異母弟。奥州平泉の藤原氏のもとにいたが、頼朝の挙兵に駆けつけて活躍した。後に頼朝と対立し、奥州に逃れるが、藤原氏の裏切りにあい自害した。

事実をもとにした物語だから歴史の勉強にもなるね。

■源平の合戦■

一一八〇年八月	**石橋山の戦い**　頼朝が挙兵するが石橋山（神奈川県小田原市）で大敗する。
九月	木曽義仲が木曽（長野県）で挙兵する。
十月	**富士川の戦い**　源平両軍が富士川（静岡県富士市）を挟んでにらみ合うが、水鳥の飛び立つ音を敵の襲来と誤解した平家軍が敗走する。
一一八一年二月	平清盛が死去。
一一八三年五月	**倶利伽羅峠の戦い**　義仲軍の奇襲に驚いた平家軍は倶利伽羅峠（富山県と石川県の境）の谷に落ちていく。
七月	**平家都落ち**　義仲軍が京に迫り、平家は安徳天皇を伴って都を離れる。
一一八四年一月	**宇治川の戦い**　義仲を討てとの頼朝の命令を受け、義経が京へ攻め上るが、宇治川（京都府宇治市）の急流に足を止められる。義仲は退却中に命を落とす。
二月	**一ノ谷の戦い**　西国に逃れた平家は一ノ谷（兵庫県神戸市）に城を築くが、義経軍の奇襲に総崩れとなり敗走する。
一一八五年二月	**屋島の戦い**　平家は屋島（香川県高松市）に逃れていたが、義経に攻められて瀬戸内海を更に西へと敗走する。 →「那須与一」「弓流」
三月	**壇ノ浦の戦い**　壇ノ浦（山口県下関市）で源平の決戦が行われ、平家が滅亡する。

●敦盛の最期

一ノ谷の戦いで、源氏軍の熊谷次郎直実は、息子と同じ年頃の平家の若武者に情けをかけて逃がそうとするが、最後は涙ながらに首を斬る。若武者は十七歳の平敦盛。笛の名手であった。非情な戦場に生きる武士にも温情や苦悩があったことを伝えるエピソード。

●平家の最期とその後の物語

壇ノ浦の合戦で、平清盛の妻、二位の尼が幼い安徳天皇を抱いて入水し、平家は滅亡する。多くの武将や女性たちも後を追ったが、安徳天皇の母、建礼門院は源氏の武士に助けられた。都に戻って出家した建礼門院の後半生が「灌頂巻」にまとめられている。

古典コラム　文体を味わう　教科書141ページ

・古典には、語り物（物語に節を付けて語る芸能）として伝承された作品があり、琵琶法師によって語られた「平家物語」はその代表である。

・「平家物語」の文章には、リズムや躍動感を生む工夫が見られる。

①簡潔な叙述を連ねて、状況を描き出している。

例 折節北風……波も……舟は……扇も……

②対句的な表現を用いている。

例 沖には平家……陸には源氏……

③同類の言葉を列挙している。

例 南無八幡大菩薩……宇都宮、那須の湯泉大明神

④擬音語・擬態語を効果的に用いている。

例 よつ引いてひやうど放つ。

新出漢字・新出音訓

読みの太字は送り仮名を示す。（ ）は中学校では学習しなくてもよい読みを、—線は特別な言葉に限って使われる読みを示す。例は用例を示し、例中の太字は教科書本文中の語句であることを示す。新出音訓の▼は、常用漢字表の「付表」の語を示す。□には漢字を、（ ）には読みを書こう。

p.128 **鎮** チン （しずめる）（しずまる） 18画 金
①しずめる。例**鎮魂**。鎮火。鎮圧。鎮静剤。②おもし。例文鎮。

p.128 **魂** コン たましい 14画 鬼
①たましい。例**鎮魂**。霊魂。②人間の心。例精魂。魂胆。

p.129 **鐘** ショウ かね 20画 金
かね。つりがね。例**鐘**。警鐘。晩鐘。

p.129 **衰** スイ おとろえる 10画 衣
よわる。物事が下り坂になり、勢いがなくなる。例**盛者必衰**。**衰える**。盛衰。衰退。衰弱。

「哀」や「喪」と形が似ているので注意しましょう。

p.137 **那** ナ 7画 阝
「ナ」の音にあてた字。例**那須**。

p.137 **須** ス 12画 頁
①「ス」の音にあてた字。例**那須**。②～しなければならない。例必須。

p.137 **誉** ヨ ほまれ 13画 言
ほめたたえること。よい評判。例**不名誉**。栄誉。誉れ高い。

p.138 **漂** ヒョウ ただよう 14画 水
①ただよう。例**漂う**。漂流。漂着。②さらす。例漂白。

同じ部分を持つ「票」や「標」と使い分けよう。

p.138 **串** くし 7画 丨
竹や鉄などを細くして先をとがらせたもの。例**串**。串刺し。竹串。

p.139 **嘆** タン なげく なげかわしい 13画 口
①感動する。例**感嘆**。驚嘆。詠嘆。②うれい悲しむ。例嘆息。悲嘆。

p.140 **堪** （カン） たえる 12画 土
①がまんする。例**堪える**。堪忍。②すぐれている。例堪能。

■新出音訓（——線部の読みを書こう。）

① 戦が続く。 p.128 （　　）
② 祇園精舎。 p.129 （　　）
③ 紅の扇。 p.137 （　　）
④ 価値を損なう。 p.137 （　　）
⑤ 的を射損ねる。 p.137 （　　）
⑥ 命令に背く。 p.137 （　　）
⑦ 目を背ける。 p.137 （　　）
⑧ ▼二十歳の若者。 p.137 （　　）
⑨ 細面の女性。 p.138 （　　）

答 ①いくさ ②しょうじゃ ③くれない ④そこ ⑤そこ ⑥そむ ⑦そむ ⑧はたち ⑨ほそおもて

語句・文の意味

語義が複数の場合、①に教科書本文中の語義を示してある。類は類義語、対は対義語、文は語句を用いた短文例を示す。
●印は、教科書の脚注に示されている語句である。

▼128ページ

軍記物語 主に鎌倉時代・室町時代に書かれた、武士の争乱や興亡を描いた物語。

太政大臣 律令制での最高官。大臣の最高位で、一種の名誉職だった。

興亡 力を得て盛んになることと滅びること。類盛衰。

▼129ページ

諸行無常 万物(＝諸行)は常に変化し生滅して、永久不変のものはない(＝無常)ということ。仏教の根本思想。

理 ①物事の道理や筋道。②判断。③説明。理由。

夢のごとし 夢のようである。「ごとし」はたとえを表す助動詞。

たけき者もつひには滅びぬ 勇猛な者も最後には滅んでしまう。「滅びぬ」の「ぬ」は「～てしまう」という完了の意味を表す助動詞。

ひとへに ①全く。まるで。②ひたすら。

▼137ページ

女房 天皇・皇族や貴族に仕える女性。

皆紅の扇 真っ赤な地紙の扇。この場面に登場する扇には、金色で日の丸が描かれている。

海に乗り出して 馬に乗って海に入っていったのである。

▼138ページ

二月十八日 この年(一一八五年)の旧暦二月十八日は、新暦では三月二十一日頃に当たる。

折節 折しも。ちょうどそのとき。

舟は揺り上げ揺りすゑ 舟は上へ下へと揺れて。舟は、波に揺られて上がり、また波に揺られて元に戻るという動きを繰り返しているのである。

串 扇を取り付けてあるさお。

いづれもいづれも どちらもどちらも。平家方も源氏方も。

晴れならずといふことぞなき 晴れがましくないということはない。「ぞ」と「なき」は係り結びの関係にある。

我が国 我が故郷。当時の地方武士の意識では、「国」といえば自分の生まれた土地のことだった。

射させてたばせたまへ 射させてください。「たばせたまふ」は、「～なさってくださる」という意味で、その動作をする人(ここでは神々)への高い敬意を表す。

面を向かふべからず 顔を合わせるつもりはありません。「面」は「顔」の意。「べからず」は、意志の助動詞＋打ち消しの助動詞で、「～するつもりはない」という意味を表す。

本国へ迎へん 郷里に迎えてやろう。「神々が自分(与一)を郷里に帰れるようにしてやる」の意。

▼139ページ

射よげにぞなつたりける 「なつたりける」は「なりたりける」の促音便。「ぞ」と「ける」は係り結びの関係にある。

つがひ 「つがふ」は、「矢を弓の弦(弓に張った糸)に当てる」という意味。

よつ引いて 「よつ引く」は「よく引く」の促音便で、「弓を十分に引き絞る」という意味を表す。

ひやうど 「ひやう」は、矢の飛ぶ音を表した擬音語。「ど」は、「と」がにごったもの。

小兵といふぢやう 小兵（小柄）というのにふさわしく。与一の使う矢の長さが体格に合ったものであるということ。

浦響くほど 浦一帯に響くほど。「浦」は、「海岸」「入り江」の意。

要際 要のそば。「要」は、扇の骨をまとめて綴じるための釘。

ひいふつと 「ひいふつ」は、矢が風を切って飛んでいき、的に当たる音を表した擬音語。

虚空 何もない空間。空。

浮きぬ沈みぬ 浮いたり沈んだり。「〜ぬ〜ぬ」は、「〜たり〜たり」の意を表す。

舟端 舟の側面。舟べり。

どよめきけり はやしたてた。「どよめく」は、「大声で騒ぐ」という意味を表す。

▼140ページ

おもしろさ 感興の深さ。

感に堪へざるにや 感に堪えなかったのか。「感に堪へず」は「非常に感心する」の意。「にや」は、「にやあらむ」の略で、「〜であろうか」の意。

御定ぞ ご命令だ。義経の命令を伊勢三郎義盛が与一に伝えたのである。

つかまつれ 射よ。「つかまつる」は、「す（＝する）」「行ふ」の謙譲語。ここでは、主君の命令に従って「射よ」の意。

うちくはせ 弓につがえ。「うちくはす」は、「矢の末端部を弓の弦にしっかりはめこむ」という意味。

情けなし 情け知らずだ。合戦中ではあるが、与一の弓の腕前に感心して舞った男を殺すのはむごいと非難する気持ち。

読み解こう

まとまりごとの内容を捉えよう。［　　］の中には当てはまる言葉を書こう。

祇園精舎

129・4〜129・8

祇園精舎の鐘の声、諸行無常の響きあり。
祇園精舎の鐘の音には、諸行無常の響きがある。

娑羅双樹の花の色、盛者必衰の理をあらはす。
娑羅双樹の花の色は、勢いの盛んな者も必ず衰えるという道理を表している。

おごれる人も久しからず、ただ春の夜の夢のごとし。
権勢を誇っている人も長くは続かず、まるで（短くはかない）春の夜の夢のようである。

たけき者もつひには滅びぬ、ひとへに風の前の塵に同じ。
勇猛な者もついには滅んでしまう、（その様子は）全く風の前の塵と同じである。

■「平家物語」の根底にある仏教思想を捉える。

諸行無常…あらゆるものは常に移り変わっていく。
［　　］…勢いの盛んなものも必ず衰える。

＝

- 仏教の根本思想 →「平家物語」全体を貫くテーマでもある。
- 冒頭に出てくる「祇園精舎」「娑羅双樹」は、仏教の開祖である釈迦にゆかりの深い言葉である。

▼盛者必衰

■**文章のリズムを捉える。**

・第一文と第二文、第三文と第四文がそれぞれ①［　］になっており、②［　］調を基調とするリズムを生み出している。

・前半は漢語が多く使われ、きびきびとした印象であるのに対し、後半は和語が使われ、柔らかさ、なめらかさが感じられる。

▼①対句 ②七五

・**ポイント** この冒頭文は、中世文学の名文の一つといわれている。声に出して読んで言葉のリズムを確かめ、暗唱してみるのもよいだろう。

テストに出る！

問 **「盛者必衰」（129・5）と同じような意味を表している語句を本文中から二つ抜き出しなさい。**

答 おごれる人も久しからず・たけき者もつひには滅びぬ

テストに出る！

問 **「春の夜の夢のごとし。」（129・6）というたとえは、どのような様子を表しているのか。**

答 短くはかない様子。

◆「おごれる人」の栄華（えいが）が「久しからず（＝長くは続かない）」ということをたとえている。

「おごる平家は久しからず」という言葉もありますね。

那須与一① 扇を射よと命じられる

137・2～137・16

■**平家方と源氏方の位置関係とその場の状況を押さえる。**

・平家方は、①［　］にいる。

・源氏方は、陸地にいる。

・②［　］を迎え、双方とも戦いを止めて引き退こうとしている。

▼①海上 ②日暮れ

■**平家方から、どのような動きがあったか。**

・一そうの①［　］が岸に近づき、若い女房が姿を現す。

・日の丸を描いた皆紅の②［　］をさおの先に掲げ、手招きした。

▼①小舟 ②扇

■**平家方の動きに対して、源氏方はどのように反応したか。**

・「①［　］」という挑発と受け取った。

・義経（よしつね）は、②［　］の名手に扇を射させることにして、部下と相談のうえ、那須与一（なすのよいち）を指名した。

▼①扇を射てみよ ②弓

■**義経に指名された与一が一度は辞退したのはなぜか。**

・もしも射損ねたら、長く味方の［　］となるから。

▼不名誉

・**ポイント** 失敗すれば自分が責められるだけでは済まず、源氏が平家に負けたということになる。責任重大なため、初めは辞退した。

那須与一② 神に祈り扇を狙う

138・上1〜139・上1

頃は二月十八日の酉の刻ばかりのことなるに、折節北風激し
時は二月十八日の酉の刻頃のことであるが、折から北風が激しく

くて、磯打つ波も高かりけり。舟は揺り上げ揺りすゑ漂へば、
て、磯に打ちつける波も高かった。舟は上へ下へと揺れて漂うので、

扇も串に定まらずひらめいたり。沖には平家、舟を一面に並べ
扇もさお(の先)にあって静止せずひらめいている。沖では平家が、舟を(海上)一面に並べ

て見物す。陸には源氏、くつばみを並べてこれを見る。いづれ
て見物する。陸地では源氏が、馬のくつわを並べてこれを見守る。どちらも

もいづれも、晴れならずといふことぞなき。
どちらも、晴れがましくないということはないのだ。

与一、目をふさいで、「南無八幡大菩薩、我が国の神明、
与一は、目を閉じて、「南無八幡大菩薩よ、我が故郷の神々(である)、

日光の権現、宇都宮、那須の温泉大明神、願はくはあの扇の
日光の権現、宇都宮大明神、那須の温泉大明神よ、願わくはあの扇の真ん中を

真ん中射させてたばせたまへ。これを射損ずるものならば、
射させてくださいませ。これを射損じるものならば、

弓切り折り自害して、人に再び面を向かふべからず。いま一度
弓を切り折って自害して、人に二度と顔を合わせるつもりはありません。もう一度郷里

本国へ迎へんとおぼしめさば、この矢外させたまふな。」と、
に迎えてやろうとお思いになるのであれば、この矢を外させないでください。」と、

心の内に祈念して、目を見開いたれば、風も少し吹き弱り、
心の内に祈念して、目を見開いたところ、風も少し吹くのが弱まり、

扇も射よげにぞなつたりける。
扇も射やすそうになっていた。

■与一が扇を射ようとしたときの周囲の状況を押さえる。

・旧暦二月十八日の酉の刻(＝午後①[　]時)頃。
・北風が激しく吹き、波が②[　]。
・舟が揺れるので、的の扇も③[　]せずひらめいている。

▼①六 ②高い ③静止

・ポイント 薄暗い時間帯で天候も荒れており、扇を射るには最悪の状況であったと分かる。風が強いと、的の扇が揺れるだけでなく、放った矢も風に流されやすい。

■平家と源氏の様子を対比する対句表現を捉える。

「沖には平家、舟を一面に並べて見物す。」
「陸には源氏、[　]を並べてこれを見る。」

▼くつばみ

・ポイント 平家と源氏を対比する、同様の対句表現は、扇を射落とした後の場面にも見られる。

テストに出る！

問 **「晴れならずといふことぞなき。」(138・上6)とはどういう意味か。現代語で分かりやすく言い換えなさい。**

答 このうえなく晴れがましい。

■与一の、武士として生きる姿勢を理解する。

・与一は「あの扇の①[ ]を射させてください」と神々に祈るとともに、射損じた場合には、②[ ]する覚悟を決めている。

← 大勢が注目するこの場面で失敗することは、人に二度と③[ ]ことができないほど不名誉なことだから。

▼①真ん中　②自害　③顔を合わせる

■神々に祈念した与一が目を開けたときの状況を押さえる。

・風も少し吹くのが弱まり、扇も[ ]になっていた。

▼射やすそう

・ポイント　与一の願いが通じたかのような状況。前の段落の「折節北風激しくて……ひらめいたり。」(138・上2)との対比を押さえておきたい。

テストに出る！

問　「扇も射よげにぞなつたりける。」(139・上1)とあるが、具体的にはどのようになったのか。

答　風が弱まって舟の揺れが少し収まり、扇の動きも小さくなった。

テストに出る！

問　「折節北風激しくて、磯打つ波も高かりけり。」(138・上2)に、省略されている助詞を補いなさい。

答　折節北風が激しくて、磯を打つ波も高かりけり。

◆助詞が省略されたほうがリズムがよいことを確かめよう。

那須与一③　扇を射落とす

139・上2〜139・上13

与一、鏑を取つてつがひ、よつ引いてひやうど放つ。小兵といふぢやう、十二束三伏、弓は強し、浦響くほど長鳴りして、あやまたず扇の要際一寸ばかりおいて、ひいふつとぞ射切つたる。鏑は海へ入りければ、扇は空へぞ上がりける。しばしは虚空にひらめきけるが、春風に一もみ二もみもまれて、海へさつとぞ散つたりける。夕日の輝いたるに、皆紅の扇の日出だしたるが、白波の上に漂ひ、浮きぬ沈みぬ揺られければ、沖には平家、舟端をたたいて感じたり。陸には源氏、箙をたたいてどよめきけり。

与一は、鏑矢を取って(弓に)つがえ、引き絞ってひょうと放つ。小柄な武者にふさわしく、(矢の長さは)十二束三伏、(しかし)弓は頑強だ、浦一帯に響くほど長くうなりを上げて、誤りなく扇の要の際から一寸ほど離れたところを、ひいふっと射切った。鏑矢は海に落ちていくと、扇は空へと舞い上がった。しばらくは空中にひらめいていたが、春風に一もみ二もみもまれて、海へさっと散ったのだった。夕日の輝いている中に、真っ赤な地に金色の日の丸を描いた扇が、白波の上に漂って、浮いたり沈んだり揺られていたので、沖では平家が、舟端をたたいて感嘆した。陸では源氏が、箙をたたいてはやしたてた。

■擬音語を押さえ、その効果を考える。

・矢が飛ぶ音 …「①＿＿」

・矢が風を切って飛び、的に当たる音…「②＿＿」

▼①ひやう ②ひいふつ

●ポイント 音を表現し、状況を想像させることによって、その場にいるかのような臨場感を与える効果がある。

■状況を分かりやすくするために語り手が説明を加えている部分を押さえる。

・「小兵といふぢやう、十二束三伏、弓は強し」（139・上3）

→与一の放った矢について説明を加えた挿入句。与一が小柄ながら頑強な弓を使う武者であることが分かり、放たれた矢が勢いよく飛んでいく様子に説得力を持たせるものとなっている。

■情景を対比的に描き出している表現を捉える。

A「鏑は 海へ入りければ、①＿＿は 空へぞ上がりける。」

B「沖には平家、②＿＿をたたいて感じたり。陸には源氏、箙をたたいてどよめきけり。」

▼①扇 ②舟端

●ポイント Aでは、海へと一直線に落ちていく矢と、空へと弾き飛ばされた扇とが対比されている。Bは、海上の舟に乗る平家と、陸で馬に乗る源氏との対比で、「沖には平家、……これを見る。」（138・上4）と同様の構文である。

■鮮やかな色彩表現を捉える。

・矢が命中した扇は、海へと散っていった。赤い「①＿＿」が輝いている中、金色の「日（＝日の丸）」を描いた「皆紅の扇」が、「②＿＿」の上に漂って、浮いたり沈んだりしている。

▼①夕日 ②白波

●ポイント 赤・金・白の色彩が感じられる描写となっている。

■平家方が、敵である与一を褒めたたえた理由を考える。

・当時の戦いの基本は個人戦であったため、強い武士は、敵・味方にかかわらず、尊敬の対象となったからである。

テストに出る！

問 「小兵といふぢやう」（139・上3）の読みを現代仮名遣いで書きなさい。

答 こひょうという じょう

テストに出る！

問 ①「長鳴りして」（139・上4）、②「散つたりける」（139・上9）の主語を、それぞれ本文中の一語で答えなさい。

答 ①鏑（矢） ②扇

テストに出る！

問 矢が命中した後、扇はどうなったか。簡潔に説明しなさい。

答 空へ舞い上がり、しばらく空中にひらめいてから、海に落ちた。

弓流（ゆみながし）

140・上1～140・上11

あまりのおもしろさに、感に堪へざるにやとおぼしくて、舟の内より年五十ばかりなる男の、黒革縅の鎧着て白柄の長刀持つたるが、扇立てたりける所に立つて舞ひしめたり。伊勢三郎義盛、与一が後ろへ歩ませ寄つて、「御定ぞ、つかまつれ。」と言ひければ、今度は中差取つてうちくはせ、よつ引いてしや首の骨をひやうふつと射て、舟底へ逆さまに射倒す。平家の方には音もせず。源氏の方には、また箙をたたいてどよめきけり。「あ、射たり。」と言ふ人もあり、また、「情けなし。」と言ふ者もあり。

あまりのおもしろさに、感に堪えなかったのかと見えて、舟の中から五十歳ほどの男で、黒革縅の鎧を着て白柄の長刀を持った者が、扇を立ててあった所に立って舞を舞った。伊勢三郎義盛は、与一の後ろへ（馬を）歩ませ近寄って、「ご命令だ、射よ。」と言ったので、今度は中差を取って（弓に）つがえ、引き絞ってそいつの首の骨をひょうふっと射て、舟底へ逆さまに射倒す。平家の方では音もしない。源氏の方では、また箙をたたいてどよめいた。「ああ、射当てた。」と言う人もいれば、また、「情け知らずだ。」と言う者もいる。

■舟の上で舞った男の心情を捉える。

・与一が扇を射落としたことに感動し、与一の腕前を褒めたたえる気持ちを表現せずにはいられなくなったものと考えられる。

・ポイント 平家方の貴族的な感覚がうかがえる振る舞いである。

■与一が舟の上で舞う男を射倒した経緯を押さえる。

・伊勢三郎義盛が与一に、［　　］からの命令を伝え、与一はそれに従って、中差という戦闘用の尖り矢で射た。

▼義経

・ポイント 「つかまつれ」（140・上5）という言葉には本来、「やれ」という程度の意味しかないが、この状況下では「あの者を射殺せ」という命令なのである。

■男が射倒されたことに対して、「あ、射たり。」（140・上9）と言う人と、「情けなし。」（140・上10）と言う人とに評価が分かれたが、それぞれの考え方を捉える。

・「あ、射たり。」と言う人は、与一の扇落としも戦いの一環であり、合戦中なのだから敵を射るのは当然だと考えている。

・「情けなし。」と言う人は、男は与一を褒めたたえて舞っているのだから、合戦中であっても攻撃すべきでないと考えている。

テストに出る！

問 **「感に堪へざるにや」（140・上1）を現代語訳しなさい。**

答 感に堪えなかったのか

テストに出る！

問 **「平家の方には音もせず。」（140・上8）から、平家方のどのような心情がうかがえるか。**

答 思いがけない源氏方の対応に、恐れおののく気持ち。

てびき―解答と解説

教科書の課題を解き、学習内容をしっかりと身につけよう。

教科書141ページ

◉表現の特徴に注意して朗読しよう

❶表現の特徴に注意して、「那須与一」を繰り返し朗読してみよう。

解説 次のような表現上の特徴に注意しながら朗読しよう。

●助詞を付けない表現

・折節北風〈が〉激しくて、磯〈を〉打つ波も高かりけり。

●七五調や対句

・沖には平家、舟を一面に並べて　見物す。
　陸には源氏、くつばみを並べて　これを見る。
（七音・五音）対句

●擬音語

・鏑は海へ　入りければ、
　扇は空へぞ　上がりける。
（七音・五音）対句

・よつ引いてひやうど放つ。

・ひいふつとぞ射切つたる。

また、与一が神々に祈念するときの言葉は、与一の強い覚悟が伝わるように読み方を工夫してみよう。

◉武士の価値観や生き方について考えよう

❷扇を射ることを命じられた「与一」は、どのような状況に置かれ、どんな気持ちになっていただろうか。文章中の言葉を手がかりに話し合ってみよう。

解説 与一の置かれた状況については「頃は二月……」で始まる段落、気持ちについては「与一、目をふさいで……」で始まる段落から読み取れる。

日暮れを迎えて薄暗い中、激しい北風と高い波で舟が揺れて、扇の的は定まらない。いくら与一が弓の名手とはいえ、状況は厳しいものだった。更に敵からも味方からも注目されていた。

与一は自分の腕に源氏全体の名誉がかかっていると考え、射損じたら自害すると覚悟を決める。そして運を天に任せるような気持ちで、射的の成功を神々に祈念したのである。

❸武士の価値観や生き方とは、どのようなものだったのだろうか。「那須与一」「弓流」から読み取り、考えたことをまとめよう。

解説 与一は、義経の命令により、源氏全体の名誉を背負って、射損じたら自害する覚悟で扇の的に向かった。一度は辞退したものの、上からの命令は絶対であり背くことはできない。しかし引き受けたからには命を懸けて事に当たるのである。また、与一は義経の命令により、舟の上で舞う男を射て殺した。ここでも命令は絶対であり、与一はためらうことなく行動に移した。武士は、絶対的な主従関係の下、名誉を重んじ、非情な戦いの世界で自らの力を頼みに生きたのである。

5 ▼古典 漢詩

教科書142〜145ページ

ガイダンス

学習目標を押さえ、「漢詩」のおおよそを理解しよう。

○学習目標

● 表現の特徴に注意して朗読し、漢詩を味わう。
● 情景を描いた表現の効果について考える。

■漢詩とは —— 教科書142ページ

・中国で古くから詠まれてきた詩で、日本人も訓読して愛唱するなどして昔から親しんできた。
・李白や杜甫に代表される唐の時代の詩が、日本では高く評価されてきた。
・訓読された漢詩には、和歌や俳諧とは違ったリズムがあり、きびきびとした格調の高さがある。

古典コラム 漢詩の形式 教科書145ページ

漢詩の形式には、主に絶句と律詩がある。

絶句
・四句から成る詩 → 一句の字数が五字のもの＝**五言絶句**
一句の字数が七字のもの＝**七言絶句**
・普通、起承転結の構成をとり、四つの句を順に、起句・承句・転句・結句という。(歌い起こし、それを承けて発展させ、内容を一転させて、まとめて結ぶ。)

律詩
・八句から成る詩 → 一句の字数が五字のもの＝**五言律詩**
一句の字数が七字のもの＝**七言律詩**

新出漢字・新出音訓

読みの太字は送り仮名を示す。( )は中学校では学習しなくてもよい読みを、—線は特別な言葉に限って使われる読みを示す。例は用例を示し、例中の太字は教科書本文中の語句であることを示す。新出音訓の▼は、常用漢字表の「付表」の語を示す。□には漢字を、( )には読みを書こう。

p.142 **唐** トウ から 10画 口 □
①中国の王朝名。例**唐**。遣唐使。②中国、または外国。例唐辛子。唐紙。③だしぬけに。例唐突。

p.142 **諧** カイ 16画 言 □
①おどけ。例**俳諧**。②やわらぐ。例諧調。

p.142 **暁** (ギョウ) あかつき 12画 日 □
明け方。例**春暁**。**暁**の空。

■新出音訓 (——線部の読みを書こう。)

①黄砂が飛ぶ。 p.143 (　　)

答 ①こうさ

読み解こう

それぞれの漢詩の内容を捉えよう。

春暁

教科書142ページ

春暁　孟浩然

春眠暁を覚えず
処処啼鳥を聞く
夜来風雨の声
花落つること知る多少ぞ

春眠不レ覚エレ暁ヲ
処処聞ク二啼鳥ヲ一
夜来風雨ノ声
花落ツルコト知ル多少ゾ

現代語訳

春の夜明け

春のある朝、夜が明けたのにも気づかず眠っていた。
あちらこちらから鳥の鳴き声が聞こえてくる。
そういえば昨夜は雨風の音がしていた。
花はどれほど散ったことだろうか。

語句の意味

春暁　春の夜明け。「暁」は東の空が白くなって、夜がほのぼのと明け始める頃をいう。

春眠　春の夜の（心地よい）眠り。

覚えず　気がつかない。

処処　あちこち。いたるところ。日本語の「ところどころ」ではないので注意。

啼鳥　ここでは「鳥啼」と同じで、鳥の鳴き声。

知る多少ぞ　どれほどだろうか。「多少」はどれくらい、いかほど、という疑問を表す。「知る」とあるが、「分かる」という断定ではなく、よく分からないことについて自問している。

主題・解説

春の朝の、眠りから覚めきらないひとときの心地よさ。

日常のひとこまを平易な言葉で表現している。眠りから覚めつつある朝の気分は、半分まだ夢の中のような状態だが、そこにまず鳥の鳴き声が聞こえ、聴覚が刺激される。戸外の様子に意識が向き、鳥たちが飛び回る明るい朝の景色が思い浮かぶ。一方で、聴覚は昨夜聞こえていた雨風の音を連想する。すると、雨風によって多くの花が散っている映像が思い浮かぶのである。「どれほど散ったことだろうか」という疑問の形をとっているが、雨風の音から「きっと多くが散ったことだろう」と推定しているわけである。春の朝ののどかな気分にひたりながらも、春が過ぎていくことにさびしさも感じている。

作者

孟浩然（六八九年～七四〇年）　唐の詩人。自然の風景の美をうたった詩が多く、自然詩人として名高い。

テストに出る

問　**作者がこの日の朝の戸外の様子に思いをめぐらせるきっかけとなったものは何か。詩の中の言葉で答えなさい。**

答　啼鳥

黄鶴楼にて孟浩然の広陵に之くを送る

教科書143ページ

黄鶴楼にて孟浩然の広陵に之くを送る　李白

故人西のかた黄鶴楼を辞し
煙花三月揚州に下る
孤帆の遠影碧空に尽き
唯だ見る長江の天際に流るるを

故人西ノカタ辞シ二黄鶴楼ヲ一
煙花三月下ル二揚州ニ一
孤帆ノ遠影碧空ニ尽キ
唯ダ見ル長江ノ天際ニ流ルルヲ

現代語訳

黄鶴楼で孟浩然が広陵に行くのを見送る

古くからの友人(孟浩然)は西方の地にある黄鶴楼に別れを告げ、春霞が立ち、花の咲く美しい景色の広がる三月、揚州へと下っていく。
一そうの帆船の遠い影も青空のかなたに消え、
ただ長江の水が大空の果てまで流れていくのを見ているばかりだ。

語句の意味

黄鶴楼 長江のほとりにあった高楼。
広陵 揚州の別名。当時は、長江流域で栄えていた都市であった。
故人 古くからの友人。旧友。ここでは孟浩然を指す。
西のかた 孟浩然が赴く広陵に対して、黄鶴楼は西方の地にある。
煙花 春霞が立ち、花の咲く美しい風景。花がもやに霞む春景色。
揚州に下る 黄鶴楼から長江下流にある揚州へと船に乗って下る。
孤帆 一そうの帆船。孟浩然が乗った船を指す。
碧空に尽き 青空のかなたに消え。
天際 大空の果て。ここでは、大空と長江の交わるところ。

主題・解説

遠く広陵へと旅立っていった旧友を見送り、一人残されたさびしさ。

李白が友人の孟浩然との別れに際して詠んだ七言絶句で、「楼」「州」「流」で押韻している。前半二句(起句・承句)は、春霞の立つ美しい三月に大都市の広陵に向かうという華やかな情景を描いている。後半二句(転句・結句)は、孟浩然の乗った帆船を李白がじっと見送る情景を描き、前半の華やかさが後半のさびしさを引き立てている。

作者

李白(七〇一年～七六二年) 唐の詩人。自然と酒を愛し、明るく自由奔放な詩を詠んだ。絶句に優れ、「詩仙」ともよばれた。

テストに出る

問 **「唯だ見る」には、誰のどのような気持ちが表れているか。**

答 作者(李白)の、孟浩然との別れを惜しむ気持ち。
◆船が見えなくなってからも、目を離せずにいるのである。

春望

教科書144ページ

春望　杜甫

国破れて山河在り
城春にして草木深し
時に感じては花にも涙を濺ぎ
別れを恨んでは鳥にも心を驚かす
烽火三月に連なり
家書万金に抵たる
白頭掻けば更に短く
渾て簪に勝へざらんと欲す

国破レテ山河在リ
城春ニシテ草木深シ
感ジテハ時ニ花ニモ濺ギ涙ヲ
恨ンデハ別レヲ鳥ニモ驚カス心ヲ
烽火連ナリ三月ニ
家書抵タル万金ニ
白頭掻ケバ更ニ短ク
渾テ欲ス不ザラント勝ヘ簪ニ

現代語訳

春の眺め

長安の都は反乱軍に攻め破られてしまって、(それでも)山河は元のまま存在している。

町は春になって草や木が生いしげっている。

戦乱が続く時世のありさまに悲しみを感じては花を見ても涙を流し、一家散り散りになったことを恨めしく思っては鳥のさえずりを聞いても心を痛ませる。

戦いののろしは三か月間上がり続け、

家族からの手紙は大金に相当する(ほど貴重だ)。

白髪はかくたびに抜け落ちて少なくなって、

簪(冠を固定するピン)さえ全く挿せなくなろうとしている。

語句の意味

春望　春の眺め。「望」は「遠くを見わたす」意。本来なら春の美しい景色を眺めるのは楽しいことであるはずなのに、ここではつらい思いで眺めている。

国破れて　ここでは、「国」は「国都」の意。唐の都長安は、反乱軍に攻められ破壊されてしまった。

山河在り　山河は元のまま存在している。変わり果てた人の世(廃墟となった長安)と、変わらない自然(山河)を対比している。

城春にして　町は春になって。「城」は、城壁で囲むことによって敵の攻撃を防いでいる都市のこと。ここでは、長安の町の中。

時に感じては　政府軍と反乱軍との戦乱が続く時世のありさまに悲しみを感じては。この詩を詠む前年の七月、家族と別行動をとった杜甫は、反乱軍に捕らえられ、軟禁されていた。

花にも涙を濺ぎ　心が弾むはずの花を見てもかえって涙を流し。自然の景色が美しければ美しいほど、自分の置かれた境遇の悲惨さを痛感することになるのである。

別れを恨んでは　家族との別れを恨んでは。内戦のために一家が散り散りになってしまったことを恨めしく思う。「恨」は、心にいつまでもとどまり続ける、悲しみや不満などの悪感情を表す。

鳥にも心を驚かす　心が弾むはずの鳥の鳴き声を聞いてもかえって心を痛ませる。「花にも涙を濺ぎ」と同様の表現。

烽火　敵の来襲を知らせるのろし。ここでは戦乱を意味する。

家書万金に抵たる　家族からの手紙が大金に相当するほど貴重である。戦乱が続き、家族の消息を知ることすら困難な状況にある。

白頭搔けば更に短く　白髪になった頭をかきむしると、髪が抜けていっそう薄くなり。軟禁状態の不安やいらだちから頭をかきむしるのである。

渾て　全く。まるっきり。

簪　当時、成年男子は、必ず冠を頭に着けるのが習慣になっており、その冠を髪に固定するために冠の外から挿したピンが「簪」である。第八句では簪が挿せなくなってきていると述べているが、これは、年を取って衰えた我が身を嘆くというだけでなく、冠を着けて役人として活躍することはもうないだろうと絶望する気持ちも表している。

●主題・解説

人の世の移ろいの中で、家族と自分の運命を狂わされた嘆き。

七五五年に安禄山の乱が起こり、翌年には首都の長安が陥落した。家族を避難させた杜甫は、玄宗皇帝に代わって即位した粛宗のもとへ向かう途中で反乱軍に捕らえられ、長安に軟禁された。この詩は、杜甫四十六歳のとき、軟禁中の長安で作られた作品である。

詩の形式は五言律詩で、「深」「心」「金」「簪」で押韻している。

律詩は、二句ずつをまとめて「聯」とよび、順に首聯・頷聯・頸聯・尾聯という。律詩の場合、頷聯の二句（第三句と第四句）、頸聯の二句（第五句と第六句）を対句で構成するというきまりがあるが、この詩では、首聯（第一句と第二句）も対句になっている。

●ポイント　言葉も語順も対になっていることを確認しよう。

国破レテ山河在リ ⟷ 城春ニシテ草木深シ（首聯）
感ジテハレ時ニ花ニモ濺ギレ涙ヲ ⟷ 恨ンデハレ別レヲ鳥ニモ驚カスレ心ヲ（頷聯）
烽火連ナリ二三月一ニ ⟷ 家書抵タル二万金一ニ（頸聯）

首聯では、常に変わらない自然と対比して、変わり果てた人の世を嘆き悲しむ。頷聯では、心を弾ませるはずの花や鳥がかえって自分を悲しませると、時世のありさまを嘆く。頸聯では、戦乱の中で離れ離れになってしまった家族のことを心配する。尾聯では、年を取って衰えた自分の無力さを嘆いている。

●作者

杜甫（七一二年～七七〇年）　唐の詩人。政治と社会に深い関心を持ち、民衆の苦しみを詠んだ。律詩に優れ、「詩聖」ともよばれた。

テストに出る！

問　**「家書万金に抵たる」という表現から、作者のどのような状況や心情が読み取れるか。説明しなさい。**

答　戦乱が続いているため、家族からの手紙が届くこともめったになく、届いたときはとてもうれしいということ。

てびき―解答と解説

教科書の課題を解き、学習内容をしっかりと身につけよう。

教科書145ページ

◉ 表現の特徴に注意して漢詩を朗読しよう

1 漢詩を繰り返し朗読し、好きな一編を暗唱してみよう。

解説 朗読の際は、「孤帆」「烽火」「……と欲す」のような漢語的表現や対句表現、助詞を省いた簡潔な文体などに注意しよう。

2 解説文や脚注を参考にしながら、それぞれの漢詩に描かれている情景や作者の心情を捉えよう。

解答
◆「春暁」…春の朝、眠りから覚めきらない心地よい気分の中で雨上がりの庭に散っているだろう花の様子を想像している。
◆「黄鶴楼にて孟浩然の広陵に之くを送る」…春霞が立ち花が咲く美しい景色の中、黄鶴楼に別れを告げて旅立つ孟浩然の姿と、彼の乗った帆船が長江を下り、やがて大空の果てに消えた情景を描いている。作者は、古くからの友人の旅立ちを見送り、尽きることのない名残惜しさとさびしさを感じている。
◆「春望」…戦乱で破壊された長安と、昔と変わらぬ春を迎えた自然の情景が対比的に描かれている。作者は、時世のありさまを嘆き、家族との別れを恨めしく思っている。戦乱は長く続き、家族との手紙のやりとりもままならず、年を取って衰えた自分の無力さを思う作者の心は痛むばかりである。

解説 本書129～132ページに示されている、それぞれの詩の「現代語訳」や、「主題・解説」も参考にしよう。

3 それぞれの漢詩について、詩の構成や対句など特徴的な表現の仕方を比較して、気づいたことを挙げてみよう。

解答
◆「春暁」…一句の字数が五字で、四句から成る五言絶句。
◆「黄鶴楼にて孟浩然の広陵に之くを送る」…一句の字数が七字で、四句から成る七言絶句。起承転結の構成をとり、起句・承句で孟浩然の旅立ちの華やかさを詠み、転句で長江を下る帆船の情景に転じ、結句で残された作者の孤独をにじませている。
◆「春望」…一句の字数が五字で、八句から成る五言律詩。第一句と第二句、第三句と第四句、第五句と第六句が、それぞれ対句となっている。（→詳しくは本書132ページ参照）

◉ 情景を描いた表現の効果について考えよう

4 三編の漢詩の中から一つ選び、自然を表す表現がどのような効果をあげているのかを考え、話し合ってみよう。

解説
◆「春暁」…耳に聞こえてくる鳥の鳴き声から、昨夜の風雨の音、さらに庭の花へと連想がつながっていくことで、春の朝の情景が具体的にイメージされてくる。
◆「黄鶴楼にて孟浩然の広陵に之くを送る」…前半の華やかな春景色と、後半のさびしげな長江の風景とが対比的に描かれ、旅立つ旧友との別れをさびしく思う作者の気持ちが感じ取れる。
◆「春望」…永遠に変わらぬ自然が、移ろい変わりゆく人の世の営みと対比的に描かれ、戦乱を嘆く作者の思いを強める効果をあげている。

▼書く 通信・手紙

依頼状やお礼状を書こう

教科書146～148ページ

学習目標

● 読み手を意識して、的確な表現になるように文章を推敲（すいこう）する。

1 依頼状を書く

言葉の力　手紙を推敲する

● 手紙の形式を守っているか。
● 伝える情報に漏（も）れがないか。
● 言葉の使い方は適切か。失礼なところはないか。

● 教科書146ページの依頼状の文章を推敲し、適切な表現に直す。

教科書の例▼ 依頼状の例（推敲の途中）――教科書146ページ

・×働かされる　→○働かせていただく
…依頼（＝お願い）をして働く場を与えてもらっていることを意識する。

・×すごいうれしく　→○たいへんうれしく
…「すごく」と連用形にするのが正しい。また、改まった手紙なので「たいへん」や「とても」を使うほうがよい。

・×来週中に　→○十月二十五日の午後二時に
…日時は約束しているので正確に書く。電話で話したことでも、再確認のためにだいじなことは具体的に明記する。

・×忙（いそが）しい毎日を過ごしていますが　→○お忙しい毎日をお過ごしのことと思いますが
…相手の状況に配慮（はいりょ）する姿勢を示し、敬語を正しく使う。

・×草々　→○敬具
…頭語に「拝啓（はいけい）」を用いているので、結語には「敬具」を用いる。

・自分の署名の位置　→上の方に書かず、下に寄せて書く。

2 お礼状を書く

● 教科書147ページのメモをもとに、手紙の形式に従ってお礼状を書く。次のような点に注意しよう。

(1) **頭語、時候の挨拶、安否の挨拶**
→改まった手紙なので頭語は「①□」を使う。十一月に合った気候や自然の話題に触れ、先方の安否を尋ねる。

(2) **この手紙で伝えたい内容**
→お世話になったことへの②□を述べてから、メモに書き出した内容を書く。敬語を適切に使い、先生の動作は③□語を使って書く。出来事を報告するだけでなく、思ったことや感じたことを伝えるようにする。

(3) **結びの挨拶**　→相手の今後に配慮した挨拶を入れる。

(4) **結語**　→頭語と対応させて、「④□」を使う。

(5) **後付け**　→日付・署名・⑤□を、それぞれ適切な位置に書く。

▼①拝啓　②お礼　③尊敬　④敬具　⑤宛名

文法の窓 3

助動詞

教科書149、262〜265ページ

◉学習内容の要点を押さえ、教科書の問題の答えを確かめよう。（□の中には当てはまる言葉を書こう。）

・助動詞とは、①□語（それだけで一文節になれない単語）で、活用の②□単語を指す。

・助動詞は、主に用言や他の助動詞の後に付き、意味を添えたり、話し手・書き手のさまざまな気持ちを表したりする。

▼①付属　②ある

1 意味による分類

①れる・られる

意味		用例
受け身	他から何かをされる	・委員に指名される。 ・友達に助けられる。
可能	そのことをできる	・朝五時には起きられない。
自発	自然とそうなる	・昔が思い出された。 ・先行きが案じられる。
尊敬	動作の主を敬う	・先生が話される。 ・先生は会議に出られた。

ポイント 自発の場合は、上に「自然と」「何となく」のような語を補うことができる。

②せる・させる

使役（しえき）	他に何かをさせる	・重い荷物を持たせる。 ・電話をかけさせた。

③た

過去	かつてそうであった	・三年前には、あのビルはなかった。
完了（かんりょう）	物事が既に終わった	・出発の準備ができました。
存続	そういう状態である	・冷えた水はいかがですか。

ポイント 存続の「た」は、「……てある」「……ている」に置き換えても、ほぼ同じ意味になる。

④う・よう・だろう

意志	これからしようとする気持ち	・公園に行こうかな。 ・委員長に立候補しよう。
推量	不確実なことを推し量る（お）	・誰が予測できようか。 ・小雨が降るだろう。
勧誘	相手を誘う	・いっしょに帰ろう。 ・テニスをしようよ。

⑤まい

打ち消しの意志	これからはそうしないという気持ち	・もう二度と約束を破るまい。
打ち消しの推量	そうならないだろうと推し量る	・その計画は三日と続くまい。

⑥らしい

推定	ある根拠をもとに推し量る	・投票の結果は、今日にも発表になるらしい。

ポイント 「らしい」の識別

・形容詞の一部―上に「いかにも」を補える。
例 今日の陽気は《いかにも》春らしい。
・助動詞―上に「どうやら」を補える。
例 南半球は今頃《どうやら》春らしい。

⑦ようだ・ようです

推定	ある根拠をもとに推し量る	・サイレンが鳴った。試合が始まるようだ（ようです）。
たとえ	物事を別の何かにたとえる	・ぽっかり浮かぶ雲の形が羊のようだ（ようです）。

⑧そうだ・そうです

様態	物事の様子や状態を表す	・ひもが切れそうだ（そうです）。 ・心配そうに見つめている。

⑨そうだ・そうです

伝聞	人から伝え聞いたことを表す	・平野さんが行くそうだ（そうです）。

ポイント 様態と伝聞の「そうだ」の識別

・様態―動詞の連用形や形容詞・形容動詞の語幹に接続。
・伝聞―終止形に接続。「ということだ」に置き換えられる。

⑩たい・たがる

希望	したいことを表す	・たくさんの本を読みたい。 ・弟は、テレビばかり見たがる。

ポイント 「たい」は話し手（書き手）のしたいことを表し、「たがる」は話し手（書き手）以外の人のしたいことを表す。

⑪ない・ぬ(ん)

打ち消し	そうでないということを述べる	・三週間も電話がかかってこない。 ・知らぬが仏。 ・用事があって出かけられません。

ポイント 「ない」の識別

・形容詞―上に「は」などの助詞を入れられる。
例 楽しく《は》ない。
・助動詞―上に助詞を入れられない。
「ぬ（ん）」に置き換えることができる。
例 楽しま《×は》ない。→楽しまぬ。

⑫だ・です

断定	物事を確かなこととして述べる	・明日は創立記念日だ（です）。

⑬ます

丁寧	動詞を丁寧に言うときに用いる	・私がご案内します。

2 主な接続による分類

①未然形に付くもの…れる・られる・せる・させる・う・よう・まい・ない・ぬ（ん）
②連用形に付くもの…た・そうだ〔様態〕・たい・たがる・ます
③終止形に付くもの…だろう・まい・らしい・そうだ〔伝聞〕
④連体形に付くもの…ようだ・ようです
⑤体言に付くもの…だ・です

●教科書149ページの課題

解説 例に示された絵では、「高志はケーキを食べる」ということを高志以外の人物が話しているので、推定の助動詞「らしい」が当てはまる。「らしい」は動詞の終止形に接続する。

①〜⑤の絵に合う助動詞は、①ない〔打ち消し〕、②られる〔受け身〕、③たがる〔希望〕、④させる〔使役〕、⑤た〔完了〕である。

①②④は未然形に接続し、③⑤は連用形に接続する。「食べる」の未然形と連用形はどちらも「食べ」である。

○考えよう ――― 教科書149ページ

○ 助動詞活用表（教科書268ページ）に示されている他の助動詞から一つ選んで、上の文を書き換えるとどんな絵になるか、考えてみよう。

解説 例えば、次のような場面が考えられる。

・「食べるだろう〔推量〕」→不確実なことを推し量る意味→高志がケーキ屋に立ち寄るところを、誰かが目撃している。
・「食べるそうだ〔伝聞〕」→高志について人から話を聞いている。
・「食べそうだ〔様態〕」→高志がケーキを口に運び、食べる直前。

なお、「食べる」は下一段活用の動詞なので、「れる」「せる」「う」は使うことができない。

○問題 ――― 教科書265ページ

1 下の各文から、助動詞を探そう。また、それがどのような意味を表しているかを考えよう。

解答
1 た＝存続　たい＝希望
2 なけれ＝打ち消し　う＝意志
3 まい＝打ち消しの意志　せる＝使役
4 なら＝断定　だ＝断定
5 られ＝可能　ませ＝丁寧　ん＝打ち消し
6 た＝過去（完了）　らしい＝推定
7 そうだ＝様態
8 ようだ＝たとえ

解説 4の「なら」は、助動詞「だ」の仮定形。

2 下の傍線部の「れ」について、違いを説明しよう。

解答
1 受け身を表す「れる」の連用形
2 尊敬を表す「れる」の連用形
3 可能を表す「られる」の連用形「られ」の一部

解説 3の単語の切れ目は「答え／られ／ませ／ん」である。

3 下の各組の傍線部には、どのような違いがあるだろうか。

解答
1 前者は形容詞、後者は打ち消しの助動詞。
2 前者は形容詞の一部、後者は推定の助動詞。
3 前者は伝聞の助動詞、後者は様態の助動詞。

解説 伝聞の「そうだ」は、「…ということだ」「…とのことだ」に置き換えることができる。

漢字道場5

他教科で学ぶ漢字⑵

教科書150ページ

新出漢字・新出音訓

読みの太字は送り仮名を示す。（　）は中学校では学習しなくてもよい読みを、―線は特別な言葉に限って使われる読みを示す。例は用例を示し、例中の太字は教科書本文中の語句であることを示す。新出音訓の▼は、常用漢字表の「付表」の語を示す。□には漢字を、（　）には読みを書こう。

p.150 **伎** キ　6画　人
うでまえ。わざ。例**歌舞伎**（かぶき）。

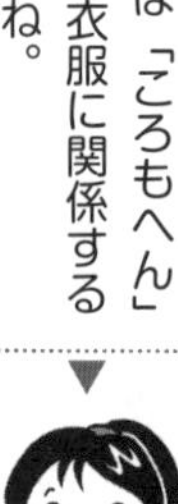

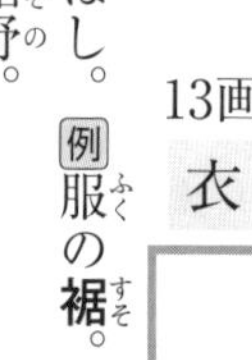

p.150 **膜** マク　14画　肉
体内の筋肉や臓器を包んだりへだてたりする薄い皮。例**細胞膜**（さいぼうまく）。網膜（もうまく）。鼓膜（こまく）。粘膜（ねんまく）。

p.150 **還** カン　16画　辶
もとへもどる。例**還元**（かんげん）。帰還（きかん）。

p.150 **硫** リュウ　12画　石
鉱物の一つ。いおう。例**硫酸**（りゅうさん）。硫化水素（りゅうかすいそ）。

p.150 **剖** ボウ　10画　刀
刀で切り分ける。例**解剖**（かいぼう）。

p.150 **蜂** ホウ　はち　13画　虫
①昆虫（こんちゅう）のハチ。例**蜂蜜**（はちみつ）。女王蜂（じょおうばち）。養蜂（ようほう）。②むらがる。例民衆が蜂起（ほうき）する。

p.150 **蜜** ミツ　14画　虫
①蜂が花から集めた甘い液体。砂糖をにて溶かした液。例**蜂蜜**（はちみつ）。②みつのように甘い。例蜜月（みつげつ）。

p.150 **裾** すそ　13画　衣
①着物や服などの下部のはし。例服の**裾**（ふくのすそ）。②山のふもと。例山裾（やますそ）。裾野（すその）。

■教科書の問題の答え

1 せんじょうち
2 ばくはつ
3 そくせい
4 かまくら
5 かぶき
6 うきよえ
7 まく
8 かんげん
9 りゅうさん
10 かいぼう
11 かんぞう
12 じゅうもう
13 かちく
14 じょうぶ
15 てきが
16 はちみつ
17 きせい
18 すそ
19 ひなん

6 ▼読む 文学二

走れメロス

作者・太宰（だざい） 治（おさむ）

教科書152〜170ページ

ガイダンス

学習目標を押さえ、「走れメロス」のおおよそを理解しよう。

○学習目標

●人物像を捉え、人物の言動について考えながら、作品を読み深める。

●場面の展開や表現の効果について考える。

○言葉の力　人物像に着目する

●登場人物の言葉や行動・態度などがどのように描かれているかに着目すると、その人物の人柄や考え方などの特徴、つまり人物像を捉えることができる。

●人物の描かれ方にどのような意味があるのかを考えると、作品を深く読み味わうことができる。

●文章を読む前に

自分を信じて人質になってくれた親友の信頼に応えようとして走った主人公メロスと、それを見て信実に目覚める王の姿を描いた小説である。明快なストーリーが、簡潔でスピード感のある文章によって語られ、緊迫した場面がつくり出されて、劇的効果の高い作品となっている。この作品は、メロスと王の考え方の対比や、友情のためにさまざまな困難とたたかい、それを克服するメロスの姿をつかむことで、読み深めることができる。メロスの言葉・心情・行動、王の考え方・心情を読み取りながら、この小説のおもしろさを味わおう。

●あらすじ

羊飼いのメロスは、妹の結婚式の準備のために訪れたシラクスの町で、むやみに人を殺す暴虐の王の話を耳にする。激怒したメロスは、「生かしておけぬ」と王城に入っていったが、たちまち捕らえられる。処刑されそうになったメロスは妹の挙式のために三日間の猶予（ゆうよ）を願い出る。人を信じようとしない王に対し、「人の信実」を証明するため、親友セリヌンティウスを身代わりに置き、必ず三日で帰ってくると誓う。

メロスは急いで村に帰り、妹の結婚式を挙げさせた後、再び城を目指す。度重（たびかさ）なる災難を乗り越えてひたすら走り続けたメロスだが、疲れ果ててとうとう動けなくなり、投げやりになって眠ってしまう。しかし、泉の水の力で立ち直り、自分を支えてくれる大きな力を感じつつ再び走りだす。

日没寸前に刑場へたどりついたメロスは、親友と対面し、二人とも互いにほんの一瞬でも相手を疑ったことを打ち明け、変わらぬ友情を確かめる。王は二人の姿に心を打たれて、初めて信実の尊さに気づき、二人の仲間に入れてほしいと頼む。

●文章の構成

物語は、メロスが登場してからの四日間を描いている。出来事によって六つの場面に分けることができる。

・第一場面（初め～153・16）……メロスの決意。
・第二場面（153・17～156・12）…王に尋問されるメロス。
・第三場面（156・13～158・12）…妹の結婚式と故郷との別れ。
・第四場面（158・13～163・2）…走るメロスを襲う苦難と疲労。
・第五場面（163・3～165・19）…希望を取り戻し、走り続けるメロス。
・第六場面（165・20～終わり）…友との再会と王の改心。

場所に着目すると、(1)シラクスの町中での場面、(2)王城での場面、(3)メロスの帰郷の場面、(4)再び王城に向かう場面、(5)刑場での場面に大きく分けられる。王城に向かう場面をメロスの心情の変化によって更に二つに分けると、右のような六つの場面となる。

●登場人物

メロス…村の牧人（羊飼い）。妹と二人で暮らしている。人一倍正義感が強く、シラクスの町を治める王の残忍さに激怒する。

王ディオニス…シラクスの町の王。他人を信じることができず、周囲の人間が悪心を抱いていると思い込み、身内や家臣に疑いをかけては次々に殺している。

セリヌンティウス…メロスの竹馬の友で無二の親友。シラクスの町で石工をしている。

●表現の特色

(1)　短い文が多く、リズムのよい文章を作っている。特にメロスが王城へ帰っていく場面では、スピード感や緊迫感を高めている。

(2)　登場人物の心の中の言葉が、地の文で表現されている。人物の心情が直接伝わり、読者が感情移入しやすい。
・「私は、これほど努力したのだ。……どうとも、勝手にするがよい。やんぬるかな。」（161・6～163・1）

(3)　漢語が多用され、重厚感がある。
・「邪知暴虐」（152・1）、「巡邏の警吏に捕縛された。」（153・18）

(4)　情景描写に主人公の心情が暗示されている。
・「斜陽は赤い光を、……燃えるばかりに輝いている。」（163・13）

●主　題

信実を貫き通すことの難しさと、守りぬいた信実の持つ強さ。

メロスは、邪知暴虐の王を排除しようと王城に乗り込んだものの逆に捕らえられ、処刑される身となる。死を恐れてはいないメロスだったが、妹のために三日間の猶予を願い出て、必ず帰ってくると誓って友を人質に差し出した。こうしてメロスが王にたたかいを挑む形で物語は始まるが、話が進むにつれてメロスのたたかいは変化していく。故郷の村や家族への未練や、川の氾濫、山賊との格闘、そして疲労からくる絶望感。自分の不運を嘆き、投げやりな気持ちになるメロスの心理は、困難に直面した誰もが陥る弱さの表れである。しかし、精も根も尽きたメロスが、さまざまな迷いや弱さを乗り越えて再び立ち上がり、勇気と自信を取り戻していく姿は、単に信実の尊さだけでなく、その信実を貫くことの偉大さを教えてくれる。メロスの、己の弱さに打ち勝った強さこそが、王の心を動かしたのである。

新出漢字・新出音訓

読みの太字は送り仮名を示す。（ ）は中学校では学習しなくてもよい読みを、—線は特別な言葉に限って使われる読みを示す。例は用例を示し、例中の太字は教科書本文中の語句であることを示す。新出音訓の▼は、常用漢字表の「付表」の語を示す。□には漢字を、（ ）には読みを書こう。

虐 p.152　ギャク （しいたげる）　9画　虍
むごいめにあわせる。例 **邪知暴虐**。虐待。残虐。

敏 p.152　ビン　10画　攵
頭のはたらきや、動作・感覚がすばやい。例 **敏感**。過敏。敏速。

婿 p.152　（セイ） むこ　12画　女
結婚相手の男性。例 **花婿**。**妹婿**。婿養子。

婚 p.152　コン　11画　女
結婚する。例 **結婚式**。求婚者。

嫁 p.152　（カ） よめ とつぐ　13画　女
①よめにいく。例 **花嫁**。嫁ぐ。②責任や罪を人になすりつける。例 責任転嫁。

宴 p.152　エン　10画　宀
うたげ。さかもり。例 **祝宴**。**宴席**。**酒宴**。

怪 p.152　カイ あやしい あやしむ　8画　心
①不思議だ。疑わしい。例 **怪しい**。怪文書。②ばけもの。例 怪獣。妖怪。③なみはずれた。例 怪力。怪傑。

寂 p.152　ジャク （セキ） さび さびしい さびれる　11画　宀
静かでさびしい。例 **寂しい**。静寂。

吏 p.153　リ　6画　口
公務に従事する人。役人。例 **警吏**。**刑吏**。

眉 p.154　（ビ） ミ まゆ　9画　目
まゆ。まゆげ。例 **眉間**。眉毛。白眉。愁眉。

孤 p.154　コ　9画　子
ひとりきり。例 **孤独**。孤島。孤立。孤児。

塊 p.154　カイ かたまり　13画　土
かたまり。例 **塊**。金塊。

乞 p.155　こう　3画　乙
こい求める。願う。例 **命乞い**。雨乞い。

刑 p.155　ケイ　6画　刀
しおき。法により罪を罰する。例 **処刑**。**磔刑**。**死刑**。**刑場**。**刑吏**。刑事。刑罰。

召 p.156　ショウ めす　5画　口
目上の者が目下の者を呼び寄せる。例 **召す**。召集。

睡 p.156　スイ　13画　目
ねむる。例 **一睡**。睡眠。熟睡。

到 p.156　トウ　8画　刀
行き着く。とどく。例 **到着**。殺到。到来。到達。到底。

壇 p.157　ダン （タン）　16画　土
①一段高くして設けた場所。例 **祭壇**。花壇。②芸術家などの専門家仲間。例 文壇。

諾 p.157　ダク　15画　言
承知する。引き受ける。例 **承諾**。受諾。

誓 p.157　セイ ちかう　14画　言
かたく約束する。例 **宣誓**。誓約。

p.157
覆 フク おおう（くつがえす）（くつがえる） 18画 西
①かぶせる。例**覆う**。覆面。②ひっくり返る。例転覆。

p.157
吉 キチ キツ 6画 口
めでたい。例**不吉**。吉凶。大吉。

p.157
豪 ゴウ 14画 豕
①強く勢いがあること。例**豪雨**。豪華。②力や才知などがすぐれていること。また、そのような人。例文豪。豪傑。

p.157
宵 （ショウ） よい 10画 宀
①夜。晩。例**今宵**。②日が暮れて間もないころ。例春宵。

p.157
酔 スイ よう 11画 酉
①心をうばわれる。例**酔う**。心酔。陶酔。②酒を飲んで平常と異なる状態になる。例泥酔。酔眼。③感覚を失う。例麻酔。

p.158
潜 セン ひそむ もぐる 15画 水
①ひそむ。かくれる。例**潜り込む**。潜入。②水にもぐる。例潜水。

---

p.159
拳 ケン こぶし 10画 手
①こぶし。例**拳で払う**。握り拳。拳骨。拳銃。②武技の一種。例太極拳。拳法。

p.159
氾 ハン 5画 水
①水があふれて広がる。例**氾濫**。②全体的に広がる。ひろい。例氾愛。

p.159
濫 ラン 18画 水
①水があふれる。例**氾濫**。②みだりに。むやみに。例濫用。濫発。

p.159
濁 ダク にごる にごす 16画 水
にごる。にごす。水がよごれてきたなくなる。例**濁流**。濁音。濁り水。

p.159
桁 けた 10画 木
①上のものの支えにする横木。例**橋桁**。②数の位。例一桁。

p.159
狂 キョウ くるう くるおしい 7画 犬
①くるう。常軌をはずれる。例**荒れ狂う**。狂暴。狂人。②ふざける。例狂言。

---

p.160
渦 （カ） うず 12画 水
うず。例**渦巻く**。渦中。

p.160
迅 ジン 6画 辶
はやい。はげしい。例**獅子奮迅**。迅速。

p.160
胴 ドウ 10画 肉
身体の中間部で、手足・頭を除いた部分。例**胴震い**。胴体。

p.160
峠 とうげ 9画 山
①山の上り下りの境目。例**峠**。②物事の絶頂。

p.160
賊 ゾク 13画 貝
①ぬすびと。例**山賊**。盗賊。②反逆者。例国賊。賊軍。

p.160
斉 セイ 8画 斉
一様にそろう。例**一斉**。斉唱。

p.160
殴 （オウ） なぐる 8画 殳
うつ。なぐる。例**殴り倒す**。横殴りの雨。殴打。

p.160 **仰** ギョウ・コウ あおぐ（おおせ） 6画 人
①上を向く。例**仰ぐ**。**仰天**。仰視。仰角。②あがめる。敬う。例信仰。仰向け。

p.161 **萎** イ なえる 11画 艹
①力や元気がなくなる。例**萎える**。萎縮。②草木がぐったりする。

p.161 **芋** いも 6画 艹
植物の根や地下茎が発達してでんぷんなどの養分をたくわえたもの。例**芋虫**。芋掘り。

p.162 **卑** ヒ （いやしい）（いやしむ）（いやしめる） 9画 十
①心がいやしい。例**卑劣**。卑屈。②地位や身分が低い。例卑賤。③おとしめ軽んじる。例卑下。④へりくだる。例男尊女卑。

p.162 **免** メン （まぬかれる） 8画 儿
①ゆるす。例**放免**。赦免。②のがれる。例免税。③やめさせる。例罷免。

p.162 **醜** シュウ みにくい 17画 酉
姿・形や心がみにくい。見苦しい。例**醜い**。美醜。醜悪。

p.163 **澄** （チョウ） すむ すます 15画 水
清らかにする。くもりがない。音がさえる。例**耳を澄ます**。澄みきった空。

p.163 **裂** レツ さく さける 12画 衣
さく。さける。例**裂け目**。分裂。破裂。

p.163 **遂** スイ とげる 12画 辶
とげる。なしとげる。例**遂行**。完遂。

p.164 **裸** ラ はだか 13画 衣
①何も身に着けていない。はだか。例**全裸**。**裸体**。**真っ裸**。②むきだしの。例裸眼。

p.164 **楼** ロウ 13画 木
①高い建物。例**塔楼**。摩天楼。②大きな建物。例楼閣。③物見やぐら。例望楼。

p.165 **疾** シツ 10画 疒
①はやい。はげしい。例**疾風**。疾走。②急な病気。例疾病。

p.167 **擁** ヨウ 16画 手
①だく。例**抱擁**。②助ける。例擁立。

p.168 **虚** キョ（コ） 11画 虍
①中身がない。むなしい。例**空虚**。虚偽。虚実。②弱い。例虚弱。

p.168 **妄** モウ（ボウ） 6画 女
①無分別。節度がない。例**妄想**。妄信。②でたらめ。例妄言。妄語。

○広がる言葉

p.170 **憤** フン （いきどおる） 15画 心
①いかりもだえる。例**憤慨**。憤激。②ふるいたつ。例発憤。義憤。

p.170 **悦** エツ 10画 心
よろこぶ。例**悦に入る**。悦楽。愉悦。

■**新出音訓**（——線部の読みを書こう。）

①花嫁の衣装。p.152（　　）
②人質を差し出す。p.153（　　）
③民の忠誠。p.154（　　）
④旅の支度をする。p.157（　　）
⑤蒸し暑い。p.157（　　）

⑥汗で蒸れる。 p.157 （　　）
⑦ご飯を蒸らす。 p.157 （　　）
⑧夢見▼心地。 p.158 （　　）
⑨渡し守。 p.159 （　　）
⑩愛と誠。 p.159 （　　）
⑪真紅の心臓。 p.161 （　　）
⑫最後の一片。 p.165 （　　）

答　①いしょう　②ひとじち　③たみ　④したく　⑤む　⑥む　⑦む　⑧ごこち　⑨もり　⑩まこと　⑪しんく　⑫いっぺん

語句・文の意味

語義が複数の場合、①に教科書本文中の語義を示してある。類は類義語、対は対義語、文は語句を用いた短文例を示す。
●印は、教科書の脚注に示されている語句である。

▼152ページ

かの　あの。例の。
除く（のぞく）　ここでは、殺す。なきものにする。
牧人（ぼくじん）　牧場で羊などを飼う人。
邪悪（じゃあく）　心がねじけていて正しくないこと。
●**敏感**（びんかん）　物事を鋭く感じ取ること。対鈍感。
●**未明**（みめい）　夜がまだ明けきらない頃。
●**律儀**（りちぎ）　義理堅い。真面目なこと。
●**竹馬の友**（ちくばのとも）　共に竹馬（たけうま）に乗って遊んだ頃の友の意から、幼い頃からの親しい友。類幼友達。幼なじみ。
石工（いしく）　石を切り出す、または石を細工する職人。石大工。

▼153ページ

語勢を強くする（ごせいをつよくする）　言葉の調子を強める。
●**はばかる**　恐れつつしむ。遠慮（えんりょ）する。「辺りをはばかる」は、周りの人に気づかれるのを恐れて避ける、という意味。類遠慮する。気兼ねする。
世継ぎ（よつぎ）　家のあとを継ぐ人。あとつぎ。
賢臣（けんしん）　かしこくて正しい家来。対愚臣。
乱心（らんしん）　心が乱れて正常な判断ができない状態。「乱」は、正常でないこと。
少しく（すこしく）　すこし。わずかに。
警吏（けいり）　警戒の役人。警察官。
捕縛（ほばく）　（犯人などを）捕らえて縛ること。
懐中（かいちゅう）　ふところ。
威厳（いげん）　いかめしくおごそかな態度や様子。類いかめしさ。おごそかさ。

▼154ページ

蒼白（そうはく）　顔色が青ざめていること。
眉間（みけん）　顔のまゆとまゆの間の部分。
悪びれず（わるびれず）　恥ずかしがったり、卑屈になったりしないで。
●**いきり立つ**（いきりたつ）　怒って興奮する。文彼は、自分の悪口を耳にしていきり立った。
●**反駁**（はんばく）　他人の意見に反対して、論じ返すこと。類反論。
悪徳（あくとく）　道徳にはずれた行いや精神。
民の忠誠（たみのちゅうせい）　人民の君主に対する忠義の心。
●**正当**（せいとう）　正しくて道理に合っていること。対不当。
私欲の塊（しよくのかたまり）　自分の利益だけを考える心しか持たないこと。

▼155ページ

●**嘲笑**（ちょうしょう）　相手を見下して笑うこと。
●**はらわた**　ここでは、心の奥底という意味。
●**見え透く**（みえすく）　人の言葉や行いの裏にあるものが、透けて見えるようによく分かる。文彼は、見え透いたうそを言ってごまかそうとした。
命乞い（いのちごい）　殺されそうになったときに、殺さないで生かしておくように頼むこと。
しわがれた声（しわがれたこえ）　かすれた声。

●**無二**（むに） 二つとない。並ぶものがない。

●**残虐**（ざんぎゃく） むごたらしいこと。類残酷（ざんこく）。残忍。

●**ほくそ笑む**（え） うまくいったと、ひとりでこっそり喜んで笑う。

▼156ページ

●**じだんだ踏む**（ふ） 怒ったとき、悔しいときに、足を踏みならす。文試合に一点差で敗れ、じだんだ踏んで悔しがった。

召される（め） 呼び出される。

ひしと きつく。しっかりと。

縄打つ（なわう） なわで縛る。捕らえる。

疲労困憊（ひろうこんぱい） ひどく疲れて弱ること。

▼157ページ

祭壇（さいだん） 神様をまつるために設けられた壇。

眠りに落ちる（ねむ・お） 眠ってしまう。

押して頼む（お・たの） 無理に頼む。

●**頑強**（がんきょう） ①意志が強くがんこで手ごわいさま。類強硬（きょうこう）。いちず。頑固。②体が丈夫なさま。

承諾（しょうだく） 承知して引き受けること。文依頼を快く承諾した。

●**すかす** 相手の心にうまく取り入り、機嫌をとる。文泣きじゃくる子供をなだめすかして泣きやませた。

宣誓（せんせい） ここでは、結婚の誓いのこと。

満面に喜色をたたえる（まんめん・きしょく） 顔いっぱいに喜びの表情を浮かべる。

ままならぬ 思うようにならない。類しかたない。しようがない。

我が身にむち打つ（わ・み・う） 無理矢理自分の心を奮い立たせ、励ます。

未練（みれん） 執着が残って、あきらめきれないこと。思い切りの悪いこと。

呆然（ぼうぜん） 気が抜けてぼんやりしている様子。

歓喜に酔う（かんき・よ） 喜びのあまり興奮し、うっとりする。

▼158ページ

ごめんこうむる 相手の許しを得る。

夢見心地（ゆめみごこち） 夢を見ているようなうっとりとした心持ち。

もみ手（で） 両手を前ですり合わせるしぐさ。

会釈（えしゃく） 軽く頭を下げて、礼をすること。

薄明（はくめい） 日の出前、または日の入り前の薄明かり。ここでは明け方のこと。

刻限（こくげん） 決められた時刻。

●**ぜひとも** きっと。「ぜひ」を強めた言い方。文今度の合唱大会に、ぜひとも参加してください。

●**信実**（しんじつ） 正直で偽りのないこと。まごころ。本当のことを表す「真実」とは異なる。

いくぶん いくらか。類少し。ちょっと。

●**……のごとく** ……のように。「矢のごとく」は、矢が飛ぶように非常に速いこと。文彼は風のごとく走り去った。

▼159ページ

降って湧いた（ふ・わ） 全く予期しないこと、思いがけないことが起こったたとえ。

氾濫（はんらん） 水がいっぱいにあふれること。

猛勢一挙に（もうせいいっきょ） 激しい勢いがいっぺんに。

こっぱみじん 一度に細かくくだけ散った状態。こなみじん。

●**哀願**（あいがん） 同情心にうったえて願うこと。類哀訴（あいそ）。嘆願。

●**せせら笑う**（わら） ばかにして冷ややかに笑う。

刻一刻（こくいっこく） 次第に。だんだん。文出発の時が刻一刻と迫っている。

のた打つ（う） 苦しみもがいて、ころがる。

▼160ページ

満身の力（まんしん・ちから） 全身の力。ありったけの力。

なんのこれしき この程度のことはなんでもない。

どっこい 思いどおりにさせないように、相手をさえぎるときのかけ声。

猛然一撃（もうぜんいちげき） 激しい勢いでひとうちにすること。

●**ひるむ** 気力がくじけて弱くなる。類くじける。臆する。たじろぐ。

折から ちょうどそのとき。

灼熱 焼けつくように熱いこと。

▼161ページ

●**希代** 世にもまれなこと。「きだい」とも読む。

●**思うつぼ** 見込みどおりになること。文挑発にのって怒ってしまえば、相手の思うつぼだ。

まさしく まぎれもなく。類確かに。まさに。

萎える しおれる。ぐったりする。

前進かなわぬ 前進できない。

●**精神** 人間のこころ。何かをやり遂げようとするときの気力。対肉体。

ふて腐れる 不平や不満の気持ちから投げやりになって、人の命令や勧めなどを真面目に聞かなかったり、やるべきこともしなかったりする。

●**巣くう** 好ましくないものが宿る。文彼女を妬む気持ちが、私の心に巣くっていた。

●**みじんも** 下に打ち消しの語を伴って、「ほんの少しも(〜ない)」の意。「みじん(微塵)」は細かいちりのこと。類つゆほども。

●**疑惑** 疑い。「疑惑の雲」は、相手を疑う心を、日光をさえぎる雲にたとえた表現。類不信。疑念。

胸に宿す 心の中に持つ。心に抱く。

●**無心** 何の考えもないこと。無邪気なこと。

▼162ページ

望みたもうな 望んでくださるな。

耳打ち 耳元でささやくこと。

卑劣 性質や行いなどが、いやしくて下品なこと。

●**独り合点** 自分だけの考えで分かったつもりになること。

放免 捕らえた者を許してやること。

独りよがり 自分だけの判断でよいと決め込むこと。

▼163ページ

まどろむ うとうと眠る。少しの間眠る。

こんこんと 水などが盛んに湧き出る様子。

●**遂行** なし遂げること。やり遂げること。

斜陽 西の空に傾いた太陽。

▼164ページ

先刻 さきほど。少し前。

仰天 非常にびっくりすること。

●**小耳に挟む** ちらっと聞く。聞くともなしに耳にする。文友達が私のうわさをしているのを小耳に挟む。

▼165ページ

胸の張り裂ける思い 悲しみやつらさなどが非常に高まったときのたとえ。

●**ひょっとしたら** 疑いながらも、そうなるかもしれないと推し量る様子。類もしかしたら。

●**死力を尽くす** 全力を出しきる。ある限りの力を残らずふりしぼる。文チームの勝利のために死力を尽くす。

▼167ページ

疾風 速く激しく吹く風。

●**徐々に** ゆっくりと変わったり進んだりする様子。類ゆっくりと。だんだんに。

どよめく ざわざわと騒ぐ。

あっぱれ ①りっぱであることを褒めたたえるときにかける言葉。②りっぱである。みごとである。

●**抱擁** 抱き合うこと。

▼168ページ

●**空虚** むなしいこと。中身のないこと。

●**妄想** ありもしないことを心に思い、事実だと信じてしまうこと。

●**赤面する** 恥ずかしく思って顔を赤くする。文友達の名前を呼び間違えて、赤面する。

読み解こう　場面ごとの内容を捉えよう。　[　]の中には当てはまる言葉を書こう。

第一場面 ［初め〜153・16］ メロスの決意。

■**物語の書きだしの工夫を捉える。**

・「メロスは激怒した。」(152・1)という短い文で始まる。
→ただならぬ事件が起きたことを暗示し、読者を物語の世界に一気に引き込んでいる。
・メロスが王を「[　]」と見なしている理由は不明。
→王はどんな人物なのか、メロスと王の間に何があったのか、読者の想像を誘う。

▼邪知暴虐

■**メロスがシラクスの町にやってきた目的を押さえる。**

・妹の①[　]に必要なものを買いにきた。
・竹馬の友である②[　]を訪ねようとしていた。

▼①結婚式　②セリヌンティウス

●**ポイント**　物語の場面設定が語られると同時に、今後の展開に大きく関係する人物が紹介されている。

■**メロスが「町の様子を怪しく思った」(152・11)理由を捉える。**

・二年前に町に来たときは、夜でも①[　]だったのに、今はひっそりとしていて、町全体がやけに②[　]様子だったから。

▼①にぎやか　②寂しい

■**老爺（ろうや）が「辺りをはばかる低声（こごえ）」(153・3)で答えた理由を考える。**

・[　]に疑いをかけられて殺されることを恐れているから。

▼王

●**ポイント**　若い衆（しゅ）が何も答えなかったのも、同様の理由からである。王に目を付けられることがないように、誰もが息をひそめて暮らしているので、町全体がひっそりしているのである。

■**メロスと王が、それぞれどんな人物であるかを押さえる。**

メロス…政治のことは分からないが、①[　]に対しては人一倍敏感である。王が多くの人を殺していることを聞くと②[　]して、王を排除せねばならないと本気で決意している。

王…人を信じることができない。身内や臣下をはじめとする多くの人を、③[　]を抱いているという理由で殺している。

▼①邪悪　②激怒　③悪心

テストに出る！

問　**「邪知暴虐」(152・1)とは、具体的にはどのようなことを指しているか。説明しなさい。**

答　王が、人を信じられず、身内や臣下に疑いをかけては次々に殺していること。

第二場面 〔153・17〜156・12〕 王に尋問されるメロス。

■**「買い物を、背負ったままで、のそのそ王城に入っていった。」(153・17)という行動からうかがえる、メロスの人物像を捉える。**

・「あきれた王だ。生かしておけぬ。」(153・16)と考え、それをすぐさま実行しようとしている。

・思ったことをすぐに行動に移す、［　］で一本気な人物。　▼単純

■**「その王の顔は蒼白(そうはく)で、眉間のしわは、刻み込まれたように深かった。」(154・1)とあるが、この表情からうかがえる、王の人物像を捉える。**

・人間への不信感で疑心暗鬼(あんき)になり心が安まらない、孤独な人物。

●ポイント　王も深い苦悩を抱えていることがうかがえる。

■**メロスと王の、人の心に対する考え方の違いを押さえる。**

メロス…人の心を疑うのは最も恥ずべき①［　］と考えている。

王…人の心は私欲ばかりで当てにならないから、疑うのが②［　］の心構えだと考えている。

▼①悪徳　②正当

■**殺されそうになったメロスが王に願い出たことを押さえる。**

・処刑までに①［　］の猶予(ゆうよ)を与えてほしい。

妹に結婚式を挙げさせてやりたい。 その後で、必ずここに帰ってくる。

← (信じない王を説得するため)

・友人のセリヌンティウスを②［　］として置いていく。

↓自分が期限までに帰らなかったら、代わりに彼を殺してよい。

▼①三日間　②人質

■**王がメロスの願いを聞き届けたねらいを読み取る。**

・「残虐な気持ちで、そっとほくそ笑んだ。」(155・18)

・メロスはどうせ帰ってこないにきまっているから、三日目に身代わりの男を殺してやるのも気味がいいと考えている。

↓残虐な結果を予想して、喜んでいる。

・「人の心は当てにならないから信じてはならない」という自分の考えが正しかったと、世の中に示すことができるから。 ←

●ポイント　王は、メロスを信じて願いを聞き入れたのではなく、メロスが約束を破ることを期待している。

■**メロスが「じだんだ踏んだ」(156・8)のはなぜかを考える。**

王……「命がだいじだったら、遅れてこい。おまえの心は、分かっているぞ。」(156・7)

王の考え

メロスは自分が助かりたいために身代わりを差し出している。

←

↕

メロス…じだんだ踏む。＝非常に悔しがる。

メロスの本心

必ず帰ってくる覚悟があるからこそ友を身代わりに差し出している。

・王がメロスの約束を、メロス自身が助かりたいための策だと決め

つけているため、メロスは自分の正直な気持ちが踏みにじられたようで悔しかったのである。

■メロスが友に語った「一切の事情」(156・10)の内容を整理する。

(1) 王の行いに激怒し、王を排除しようと決意して城に入った。
(2) 捕らえられて、王に処刑されそうになった。
(3) 妹の結婚式を挙げて必ず帰ってくるという約束で三日間の猶予をもらい、その間の人質としてセリヌンティウスを置いていくことになった。

問 「残虐な気持ち」(155・18)とは、具体的にはどのような気持ちのことか。説明しなさい。

答 メロスにだまされたふりをして放してやり、身代わりの男を三日目に殺してしまうことに快さを感じる気持ち。

テストに出る

問 「セリヌンティウスは無言でうなずき、メロスをひしと抱き締めた。」(156・10)から、二人がどんな関係にあると分かるか。説明しなさい。

答 多くを語らなくても全てを理解し合える、信頼で結ばれた関係。

第三場面 〔156・13〜158・12〕 妹の結婚式と故郷との別れ。

■メロスの妹が「うるさく兄に質問を浴びせた」(156・16)理由を捉える。

・よろめいて歩いてくる兄の、疲労困憊(こんぱい)の姿を見て驚き、何かたいへんなことが起こったのではないかと心配したから。

●ポイント メロスは妹に心配をかけまいと、笑顔をつくり本当の事情は明かさない。互いを思いやる二人の関係性がうかがえる。

■結婚式を明日にしてくれというメロスの頼みを、花婿が「なかなか承諾してくれない」(157・8)のはなぜかを考える。

・メロスの頼み…「少し事情があるから、結婚式を明日にしてくれ」(157・4) →真の理由は、三日間のうちに妹の結婚式を挙げて王城に帰ることができなければ、人質となっているセリヌンティウスが王に殺されてしまうから。

・花婿の事情…「ぶどうの季節まで待ってくれ」(157・6)と言っているように、まだ先のことと考えていて何の支度もできていない。

●ポイント メロスは細かい事情は説明せず、むちゃな頼みをしているため、花婿はなかなか受け入れられなかった。

■「黒雲が空を覆い……大雨となった。」(157・10)という情景描写には、どんな効果があるかを考える。

・この先、メロスの身に多くの①□が降りかかってくることを予感させる効果。

・「村人たちは、何か②□なものを感じた」(157・11)とあることも、その効果を更に高めている。

▼①災難 ②不吉

■「少しでも長くこの家にぐずぐずとどまっていたかった」(157・19)ときのメロスの心情を考える。

・「未練の情」(157・20)
→陽気で華(はな)やかな祝宴を楽しく過ごすよい人たちと生涯(しょうがい)ともに暮らしていきたいと願う気持ちがあり、その歓喜に満ちた場から、できれば離れたくないと思っている。

■**「おめでとう。……その誇りを持っていろ。」(158・2)という言葉を妹に贈ったときの、メロスの心情を考える。**

・人を疑わない、うそをつかないという自らの信条を述べて、新しい生活を始める妹への訓示とするとともに、自分自身にもそれを言い聞かせ、〈自分の命を捨てることになっても、王との約束を守り親友を助ける〉ということを改めて決意している。

テストに出る!

問 **「今は、自分の体で、自分のものではない。」(157・16)とはどういうことか。説明しなさい。**

答 肉体はメロス自身のものだが、王との約束によってセリヌンティウスが身代わりになっているために、自分の自由になる身ではないということ。

第四場面〔158・13〜163・2〕走るメロスを襲う苦難と疲労。

■**メロスが走り始めてからの、文章の調子の変化をつかむ。**

・短い文が多くなっている。

・文末は、過去形だけではなく現在形や命令形、体言止めなども多く使われている。

●**ポイント** スピード感、緊迫感のある調子に変わっている。

■**「私は、今宵、殺される。……好きな小歌をいい声で歌いだした。」(158・19〜159・7)の部分にみられる表現の特徴を捉える。**

・地の文であるが、「私は……」とメロスの心中に即した書き方をしている部分も交えてあり、読者がメロスの気持ちに寄り添って読み進めることができるという効果がある。

■**メロスが直面した二つの災難と、それを切り抜けた過程を整理する。**

災難(1) 川が氾濫し、激しい濁流によって橋が破壊されていた。

→濁流に飛び込み、百匹の大蛇のように荒れ狂う波を、満身の力を込めてかき分けながら、泳いで渡った。

災難(2) 一隊の[　]が襲いかかってきた。

→棍棒を奪い取って三人を殴り倒し、走って逃げた。

▼山賊

■**メロスが「がくりと膝を折った」(160・19)理由を押さえる。**

・濁流を泳いで渡り、山賊と格闘したうえに、峠を登り降りし、午後の灼熱の太陽をまともに受けて、疲れきってしまったから。

■**「私は、よくよく不幸な男だ。」(161・11)とあるが、どのようなことを不幸だと言っているのかを考える。**

・自分は約束を守るため精いっぱい①[　]てきたのに、身体が疲労したために②[　]も弱りきってしまい、このままでは結局、約束を破り、友を③[　]ことになってしまいそうだということ。

▼①努め ②精神 ③欺く

■**「このうえ、私に望みたもうな。……笑ってくれ。」(162・1)などの表現から、メロスがどのような心境になっているかを捉える。**

・ここまで多くの苦難を乗り越え、十分に努力したのだから、更に王城に向かって走り続け、友との約束を果たすことまで望まないでほしいと思っている。→心が折れ、投げやりになっている。

■**メロスが「死ぬよりつらい。」(162・9)と思うことは何か。**

・「王の言うまま」になってしまうこと。

↓メロスが遅れていき、身代わりのセリヌンティウスが殺され、王は笑いながらメロスを放免すること。

・ポイント 自己の信条に反して王との約束を破り、友情には報いられず、永遠に裏切り者と見なされるということを意味する。

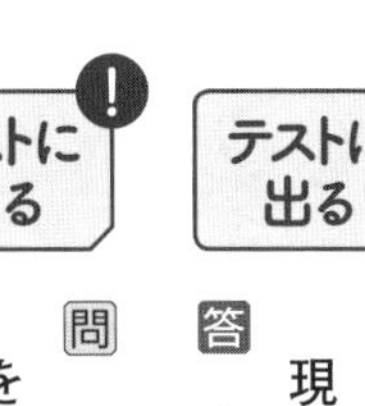

問 **「暗い疑惑の雲」(161・15)とは、どんなことをたとえた表現か。**

答 自分を信じてくれる友を疑うこと。

テストに出る

問 **「独り合点（がてん）して」(162・8)とあるが、王はどのようなことを考えて独り合点するのか。**

答 メロスが、自分の命を惜しんでわざと遅れてきたということ。

第五場面 〔163・3〜165・19〕 希望を取り戻し、走り続けるメロス。

■**「水」(163・3)はメロスにどのような影響を与えたか。**

・第四場面のメロス…自分は醜い①［　　］だと開き直って、ふてくされたように眠ってしまった。

↓

・水の流れる音が、メロスの目を覚まさせた。

・水を飲むと、肉体の疲労が回復し、②［　　］が生まれてきた。

▼①裏切り者 ②希望

■**再び走りだしたメロスが、どのように描かれているかを捉える。**

・「私は、信じられている。」(163・16)→友の信頼を確信する。

・「私は、信頼に報いなければならぬ。」(163・18)→強い意志を持つ。

・「おまえは真の勇者だ。」(164・3)→自信を取り戻す。

・ポイント 第四場面の最後とは対照的な姿である。

■**「道行く人を押しのけ……きらきら光っている。」(164・7〜15)の部分から読み取れるメロスの様子を押さえる。**

・自分の姿や人の声も気にせず、なりふりかまわず、ただ約束を守りきることだけを考えてシラクスの町を目指して走っている。

■**「もっと恐ろしく大きいもの」(165・12)とは何かを考える。**

・「もっと恐ろしく大きいもののために走っている」(165・12)

（もっと恐ろしく大きいもの＝走る目的）

信 ←…「人の信実」(158・15)、「愛と誠の偉大な力」(159・19)、「愛と信実」(161・9)、「信頼」(163・19)など

・ポイント メロスはこれを、「人の命も問題でない」(165・12)と言っているように、命より重いもの、人が人であるためになくてはならないものだと考えている。

テストに出る

問 **「斜陽は赤い光を……輝いている。」(163・13)という情景描写は、日没が近づいているという状況を表すとともに、どのようなことを暗示しているか。説明しなさい。**

答 メロスの心に義務遂行の希望が生まれ、自信が高まってきたこと。

問 「王様が、さんざんあのかたをからかっても」(165・8)とあるが、どのようにからかったと思われるか。考えて書きなさい。

答 「メロスは命が惜しくなったのだ。」「メロスを信じていても無駄なことだぞ。」など。

第六場面〔165・20～終わり〕友との再会と王の改心。

■ **メロスとセリヌンティウスが、それぞれ相手に「私を殴れ。」と言った理由を押さえる。**

メロス…途中で一度投げやりな気持ちになり、約束を果たすことをあきらめようとしたから。

セリヌンティウス…この三日の間に一度だけ、メロスが帰ってこないのではないかと［　　］から。

▼疑った

●ポイント 二人とも、一度だけ相手を裏切る気持ちを抱いてしまったことを告白している。相手に殴ってもらうことで、その罪を罰してもらい、許してもらいたいと願っている。

■ **「ありがとう、友よ。」(167・18)に込められた気持ちを捉える。**

・相手が殴ってくれたのは、自分の罪を罰し、許してくれたということであり、そのことに感謝している。

・心が揺(ゆ)らいだ瞬間はあったとしても、相手が自分を信じ続けてくれていたことは明らかであり、そのことにも感謝している。

■ **王が「顔を赤らめ」(168・1)たときの気持ちを考える。**

・群衆の背後から二人のさまを、まじまじと見つめていた。

→ 互いの信実を確かめ合い、抱き合って泣く、メロスとセリヌンティウス。

・顔を赤らめて言った。

「おまえらは、わしの心に勝ったのだ。信実とは、決して空虚な妄想ではなかった。」(168・2)

→
・かつての自分の考えが誤りであったことを認めている。
・これまで、人の信実をあざ笑い、人の心を疑って多くの人を殺してきたことを恥じている。

■ **「一人の少女が……勇者は、ひどく赤面した。」(168・7～11)の場面から読み取れるメロスの一面を捉える。**

・信実や愛と誠のために約束を果たした勇者の姿とは別に、自分の姿を恥ずかしがる純粋な一人の若者としての一面を見せている。

●ポイント メロスがごく普通の若者として描かれることで、物語の世界に平和な日常が戻ってくることを予感させる。

テストに出る！

問 「悪い夢」(167・10)とは、どのようなことを指しているのか。説明しなさい。

答 疲労のあまり、どうせ自分は醜い裏切り者になるのだから、信実などどうでもいいのだと、投げやりな気持ちになったこと。

てびき―解答と解説

教科書の課題を解き、学習内容をしっかりと身につけよう。

教科書169～170ページ

◉人物像を捉え、人物の言動について考えよう

❶冒頭からメロスが王城を出発するまでの場面(152・1～156・12)で、メロスと王はそれぞれどのような人物として描かれているだろうか。二人の人物像を捉えよう。

解答 ◆メロス…ふだんはのんきだが、邪悪に対しては人一倍敏感な正義感の持ち主で、正しいと思ったことには自分をかえりみず突き進む人物。家族への思いやりや友情に厚い人物。

◆王…人の心は信じられないと決めつけており、心安らかでない孤独な人物。人を疑うあまり、自分の肉親や臣下まで殺し、罪のない人を苦しめる残虐な人物。

解説 メロスの正義感あふれる人物像は、メロスが王の暴虐ぶりを聞いて激怒し、城に乗り込んでいく様子や、王と議論する言葉などから読み取れる。一方で、「笛を吹き、羊と遊んで暮らしてきた。」(152・2)、「のんきなメロス」(152・13)といった記述からは、ふだんはものに執着しないのんきな性格であることがうかがえる。また、自分の命乞いはしないが「たった一人の妹に、亭主を持たせてやりたいのです。」(155・8)と言って猶予を願い出る様子からは、妹に対する愛情が感じられる。無二の親友、セリヌンティウスと固い友情で結ばれていることは、「メロスは、友に一切の事情を語った。セリヌンティウスは無言でうなずき、メロスをひしと抱き締めた。友と友の間は、それでよかった。」(156・10)などの場面から読み取れる。

王の人物像は、町の人が話す王の行い、王がメロスに語った内容、メロスに対する王の態度などから読み取れる。人に対する不信や残虐性だけでなく、「その王の顔は蒼白で、眉間のしわは、刻み込まれたように深かった。」(154・1)という様子や、「おまえには、わしの孤独が分からぬ。」(154・7)という言葉などから、王が抱える孤独や苦悩も読み取りたい。

❷濁流の場面(159・7～160・5)では、場面の緊迫感を表すため、表現の仕方にどのような工夫が見られるだろうか。気づいたことを挙げてみよう。

解答 ①地の文の中にメロスの心の中の言葉を混在させている。②短文を重ねて表現している。③濁流を「せせら笑うごとく」「百匹の大蛇のように」と比喩で表現し、メロスの前に立ちはだかる敵のように描いている。

解説 地の文の中にメロスの心の中の言葉が交じっていることで、読者はメロスの視点に立ち、臨場感を持って読み進めることができる。短文の繰り返しは、文章にスピード感を持たせ、緊迫感を出している。

❸疲れて立ち上がれなくなる場面(160・17～163・2)では、冒頭の場面と比べて、メロスの考え方はどのように変化しているだろうか。

解答 冒頭の場面では、人を信じることができずに暴虐を繰り返している王に激怒し、王に対面しても自分の信念を貫く態度をとっている。しかし、疲れて立ち上がれなくなる場面では、自分を信じてくれる友に感謝しながらも動くことができず、どうでも

いいという投げやりな心境になり、努力しても自分は醜い裏切り者になるのだから正義や信実、愛などばかばかしいという考え方に変わっている。

解説 「正義」「信実」「愛」を何よりも大切なものと考えていたメロスが、疲労のあまり自分の弱い心に負けそうになり、ついにはそれらを否定してしまう。その変化の過程を読み取ろう。

・「おまえは、希代の不信の人間、まさしく王の思うつぼだぞ、と自分を叱ってみる」(161・3) → 自分の弱さとのたたかい

↓

・「どうでも、いいのだ。私は負けたのだ。」(162・2) → 敗北感

↓

・「正義だの、信実だの、愛だの、考えてみれば、くだらない。」(162・16) → 開き直り

④ 再び立ち上がって刑場に突入するまでの場面(163・3〜165・19)で、走り続けるメロスの姿はどのように描かれているだろうか。また、走り続けることを通して、メロスは王にどのようなことを伝えようとしたのだろうか。

解答 自分のことや周りのことをかまわず、ただ信実を守りぬくためだけに、死力を尽くして走り続ける姿が描かれている。走り続けることを通して、メロスは王に、人の信実というものが確かに存在するのだということを伝えようとした。

解説 この場面でのメロスは、濁流や山賊に立ち向かったときとは異なり、ぼろぼろの体で、がむしゃらに突き進んでいる。「信頼に報いなければならぬ。」(163・19)と自分を奮い立たせ、「信じられているから走るのだ。間に合う、間に合わぬは問題でないのだ。人の命も問題でないのだ。私は、何だか、もっと恐ろしく大きいもののために走っているのだ。」(165・11)という心境になっている。走り続けることで、人の信実を体現しようとしているのである。メロスは当初、「今日はぜひとも、あの王に、人の信実の存するところを見せてやろう。」(158・15)と意気込んでいたが、疲労して倒れ込んだときには彼自身がその信実を見失いかけた。したがって、信実の証明は、王を改心させるためだけでなくメロス自身のためにも必要なことだったといえるかもしれない。

◉場面の展開や表現の効果について話し合おう

⑤ 最初の場面(152・1〜156・12)と最後の場面(165・20〜168・11)での王の描かれ方を比べて、どこがどのように異なるか、その違いにどんな表現の効果があるかを話し合おう。

解説

・王の表情や話し方…最初の場面では、「王の顔は蒼白で、眉間のしわは、刻み込まれたように深かった。」(154・1)、「しわがれた声で低く笑った。」(155・10)などと描写されており、苦悩し心がかたくなになっている印象がある。一方、最後の場面では、「静かに二人に近づき、顔を赤らめて」(168・1)とあり、心が解きほぐされて穏やかになったような印象があり、人間味が感じられる。また、話し方も最初のような「威厳」(153・20)はなく、「どうか、……入れてくれまいか。どうか、……仲間の一人にしてほしい。」(168・3)と謙虚なものになっている。こうした違いから、王が心を入れ替えたことが伝わってくる。

・王と人々の関係…最初の場面では、王は人々に恐れられ、町全体がひっそりしているのに対し、最後の場面では、王が群衆と共に

あり「万歳」の歓声に包まれている。王が人を信じることで、人々もまた王への信頼を取り戻すことができたことがうかがえる。

広がる言葉

ⓐ 「走れメロス」には、喜怒哀楽を表す言葉が多く用いられている。例えば、書きだしは「メロスは激怒した。」(152・1)である。もしこれが「メロスは怒った。」だったら、どのように印象が変わるかを考えてみよう。また、「メロスは逆上した。」ではどうだろうか。

解答 「激怒した」は「怒った」に比べて激しい怒りであることが伝わる。一方、「逆上した」では、急に湧き起こった怒りで取り乱したことになり、正義感から怒りを覚えたメロスの心情にはそぐわない。

解説 「頭に来た」のような慣用句とも比較してみよう。いろいろな言葉を知り、感情の微妙な違いを表現できるようになろう。

ⓑ 喜怒哀楽を表す言葉の一つに「笑う」がある。「笑う」に関する言葉を、「走れメロス」の文章中からも含めて、五つ以上書き出してみよう。

解答 憫笑(びんしょう)する(154・6)、嘲笑(ちょうしょう)する(155・1)、ほくそ笑む(155・18)、せせら笑う(159・17)、ほほ笑む(167・13)、笑い飛ばす、笑い転げる、にこやか、にたにた、談笑する、相好(そうごう)を崩す、など。

解説 教科書335ページを参考にしよう。「笑う」という行為は「喜び」の表れだとは限らないことにも注意したい。

ⓒ 例を参考に、「走れメロス」の中の1〜3の文について、傍線部の意味に近い喜怒哀楽を表す言葉を、「言葉を広げよう 喜怒哀楽を表す言葉」(334ページ)から一つ以上選ぼう。その際、喜怒哀楽の感情の強さ、そのときの人物の気持ちなどに注意しよう。

解答 1かちんとくる、気色ばむ、など。2胸が塞(ふさ)がる、など。3涙がにじむ、目が潤(うる)む、目を赤くする、など。

解説 1怒って興奮すること。2悲しみやつらさが非常に高まっているさま。3今にも泣きだしそうなさま。

ⓓ 次の喜怒哀楽を表す言葉のリストから一つ選び、その言葉を使った短文を作ってみよう。

解答

- 憤慨する…非常に腹を立てる。例ひきょうなやり方に憤慨する。
- 涙ぐむ…感動や悲しみなどで涙がこぼれそうになる。例両親から励ましの手紙をもらって思わず涙ぐんだ。
- 躍り上がる…喜んで跳びあがる。例ゲームの新作が手に入り躍り上がって喜んだ。
- 笑い転げる…ひどく笑う。例仮装した姿がおかしくて笑い転げた。
- 目頭(めがしら)を押さえる…涙が出そうになるのをこらえる。例優勝した選手がそっと目頭を押さえる姿が印象的だった。
- 嘆く…悲しむ。残念に思う。例度重なる不運を嘆く。
- 相好(そうごう)を崩す…表情が緩み、笑顔になる。例同じ学校の卒業生だと分かると相好を崩した。
- 上気する…頭に血が上ってのぼせる。例憧れの先輩を前にして上気した顔ではしゃいでいた。
- 怒り心頭に発する…激怒する。例記者がぶしつけな質問をしたので議員は怒り心頭に発したようだ。
- 肩を落とす…がっかりする。気落ちする。例逆転のチャンスを逃して肩を落とした。
- 悦に入(い)る…満足して喜ぶ。例仕上がった絵を見て悦に入る。

▼書く　描写・表現

人物を描写しよう

教科書171ページ

学習目標

●人物像が伝わるように、人物の言葉や行動・態度などを描き出す。

今までに読んだ文学作品の中から一つを選び、登場人物の人物像を意識して作品の続きを書こう。

言葉の力　人物を描き出す

●人物どうしのやりとりを会話文で表す。
●人物がとった行動や、表情・しぐさなどを描写する。
●人物が心の中で感じたことや考えたことを描写する。
●情景描写に人物の心情を反映させる描き方もある。

1　「走れメロス」（教科書152〜168ページ）を選んだ場合の例

(1)最後の場面の様子を捉える。
・友と再会を果たし、信実を証明して見せたメロスに一人の少女がマントをささげ、セリヌンティウスの言葉にメロスは赤面した。

(2)描こうとする人物の人物像を振り返る。
・作品に描かれた人物像と矛盾がないようにする必要がある。王は最後の場面で改心していることに注意しよう。

(3)続きの場面を想像して書く。
①人物どうしのやりとりを会話文で表す。
・セリヌンティウスとメロスが会話をする、あるいは王が何か言葉をかけることも考えられる。作品の中の会話文を参考にして、それぞれの人物らしさが表れた言葉遣いにしよう。
②人物がとった行動や、表現・しぐさなどを描写する。
・「恥ずかしがった」と書くのではなく、「赤面した」のように様子を描写することによって、心情が伝わるようにするとよい。
③人物が心の中で感じたことや考えたことを描写する。
・会話文と同様、人物像を反映した言葉遣いにする。
④人物の心情を反映させながら情景を描写する。
・例えば、メロスが見上げた空の様子を描写し、そのときのメロスの心情が感じられるようにするなどが考えられる。

2　教科書で学んだ他の小説から選んだ場合の例

・「辞書に描かれたもの」…上野（うえの）の絵を見た後、中学一年の「私」がその後どのように辞書を使ったかを想像してみるのもよい。
・「卒業ホームラン」…最後の場面では、河川敷に家族四人がそろい、徹夫（てつお）は家族の大切さをかみしめながら「四人で帰ろう。」と考えている。徹夫は家族に何と声をかけただろうか、典子（のりこ）や智（さとし）はどんな反応を示すだろうか。四人が家に帰る場面を想像してみよう。
・「飛べ　かもめ」（1年）…最後の場面では、かもめの姿に力を得た少年が、次の駅で降りて砂浜を走って帰ろうと決意し、座席から立ち上がる。その後の少年の行動を想像してみよう。

日本語探検3 類義語・対義語

教科書172〜173ページ

新出漢字・新出音訓

読みの太字は送り仮名を示す。（ ）は中学校では学習しなくてもよい読みを、―線は特別な言葉に限って使われる読みを示す。例は用例を示し、例中の太字は教科書本文中の語句であることを示す。新出音訓の▼は、常用漢字表の「付表」の語を示す。□には漢字を、（ ）には読みを書こう。

p.172 **飽** ホウ あきる あかす 13画 食 □

①十分で、あきる。例**飽きる**。②いっぱいになる。例飽和（ほうわ）。飽食（ほうしょく）。

p.173 **逝** セイ （ゆく）（いく） 10画 辶 □

人が死ぬ。例夭逝（ようせい）。逝去（せいきょ）。急逝（きゅうせい）。

■ **新出音訓**（――線部の読みを書こう。）

①▼尻尾が長い。 p.173（　　）

答 ①しっぽ

◉ **学習内容の要点を押さえ、練習問題にも取り組んでみよう。**

1 類義語

・類義語とは、ある語と意味が似ている語。

・類義語どうしは置き換えられる場合があるが、意味が全く同じではないので、いつでも置き換えられるとは限らない。

例 展望台に〔○あがる／○のぼる〕。
　五階に〔○あがる／×のぼる〕。
　山に〔×あがる／○のぼる〕。

・類義語の中には、完全に置き換えられそうなものもある。

例 おにぎり／おむすび　夭折（ようせつ）／夭逝

2 対義語

・対義語とは、ある語と意味のうえで一般的に対比される語。

・意味の対比にはいくつかのタイプがある。

(1)一方が成り立てば他方が成り立たないもの。

例 大きい↕小さい　行き↕帰り

(2)一つの関係や出来事を逆の立場から捉えるもの。

例 親↕子　貸す↕借りる

(3)一つの語に複数の対義語が対応するもの。

例 薄い↕濃い・厚い　今日（きょう）↕明日（あす）・昨日（きのう）

テストに出る！

問 **次の傍線部を、不自然でない類義語に置き換えなさい。**

①きれいな花だ。②馬が走る。③名前を書く。

答 ①美しい ②駆ける ③記す

テストに出る！

問 **次の語の対義語を答えなさい。**

①夫 ②妹 ③高い

答 ①妻 ②姉・弟 ③低い・安い

類義語と比較したり、対義語との関係を考えたりすることで、言葉への理解が深まります。

▼読む　読書2

読書への招待
鰹節(かつおぶし)——世界に誇る伝統食

筆者・小泉武夫(こいずみたけお)

教科書174〜179ページ

ガイダンス

学習目標を押さえ、「鰹節——世界に誇る伝統食」のおおよそを理解しよう。

○学習目標

●読書の意義を知り、目的に応じて情報を集め、レポートにまとめる。

●あらまし

鰹節は世界一硬い食べ物である。硬いのは乾燥しているからだが、そこまで乾燥させるには、いくつかの工程がある。まず、新鮮な鰹を三枚におろし、一度煮た後、冷まして身を引き締める。これを数日かけていぶし、日光で乾燥させてから、鰹節菌のカビ付けを四回繰り返して完全に水分を抜くのである。乾燥した食べ物は、微生物が増殖できないため腐らず、保存がきくようになる。こうした鰹節の製法は、世界に類のない我が国の先達(せんだつ)たちの知恵である。

また、鰹節は、鰹節菌によってタンパク質がアミノ酸に分解されているため、うまみ成分を極めて多く含み、おいしいだしが取れる。しかも、鰹節菌が油脂成分を分解しているために、だしを取っても脂は出ない。このことが、日本料理の繊細さにもつながっている。

日本人の知恵の結晶ともいえるすばらしい保存食品であり、日本料理の発展の原動力ともなった鰹節は、日本が世界に誇れる食べ物である。今では家庭で使われることが少なくなってしまったが、鰹節を次の世代に伝承していくのも、私たちの使命ではないか。

●文章の構成

内容のまとまりから、大きく三つの段落に分けられ、第一段落は、更に四つに分けられる。

・第一段落（初め〜178・3）……鰹節の製法にみる保存の知恵。
　(1) 鰹節は世界一硬い食べ物（初め〜174・24）
　(2) 鰹節の製法（174・25〜177・8）
　(3) 乾燥させると腐らない（177・9〜177・29）
　(4) 昔からの知恵（177・30〜178・3）
・第二段落（178・4〜178・38）…鰹節から取れるだしの特長。
・第三段落（178・39〜終わり）…鰹節を次世代に伝承する使命。

●要旨

鰹節は、鰹節菌の性質を巧みに利用して作られる、日本独特の保存食品である。鰹節から取るだしが、うまみ成分を多く含み脂が出ないことも、その製法に由来する。日本人の知恵の結晶であり、日本料理の発展を支えてきた鰹節を、次の世代に伝承していきたい。

筆者は、鰹節の「製法」と「だし」という二つの側面に着目し、日本人の知恵と伝統のすばらしさを見いだしている。

新出漢字・新出音訓

読みの太字は送り仮名を示す。（ ）は中学校では学習しなくてもよい読みを、―線は特別な言葉に限って使われる読みを示す。例は用例を示し、例中の太字は教科書本文中の語句であることを示す。新出音訓の▼は、常用漢字表の「付表」の語を示す。□には漢字を、（ ）には読みを書こう。

硬 p.174 コウ かたい 12画 石 □
かたい。例**硬い**。硬軟。硬球。

煮 p.175 （シャ） にる にやす にえる 12画 火 □
にる。にえる。例**煮る**。雑煮。煮物。煮沸。

菌 p.176 キン 11画 艹 □
動植物などに寄生して発酵・腐敗などの原因となる微生物。例**鰹節菌**。**腐敗菌**。細菌。

腐 p.176 フ くさる くさらす くされる 14画 肉 □
くさる。例**腐敗**。**腐る**。腐乱。豆腐。腐臭。

湿 p.176 シツ しめる しめす 12画 水 □
水分を吸ってしっとりとぬれる。例**湿度**。湿気。陰湿。

繁 p.176 ハン 16画 糸 □
増える。盛んになる。例**繁殖**。繁栄。

殖 p.176 ショク ふえる ふやす 12画 歹 □
①もとのものからふやす。ふえる。例**繁殖**。養殖。生殖。②土地をきりひらくために人を移住させる。例拓殖。

即 p.177 ソク 7画 卩 □
①すぐに。例**即死**。即日。即決。②位につく。例即位。

胞 p.177 ホウ 9画 肉 □
①体を構成している小部分。例**細胞**。胞子。②母の腹の中。例同胞。

環 p.177 カン 17画 玉 □
①周辺を取り巻く。例**環境**。衆人環視。②輪の形をしたもの。例環状線。③めぐる。例循環。

「環」と「還」は読みが同じで形も似ているので、間違えないようにしましょう。

恵 p.177 ケイ エ めぐむ 10画 心 □
①かしこい。例**知恵**。②なさけをかける。例恩恵。慈恵。

偉 p.178 イ えらい 12画 人 □
えらい。すぐれている。例**偉大**。偉業。偉人伝。

酵 p.178 コウ 14画 酉 □
酒のもと。例**酵素**。酵母。発酵。

蓄 p.178 チク たくわえる 13画 艹 □
たくわえる。例**蓄積**。貯蓄。備蓄。蓄電池。

汁 p.178 ジュウ しる 5画 水 □
しる。例**汁**。汁粉。果汁。苦汁。

脂 p.178 シ あぶら 10画 肉 □
①動物性のあぶら。例**脂**。**油脂**。**脂肪酸**。②樹木のやに。例樹脂。

肪 p.178 ボウ 8画 肉 □
肉のあぶら。例**脂肪酸**。皮下脂肪。

豚 p.178 トン ぶた 11画 豕 □
ぶた。例**豚**。豚肉。養豚。豚舎。

p.178

晶（ショウ） 12画 日

①鉱物などが規則正しい平面に囲まれた形をしたもの。例結晶。②鉱物の名。例水晶。

■新出音訓 （――線部の読みを書こう。）

①秘密を探る。p.175 （　　）

②梅雨が明ける。p.176 （　　）

答 ①さぐ ②つゆ

語句・文の意味

語義が複数の場合、①に教科書本文中の語義を示してある。類は類義語、対は対義語、文は語句を用いた短文例を示す。
●印は、教科書の脚注に示されている語句である。

▼174ページ

本来 ①もともと。初めからそうであること。類元来。②当然のこと。物事の道理としてそうあるべきこと。

理由 物事がそのようになったわけ。類事情。ゆえん。

先達 他の人より先にその分野に進み、後輩を導く人。先輩。

舌を巻く (優れていることに対し)非常に感心したり、驚いたりする。文小学生の迫力あるダンスに舌を巻く。

圧倒的 他より段違いに優れている様子。文我が校は圧倒的な強さで優勝した。

▼175ページ

いぶす ①煙であぶるようにする。②物を燃やして煙が出るようにする。③殺菌・殺虫のために煙をあてる。

▼177ページ

手間暇 手間と暇、つまり、労力と時間。文手間暇かけてお弁当を作る。

意味がある ①価値がある。文試合に勝つことより、全力を出しきることに意味がある。②理由・動機がある。

みるみる 見ているうちにどんどん物事が進行する様子。類見る間に。たちまち。文風船はみるみるしぼんでいった。

▼178ページ

たちどころに 短時間で実現する様子。類たちまち。すぐに。

蓄積 たくわえ、増えていくこと。類貯蔵。

相乗効果 二つ以上の要因が同時に働いて、個々の要因が単独に働いた結果を合わせた以上の効果をもたらすこと。

がぜん 物事が急に起こったり変化したりする様子。類にわかに。急に。突然。文雨が上がると、がぜん暑くなった。

三種の神器 ①あることが成立するために必要な三つの貴重なもの。②天皇家に代々伝わる、皇位を保証する三つの宝物。「八咫鏡」「草薙剣(天叢雲剣)」「八尺瓊勾玉」のこと。

繊細 ①感情や感性などが細やかな様子。②小さくて細くて、弱々しい様子。ほっそりとして優美な様子。

結晶 ①ある事柄が積み重なった結果、一つの形となること。また、そのもの。文新製品は社員の努力の結晶だ。②物質をつくる原子などが規則正しく配列されてできあがっている固体。

▼179ページ

声を大にする 強く主張する。世の中に広くうったえる。「声を大にして」の形で使われることが多い。文法律改正の必要性を、声を大にしてうったえる。

取って代わる 入れ代わる。交替する。文鎌倉時代には武士が貴族に取って代わって政権を握った。

読み解こう

段落ごとの内容を捉えよう。［　　］の中には当てはまる言葉を書こう。

第一段落 ［初め～178・3］ 鰹節の製法にみる保存の知恵。

■鰹節の硬さを筆者がどのように表現しているかを捉える。

・「世界一硬い食べ物」(174・1)

・「鰹節どうしをたたき合わせるとカーンと拍子木を打ったようないい音がします。」(174・13)→拍子木にたとえている。拍子木は木の中でも特に堅いもので作られており、材質が硬い(密度が高い)ものほど高い音が出る。

・「かんなで削って食べる魚」(174・17)→材木を削る道具である「かんな」を使うということは、材木並みに硬いということ。

■文章中に説明されている鰹節の製法を整理する。

(1) 新鮮な鰹を三枚におろす。

(2) おろした身(＝節)を一度煮た後、冷ます。

(3) 節から骨・皮・①［　　］などを取り除く。

(4) 節を、底が簀の子になっている木の箱に入れて数日いぶす。

(5) いぶした節(＝荒節)の表面を削って整形する。

(6) 日干しと②［　　］を四回ほど繰り返す。

▼①うろこ　②カビ付け

•ポイント　整理した内容を、教科書175～176ページの図と照らし合わせてみよう。図では、「生切り」「煮熟」など、六つの工程の名前が示してある。

■「では、いったいどのように加工すれば、……乾燥させることができるのでしょうか。」(174・25)という問いの答えに当たる内容を読み取る。

・「このように、カビ付けの工程で、……鰹節を硬く乾燥させているのです。」(177・6)の一文で、鰹節が圧倒的に硬い「秘密」を端的にまとめてある。

•ポイント　「鰹節を作るには……」(175・2)以降で説明されている鰹節の製法そのものが答えともいえるが、六つの工程のうち、最後の「カビ付け」が鰹節ならではの工程。これによって極限まで乾燥させているのである。

■「生のイカが腐り乾燥したスルメが腐らないのは、そういう理由からです。」(177・23)とあるが、どういう理由なのか。

生のイカ…①［　　］が多い。→腐敗菌が付着すると、どんどん②［　　］する。→すぐに腐る。

(水分が極めて少ない)

スルメ………乾燥している。→腐敗菌が付着すると、逆に水分を吸い取られて③［　　］しまう。→腐らない。

▼①水分　②繁殖　③死んで

•ポイント　腐敗は、(1)腐敗菌が付着する→(2)腐敗菌が増殖する→(3)腐敗菌によって物が分解される、という流れで進行し、腐敗菌の増殖には水分が不可欠。よって、水分が多いほど腐りやすい。

■「我が国の先達（せんだつ）たちの知恵の深さとユニークな発想」（177・38）とは、具体的にはどのようなことを指すのかを理解する。

(1)「①□した食べ物は腐らないので、長期間保存できる」ということを知っていたこと。

(2) 食べ物を乾燥させるためにさまざまな工程を考え出したこと。なかでも、②□を利用して乾燥させるというのは、世界に類例のない日本独自の知恵である。

▼①乾燥　②カビ

・ポイント　一般的にはカビが生えると食物は食べられなくなるが、鰹節菌は病気や腐敗を起こさず水分を吸収してくれる善玉カビであることを、昔の日本人は見ぬいていたわけである。

腐敗菌の増殖には「水分」と「温度」が必要です。「水分」を抜くことで腐敗を防ぐのが乾燥食品です。一方、「温度」を低くして腐敗を防ぐのが冷凍食品なんですね。

テストに出る！

問「乾燥しているということにはどんな意味があるのでしょうか。」（177・11）とあるが、どんな意味があるのか説明しなさい。

答 乾燥していると、微生物が増殖できないため腐らないので、保存ができるようになる。

◆「つまり、乾燥した食べ物は……」（177・26）の段落に着目する。「つまり」は、要点をまとめるときに使われる言葉。

第二段落〔178・4～178・38〕鰹節から取れるだしの特長。

■鰹節で取っただしの特長を整理する。

(1) 鰹節菌によってタンパク質が①□に分解されているため、うまみ成分が極めて多い。

(2) アミノ酸だけでなくイノシン酸も含んでおり、②□効果でうまみが増す。

(3) 鰹節菌によって油脂成分が脂肪酸とグリセリンに③□されているため、だしに脂が出ない。

▼①アミノ酸　②相乗　③分解

テストに出る！

問「日本のだしといえば、昆布（こんぶ）、しいたけ、鰹節がいわゆる三種の神器です。」（178・27）とあるが、この三種類のだしに共通する特長は何か。

答 すばらしいうまみが出て、しかも脂が出ないこと。

テストに出る！

問 鰹節が作られる過程で鰹節菌が果たしている役割を三つ答えなさい。

答 (1)鰹から水分を吸い取って乾燥させる。(2)鰹のタンパク質をアミノ酸に分解する。(3)鰹の油脂成分を脂肪酸とグリセリンに分解する。

第三段落 〔178・39〜終わり〕 鰹節を次世代に伝承する使命。

■第三段落の構成を捉え、筆者の考えが書かれている文を押さえる。

・三つの形式段落から成り、それぞれ次のような内容になっている。

(1) これまで(174・1〜178・38)の内容のまとめ

鰹節…［・日本人の①□の結晶　・②□の発展の原動力］→日本人の誇り

(2) 鰹節をとりまく現状の説明

鰹節が家庭で使われることが少なくなっている。

(3) 筆者の考え

・鰹節を単にうまみ調味料に置き換えるのは寂しい。

・すばらしい食べ物が消えるのはもったいない。

・鰹節を次の世代に③□するのが私たちの使命。

＊「食文化としての……登録されました。」(179・14)は事実の説明なので、それ以外の三つの文が、筆者の考えを述べたもの。

▼①知恵　②日本料理　③伝承

■筆者は、鰹節の製法の中の特にどのような点を「日本人の知恵の結晶」(178・39)と考えているのかを押さえる。

・カビの性質をみごとに見ぬき、鰹節菌を巧みに応用して鰹節を乾燥させた点。

テストに出る！

問 **「鰹節を単にうまみ調味料に置き換えるようなことは、日本人としては寂しい気がします。」(179・11)と筆者が考えるのはなぜか。**

答 鰹節を作ることを通して受け継がれてきた、昔からの日本人の知恵が失われることになるから。

テストに出る！

問 **この文章の表現の特色として適切でないものを、次から一つ選んで記号で答えなさい。**

ア まとまりごとに、説明してきたことを要約している。

イ 擬人化した表現を用いて親しみやすくしている。

ウ 接続を表す言葉で段落の関係を明確にしている。

エ 文章の初めと終わりで主張を述べて強調している。

答 エ

課題 教科書179ページ

○鰹節について分かったことや、調べてみたいことを話し合ってみよう。

解説 この文章では、鰹節が優れた保存食品であることを具体的な製法とともに紹介している。また、だしの素材としても優れていることを説明している。文章を読んでもっと知りたいと思ったことや疑問に思ったことはないだろうか。現在のような製法は江戸時代の元禄（げんろく）年間に始まったということだが、それ以前にはどんな歴史があるのか、鰹節の主な生産地はどこなのか、製造に携わる人々はどんな思いを持っているのかなど、いろいろな視点から考えてみよう。そして、知りたいと思ったことを、本や資料、インターネットなどを活用して詳しく調べてみよう。

7 ▼読む 言葉とメディア

「正しい」言葉は信じられるか

筆者・香西秀信(こうざいひでのぶ)

教科書184〜191ページ

ガイダンス

学習目標を押さえ、「『正しい』言葉は信じられるか」のおおよそを理解しよう。

●学習目標

● 文章を読んで、事実の述べ方が読み手に与える印象の違いについて考える。

● 構成や表現を工夫して、新聞記事を書き換える。

●言葉の力　事実と言葉の関係を意識する

● 同じ事実を、印象の異なるさまざまな表現の仕方で書き換えることができる。

● 文の順序や用いる語句によって、読み手に与える印象が違ってくる。

●文章を読む前に

誰もが簡単に情報発信できる現代、情報の正しさを見極める力はますます重要になってきている。「正しい」言葉も人をだますことがあると筆者は言う。どういうことなのか考えながら読もう。

●あらまし

我々の現実生活を言葉で表現しようとすると、複数の表現の仕方が生まれる。それらは内容に誤りがない限り全て「正しい」といえる。ただし、言葉で表現するにあたって、もともと順序のついていないものに順序をつけることにより、読み手にかなり違う印象を与えることがある。また、一つの事実を表す複数の言葉から、どの言葉を選ぶかによって、書き手が自分にとって都合のいい印象を読み手に与えることもできる。

このように「正しいこと」も、ときには人をだますのである。だまされないためには、私たちは言葉の持つ性質を理解し、物事を複数の視点から眺める習慣を身につけなければならない。

●文章の構成

「考察①→考察②→結論」という構成。表現を読み比べる具体例を五つ取り上げ、言葉の持つ性質について考察している。

・第一段落(初め〜186・12)……言葉の順序による印象の違い。

・第二段落(186・13〜188・35)…言葉の選び方による印象の違い。

・第三段落(188・36〜終わり)…「正しいこと」にだまされないために。

●要旨

事実と言葉とは一対一の関係にあるわけではないことを理解し、複数の視点から物事を眺める習慣を身につけなければならない。

筆者の考えは最終段落にまとめられている。「正しい」言葉が人をだますことになる要因は、事実と言葉との関係にある。

新出漢字・新出音訓

読みの太字は送り仮名を示す。( )は中学校では学習しなくてもよい読みを、—線は特別な言葉に限って使われる読みを示す。例は用例を示し、例中の太字は教科書本文中の語句であることを示す。新出音訓の▼は、常用漢字表の「付表」の語を示す。□には漢字を、( )には読みを書こう。

p.185 **堤** テイ つつみ 12画 土
どて。例**堤防**。防波堤。堤を築く。

p.185 **洪** コウ 9画 水
①大雨による大量の水。例**洪水**。②広く大きい。例洪大。

p.185 **壊** カイ こわす こわれる 16画 土
こわれる。やぶる。例**壊す**。**破壊**。壊滅。

p.186 **肯** コウ 8画 肉
うなずく。よいとする。聞き入れる。例**肯定**。首肯。

p.186 **曖** アイ 17画 日
ほの暗い。はっきりしない。例**曖昧**。

p.186 **昧** マイ 9画 日
ほの暗い。はっきりしない。例**曖昧**。

p.186 **衝** ショウ 15画 行
①つく。つきあたる。例**衝撃度**。衝動。衝突。②かなめ。要所。例要衝。

p.187 **罵** バ ののしる 15画 罒
ひどい口調でとがめる。悪口を言う。例**罵声**。罵倒。面罵。

p.188 **某** ボウ 9画 木
①なにがし。ある特定の人名や事物などが分からないときや、明らかにしないときにいう言葉。例**某氏**。市内某所。②それがし。自分をへりくだっていう言葉。

p.188 **融** ユウ 16画 虫
①通じる。流通する。例**融通**。金融。②とける。例**融合**。融解。③心がとけあう。例融和。

p.189 **欺** ギ あざむく 12画 欠
うそをついてだます。例**欺く**。詐欺。

■**新出音訓**(——線部の読みを書こう。)

①推し進める。p.187 ( )

答 ①お

語句・文の意味

語義が複数の場合、①に教科書本文中の語義を示してある。類は類義語、対は対義語、文は語句を用いた短文例を示す。
●印は、教科書の脚注に示されている語句である。

▼184ページ

●**同一** 同じであること。類等しい。同じ。

▼185ページ

●**言うまでもない** あれこれ説明する必要のないほど分かりきったことである。文練習が必要なことは言うまでもない。

●**少なくとも** ①少ない場合でも。控えめに言っても。文東京までは、少なくとも二時間はかかる。②せめて。ともかく。文少なくとも三回は声に出して読んでみなさい。

それによって 「それ」は、現実生活を言葉で表現するときに、順序をつけてしまうことを指す。

●**ときとして** 時には。場合によって。類たまに。

護岸工事（ごがんこうじ） 水害を防ぐため、堤防などを造って川岸や海岸を保護・補強する工事。

景観（けいかん） 風景。景色。よい眺め。

生態系（せいたいけい） ある地域に生息する全ての生物群集と、それらの生活に関係する環境とを一体として捉えたもの。

▼186ページ

印象（いんしょう） 対象を見たり聞いたりしたときに、その対象が人の心に直接与える感じ。

●**否定的**（ひていてき） 物事を、そうではないと打ち消して捉え、認めないさま。対肯定的。

●**肯定的**（こうていてき） 物事を、正しい、そのとおりであると認めるさま。積極的に意義を認めるさま。対否定的。

どちらも「正しい」—間違いではない— 二つの記事から受ける印象は異なるが、どちらもうそをついているわけではなく、事実を表現したものとして正しいということ。

●**曖昧**（あいまい） 物事や態度がはっきりしない様子。類あやふや。対明瞭。

●**衝撃**（しょうげき） ①感情を激しく揺さぶられること。類ショック。②急に強く打ちつけられること。

ほかならない それ以外の何ものでもない。まさしくそうである。

▼187ページ

●**語感**（ごかん） ①言葉から受ける印象。②言葉に対する感覚。言葉の細かな意味や用法の違いを判別する感覚。

推し進める（おしすすめる） 積極的に行動して物事をはかどらせる。進行させる。

●**記述**（きじゅつ） 文章にして書き記すこと。また、書き記したもの。類叙述。記録。

●**平然**（へいぜん） 何事もなかったように、落ち着いている様子。平気な様子。

群衆（ぐんしゅう） 群がり集まったたくさんの人々。

●**罵声**（ばせい） 大声で悪口を言う声。口汚く非難する声。

●**単に**（たんに） ただそれだけであるさま。類ただ。ひとえに。

▼188ページ

陰気（いんき） 気分や雰囲気・性格などが晴れ晴れしない様子。対陽気。

地味（じみ） ①性格や態度などが控えめで飾りけがない様子。類目立たない。②形や模様などに華やかさやけばけばしさがない様子。対派手。

●**本来的**（ほんらいてき） もともとの性質として持っているさま。初めからそうであるさま。

●**簡単**（かんたん） ①時間や手間がかからないこと。類手軽。安直。安易。②物事が混みいっておらず、理解や処置がしやすいこと。類単純。容易。対複雑。

某氏（ぼうし） 名前が分からないときや、名前を明かしたくないときに「ある人」という意味で用いる語。

柔軟性（じゅうなんせい） ①一つの立場や考え方にこだわらず、さまざまな状況に応じて処置や判断ができること。融通がきくこと。②やわらかく、しなやかな性質。

●**融通**（ゆうずう） ①その場に合った適切な処置をとること。文彼は真面目すぎて、融通がきかない。②必要なお金や物を用意すること。類やりくり。

●**いちず** 別のことに気持ちを向けないで、一つのことに打ち込むこと。類ひたむき。

警戒（けいかい） 危険なことやよくないことに備えて、あらかじめ用心すること。

▼189ページ

●**欺く**（あざむく） 事実ではないことを本当だと思い込ませる。うそを言って相手をだます。類だます。偽る。

視点（してん） ①物事を見たり考えたりする立場。類見方。観点。②目を向けているところ。

読み解こう

段落ごとの内容を捉えよう。　［　］の中には当てはまる言葉を書こう。

第一段落 ［初め〜186・12］ **言葉の順序による印象の違い。**

■**教科書184ページのAさんとBさんの言葉について、筆者が「両方とも正しい」（185・3）と言うのはなぜか。**

・AさんとBさんの言葉では、犬と猫を登場させる①［　　］が逆になっているが、元の写真では、情報は全て②［　　］に示され、犬と猫の間に順序はついていないから。

▼①順序　②同時

■**筆者が指摘している「映像表現」（185・6）と「言語表現」（185・8）の違いを整理する。**

・映像表現…一つの場面で示される情報に順序はついていない。

・言語表現…情報は、一つ一つ順序をつけて示す必要がある。

■**「問題は……順序をつけてしまうということそのものにあるのではない。」（185・18）とあるが、筆者が「問題」と考えているのはどんなことなのかを読み取る。**

・もともと順序のついていない情報に順序をつけてしまう。　…「問題」ではない

↓それによって

・元の事実とは関係のない［効果］が生じる。
＝［読み手に与える印象が大きく異なる］　…「問題」

■**教科書185ページのA新聞とB新聞の記事を読み比べて、読み手に与える印象の違いを整理する。**

【A新聞】…護岸工事の結果、自然の景観や生態系が壊されてしまったことを強調して、工事に対して①［　　］的な印象を与えている。

【B新聞】…護岸工事の結果、洪水の被害が少なくなったことを強調して、工事に対して②［　　］的な印象を与えている。

▼①否定　②肯定

■**「二つの記事が読み手に与える印象はかなり異なる」（186・2）理由を捉える。**

・二つの記事は、護岸工事の結果の「よいこと」と「悪いこと」の両方を伝えているが、その順序が逆になっている。

「よいこと」と「悪いこと」が並べられると、たいていは［　　］に置かれたほうが強調される。

↓

・「よいこと」が強調された記事と、「悪いこと」が強調された記事とでは、読み手に与える印象は大きく異なる。

▼後

「その服、派手だけど似合うね。」なんていう言葉でも、同じことが言えるね。

問 **写真に写っているものを言葉で表現するときに避けられないこととは、どのようなことか。説明しなさい。**

答 本来順序のついていない情報に順序をつけること。

問 **「この場合、どちらかの新聞が正しく、どちらかが間違っているということにはならない。」(186・9)とはどういうことか。分かりやすく説明しなさい。**

答 二つの新聞記事は、与える印象が大きく異なっているが、与えている情報はほぼ同じなので、事実に誤りがなければ、どちらも正しいということ。

第二段落 〔186・13〜188・35〕 言葉の選び方による印象の違い。

■ **教科書186ページのA・Bの文を読み、Aの「破壊した」と、Bの「影響を与えた」という表現の印象の違いを、「壊した」と比較しながら捉える。**

【A】…「破壊した」は、「壊した」よりも①[　]感じのする言葉で、「壊した」よりもひどい壊し方をしている印象を与える。

【B】…「影響を与えた」では、生態系に起きた事実が曖昧になり、「壊した」よりも衝撃度は②[　]。「壊した」とまでは言えない程度の少ない影響しかなかった印象を与える。

▼①強い　②弱まる

・ポイント この例は、「読み手に与える印象が大きく異なるにもかかわらず、どちらも『正しい』――間違いではない――ということ」(186・13)の具体例として挙げられている。

■ **「もう一つ別の問題」(186・16)とはどのような問題かを押さえる。**

・同一の事実を、①[　]の異なる複数の言葉で表現することが可能であるということ。

↓ したがって

・書き手は、うそをつくことなく、自分にとって都合のいい表現を選ぶことができる(＝読み手に与える②[　]を操作できる)。 ― **筆者の考える問題点**

▼①語感　②印象

テストに出る

問 **「環境保護を重視する人々は、恐らく『生態系を破壊した』と表現するほうを好むだろう。」(187・5)とあるが、筆者がこのように推測する理由を説明しなさい。**

答 「生態系を破壊した」という表現は、工事に対して悪い印象を与え、環境保護を重視する人々にとっては、自分たちの立場の正当性を強調できるから。

■ **教科書187ページのA新聞とB新聞の記事を読み比べて、「大臣」と「大臣に批判的な人たち」に対する印象の違いを整理する。**

【A新聞】…「①[　]」・「質問や疑問の声」という表現からは、「大臣に批判的な人たち」は節度のある行動をとっている印象を受ける。一方、「平然と無視した」という表現からは、「大臣」は態度が悪かったという印象を受ける。

→「大臣に批判的な人たち」側に正当性がある印象

【B新聞】…「群衆」・「②［　］」という表現からは、「大臣に批判的な人たち」はまとまりがなく態度が悪かった印象を受ける。一方、「冷静さを失わなかった」という表現からは、「大臣」の態度はりっぱだったという印象を受ける。

→「大臣」側に正当性がある印象

▼①市民　②罵声

・ポイント　「大臣」と「大臣に批判的な人たち」は意見が対立しているわけだが、A新聞は後者に、B新聞は前者に寄り添った見方をしているといえる。

■ **「事実は単に事実であり、言葉を伴って存在しているわけではない。」(187・26)とはどういうことかを読み取る。**

・事実と言葉が本来的に結び付いているわけではなく、その事実を表現しようとする人によって、言葉が選ばれているということ。

←（つまり）

・ある事実について、それを表現する言葉はこの言葉であると、一つだけに定まっているわけではないということ。

■ **「人間の性格などを表す言葉」(188・7)として挙げられている具体例を、長所を表す言葉と短所を表す言葉に分けて整理する。**

長所を表す言葉	短所を表す言葉
もの静かな	①［　］
落ち着いた	地味な
②［　］	③［　］

▼①陰気な　②世話好き　③おせっかい

■ **「ある人物について明らかに異なった評価がなされたとき、どちらかが正しくどちらかが間違っていると簡単に考えてはいけない。」(188・22)とあるが、その理由を捉える。**

・人間の性格は、言葉の①［　］によって長所が短所として表現されたり、短所が長所として表現されたりするが、それは②［　］の違いによるもので、どちらも正しい（＝間違いではない）場合もありうるから。

▼①選び方　②見方

■ **教科書188ページのA新聞とB新聞の記事を読み比べて、「某氏」に対する印象の違いを整理する。**

【A新聞】…某氏の性格を①［　］として表現しているので、「某氏」について悪い印象を与える。

【B新聞】…某氏の性格を②［　］として表現しているので、「某氏」についてよい印象を与える。

▼①短所　②長所

・ポイント 「頑固」は見方を変えれば「意志が強い」ともいえるし、「柔軟性に欠ける」は「いちずな性格」ともいえる。A新聞とB新聞の表現は表裏の関係にあるといえる。

問 **「事実と言葉とは一対一の関係にあるのではなく」(186・37)とあるが、実際にはどういう関係にあるのか。説明しなさい。**

答 同一の事実を表すのに、語感の異なる複数の「正しい」言葉が存在するという、一対複数の関係。

第三段落 [188・36〜終わり] 「正しいこと」にだまされないために。

■ **「『正しいこと』——間違いではないこと——も、ときには人をだまし、欺く」(189・1)とはどういうことかを読み取る。**

・事実を表す「正しい」言葉を用いて伝えられたことも、書き手の見方が偏っていれば、事実のごく限られた一面を伝えるだけにすぎないので、別の見方をしたときには、全く異なる印象に変わってしまう可能性があるということ。

・ある一つの事実について、Aという見方も、Bという見方もあるのに、Aという見方だけしかないように見せることは、事実を曲げて伝える「うそや誤り」には当たらないけれども、人に与える印象を意図的に操作しているという意味で、「人をだまし、欺く」ことになるのである。

「人をだまし、欺く」という表現を使うことで、筆者は読者に注意を促そうとしているんだね。

■ **筆者が、例として紹介した二つの新聞記事のうちの「片方だけを読み……『事実』だと信じ込んだとき、その人は『正しいこと』にだまされているかもしれない」(189・4)と述べる理由を捉える。**

・二つの新聞記事は、書き手の①[　]が異なるために異なる印象の言葉が使われているだけで、どちらも「正しいこと」であるのに、片方だけを「正しい」と信じ込むと、もう一方の「正しい」見方を②[　]だと思い込んでしまうから。

（「だまされている」のと同じ）

▼①見方 ②誤り

■ **「言葉の持つ性質——事実と言葉との関係——」(189・7)についてまとめる。**

(1) 言葉によって事実を伝える際には、本来順序のついていない情報にも順序をつけて提示することになる。

(2) 一つの事実を語感の異なる複数の言葉で表すことができる。そのため、同じ事実でも読み手に異なる印象を与える場合がある。

・ポイント (1)は第一段落で、(2)は第二段落で説明されてきたこと。

テストに出る

問 **この文章で筆者が伝えたいことは、どのようなことか。八十字以上百字以内で書きなさい。**

答 「正しいこと」でも書き手の見方を反映しているので、その見方だけを事実と信じ込まないために、言葉と事実の関係は一対一ではないことを理解し、複数の視点から物事を眺める習慣を身につけなければならない。(97字)

てびきー解答と解説

教科書の課題を解き、学習内容をしっかりと身につけよう。 教科書190〜191ページ

〈教科書185・186ページの下段に示されている問い〉

❶ 筆者は、【A新聞】と【B新聞】の印象が異なる原因は何だと考えているだろうか。（教科書185ページ）

解答 言葉が提示される順序。

解説 情報はほぼ同じでも、後に置かれた情報のほうが強調されてしまうことから、A新聞では工事に対する否定的な印象が強調され、B新聞では肯定的な印象が強調される結果となっている。

❷ 筆者は、【A】と【B】の印象が異なる原因は何だと考えているだろうか。（教科書186ページ）

解答 書き手の言葉の選び方。

解説 書き手が事実を表現するために「語感の異なる、複数の『正しい』言葉」からどれを選ぶかによって生じる印象の違いである。これについては、更に二組の具体例が取り上げられている。

①ある大臣とそれに批判的な人たちについて（187・16〜23）

②某氏の性格について（188・28〜35）

◉ **語句による印象の違いについて考えよう**

❸ 187ページのA新聞とB新聞（187・16〜187・23）の印象の違いについて、筆者は「質問」と「罵声」という語句を取り上げて説明している。A新聞とB新聞に見られる、これ以外の語句の違いを探し、それぞれの語句がどのような印象を与えているかを考えよう。

解答

①「市民」と「群衆」の違い…「群衆」と比較して「市民」という言葉は、集まった一人一人が人間らしく冷静であるという印象を与えている。

②「（疑問の声が）あがった」と「（罵声が）浴びせられた」の違い…「浴びせられた」という表現は「あがった」と比較して、大臣がひどい目にあっているという印象を与えている。

③「平然と無視した」と「冷静さを失わなかった」の違い…「平然と無視した」は、相手のうったえに耳を貸さない横柄（おうへい）な印象を与えるが、「冷静さを失わなかった」は、相手の言葉に短気を起こして怒ったりおどおどしたりしない落ち着いた印象を与えている。

解説 A新聞とB新聞とを読み比べて、表現の違うところを確認しよう。そのうえで、それぞれの言葉から受ける印象の違いを考えてみよう。ここでは、大臣と、その周りの人々とは対立しているわけだが、その一方に肯定的な立場をとると、必然的にもう一方に対しては否定的な立場をとることになる。書き手がどちら側に立つかによって、表現が与える印象もどちらかに偏ったものになってしまうのである。しかし、そのことは、事実として正しいかどうかとは次元の異なる問題である。

◉ **構成や表現を工夫して、新聞記事を書き換えよう**

❹ 下の新聞記事を印象が変わるように書き換えよう。

(1) 記事の二段落目を、文の順序を入れ替えて、日本の戦い方をより評価する印象になるように書き換えよう。

解答 試合終了直前、日本はこのままの状況なら予選突破でき

るため、これ以上点を取られないように、負けていながらパス回しで残り時間を使うという選択をした。進んで負けを受け入れる日本の戦い方に観客はブーイングで不満を表したが、日本は決勝トーナメント進出を決めるために冷静にパス回しを続けた。こうした日本の戦い方を批判する声も多く聞かれた一方で、予選を突破した監督の判断を評価する声があがっている。

解説 記事の二段落目は三つの文から成る。一つ目の文は日本の戦い方を説明したものなので、最初になくてはならない。二つ目の文には、その戦い方を貫く日本の立場と、その戦い方に不満を示す観客の様子が述べられているが、後に述べられた内容が強調されてしまうため、日本の戦い方に批判的な印象が強まっている。そこで、この順序を入れ替えると、自分たちの戦い方を「冷静に」貫く日本チームの様子が強調される。三つ目の文も、日本に対する評価と批判が並べられているが、批判→評価の順にすることで、評価する印象を強めることができる。

(2) 記事の二段落目か、(1)で書き換えた記事のどちらかを選び、用いる語句を工夫して、より印象的に伝わるように書き換えよう。このとき、左下の語句リストの言葉を用いてもよい。

解答 ((1)で書き換えた文章をもとにした例)

試合終了直前、日本は一点差で負けていながらパス回しで時間を稼ぐという選択をした。このままの状況なら予選突破できるため、これ以上点を取られないようにしたのだ。無理に攻撃しようとすると、追加点を取られたりファウルで警告を取られたりする可能性があったため、危険を避ける戦略を取ったのである。日本の消極的な戦い方に観客はブーイングで不満を表したが、日本は決勝トーナメント進出を決めるために落ち着いてパス回しを続けた。こうした日本の戦い方を批判する声も聞こえてくるが、状況を総合的に判断して予選突破を果たしたとして、監督の英断を称賛する声があがっている。

解説 **語句リスト**に挙げられている語句は、よい印象を強めるものと、悪い印象を強めるものとがある。例えば、「時間を使う」を「時間を稼ぐ」と表現すれば、戦略的なことのように感じられるし、「時間を浪費(ろうひ)した」と表現すれば、無駄なことをしたと感じられる。自分がどちらの見方を強調したいのかを考えて、適切な言葉を選ぼう。

情報のうち、前の二つは、「他の試合結果に自分たちの運命を委ねた」「最後まで力を振り絞(しぼ)るべきだった」などとあり、日本に批判的な見方のものである。後の二つは、「危険を避ける」「総合的に考えたうえ」など、日本に好意的な見方のものである。

(3) 書き換えた記事を発表し、工夫した点を伝え合おう。また、他の人の発表を聞いて、それぞれどのような印象を受けたかについて話し合おう。

解説 どのように表現を変えたのか、どんな情報を新たに加えたのか、理由とともに説明しよう。工夫したことがうまく伝わっているかどうか、互いの感想を伝え合って確かめよう。

◉ 事実の述べ方による印象の違いについて考えよう

5 ここまでに学習した、事実の述べ方が読み手に与える印象の違いについて、気づいたことや考えたことを話し合ってみよう。

解説 事実を述べた文章を読むとき、あるいは自分が事実を言葉で伝えるとき、気をつけたいことなどを考えてみよう。

学びの扉(とびら)

質問する・反論する

教科書192、238〜241ページ

人の話を聞いて分からないことを質問したり、相手の考えに反論したりするとき、どのようなことに気をつければよいのかを学ぼう。

●質問する

(1) 意味が理解できない場合

・分からない言葉の意味を尋ねる。

・抽象的な事柄については、①［　　］例を尋ねてみるのもよい。

(2) 考えに納得できない場合

・②［　　］が示されていないときは、それを尋ねる。

・根拠と結論のつながりが納得できないときは、その飛躍を埋めてもらう。

▼①具体　②根拠

例

雨が激しいので、電車ではなくバスを使おう。
（根拠 ―?→ 結論　飛躍がある）

質問「雨が激しいと、どうして電車ではなくバスを使うのですか?」

答え「電車の駅から家までは距離(きょり)があるが、バス停は家に近いので、歩く間にぬれにくいからです。」

雨が激しい → 電車ではなくバスを使う

電車だと駅から歩く距離が長い→雨にぬれる
バスだとバス停から歩く距離が短い→雨にぬれにくい

飛躍が埋められると納得できる

●反論する

・相手の論証のどこに説得力がないかを述べて反論する。

(1) 根拠が正しくないことを指摘する。

(2) 根拠から結論が適切に導かれていないことを指摘する。

(3) 相手の論証に示されていない重要な観点を指摘する。

教科書の例▼ ―― 教科書240〜241ページ

㋐への反論…日本の伝統文化は日本人にしか理解できないわけではない。外国人でも日本の伝統文化を理解している人は多くいる。
（根拠が正しくないことを指摘／㋐の根拠に反する事実を提示）

㋑への反論…多くの人がしていることを必ずしなくてはならないわけではない。初詣に行くかどうかは自分の意思で決めてよい。
（根拠から結論が適切に導かれていないことを指摘／㋑とは異なる結論を提示）

㋒への反論…修学旅行には旅行を通して学ぶという目的がある。だから、楽しいかどうかだけで行き先を決めることはできない。
（相手の論証にない重要な観点を指摘／㋒の根拠が不十分であることを指摘）

ポイント　「修学旅行」というものをどう捉えるかには、さまざまな観点がある。「楽しい思い出を作る」という目的も否定はできないが、学習の一環としては「学びに役立つ」ことのほうがより重要であるといえよう。

▼話す・聞く
話し合う

話し合いで問題を検討しよう
リンクマップによる話し合い

教科書193〜197ページ

学習目標

●多様な立場や意見を想定して、テーマについてのメリット・デメリットを出し合う。
●お互いの立場や意見を尊重しながら話し合い、結論を出す。

1 話し合いのテーマを決める

・話し合いをするための四人程度のグループを作る。
・教科書194ページの「テーマの例」から、話し合うテーマを選ぶ。

2 メリット・デメリットを書き出す

言葉の力　テーマを検討するために　メリット・デメリットを書き出す
●多様な立場や意見を想定して、実施(じっし)した場合に生じるメリットとデメリットをなるべく多く書き出す。
●それぞれのメリットとデメリットについて、「どうしてそうなるのか。」「なぜ重要なのか。」などの観点で掘り下げる。

(1) 模造紙の中心に、「…するとどうなる?」という形でテーマを書き入れ、「どうなるか」をさまざまな観点から考える。
(2) 考えた事柄を、メリットとデメリットに分けてリンクマップに書き出す。
(3) 司会を交替しながら話し合い、事柄の関係性を考えながら、リンクマップに書き加えていく。

教科書の例▼　メリットとデメリットについて話し合う——教科書195ページ

・書き出したメリットの一つを取り上げ、その道筋について詳しく考えている。
・「どうしてそうなるの?」と理由を考えることで、道筋の間にある事柄を明らかにし、追加している。(→①「お金がかかる」)
・「そうするとどうなる?」とそこから派生する事態を考え、より大きなメリット・デメリットを探り、追加している。(→②「消防署に救急車が待機できる」・③「救急車がすぐに出動できる」)
・「なぜそれが重要なのか?」と考え、メリット・デメリットの価値を明らかにしている。(→④「救われる人が増える」)

ポイント　話し合うときは論点を絞(しぼ)り、一つずつ検討する。

3 話し合って意見をまとめる

言葉の力　テーマについて検討し、結論を出す
●それぞれのメリット・デメリットを吟味(ぎんみ)する。
●デメリットについては、現状でも生じていないか、解消する手段がないかを考える。
●それぞれのメリット・デメリットが生じる可能性や、その影響の範囲(はんい)と深刻度を考慮(こうりょ)し、重要性を比較する。

●意見が異なる場合は、質問したり反論したりしながら、お互いの意見への理解を深め、相手を尊重して話し合う。
●メリットを強めたりデメリットを弱めたりする条件を付けて、結論を出してもよい。

(1) 作成したリンクマップを見ながら更に話し合う。
(2) メリットとデメリットの重要性を比較して、賛成・反対のどちらにするか意見を決める。

教科書の例▼ リンクマップを見ながら更に話し合う――教科書197ページ

【司会の役割】
・司会は、次のような点に注意して話し合いを進める。
❶何について話し合うのかを示す。
❷時間の配分も考えながら、一つの論点について十分に検討できたら、次の論点へ移ることを促す。
❸最後に、①□を全員で共有できるように整理して示す。

【話し合いでの発言の仕方】
・「確かに金額によるね。」「そうだね。」
→相手の発言を受け止め、納得できる点には②□を示す。
・「でも、それならデメリットの……も重要だよ。……可能性はあるよ。」
→相手の意見に③□するときは、その根拠を明らかにする。
・「その点についてはどう思う?」
→意見が異なる相手に対して、自分が根拠として挙げた事柄についてどう考えるかを質問している。意見が対立している場合でも、根拠を吟味することを通して、お互いの意見への理解を深めるようにする。

【検討の内容】
・「軽症者やタクシー代わりの利用が減る」というメリットについて、「二千円ぐらい」「一、二万円」など具体的な金額を想定して吟味し、金額によって状況が変わってくることや、金額が大きくなるとデメリットも大きくなることに気づいている。
→リンクマップに記した内容をもとに、状況をより具体的に想像してみることで、新たな観点が見つかることがある。
・「救われる人が増える」というメリットと、「救われる人が減る」というデメリットの④□性を比較している。
→表裏の関係にあるメリットとデメリットについては、どちらがより重要かを慎重に吟味する必要がある。
・「貧富の差で生死が決まる」というデメリットが社会的にも影響の大きいデメリットであるという意見が出ている。
・「デメリットが大きい」という結論を導く一方で、「ただし、……注意と罰金を科す」という⑤□を付けている。
→「お金がかかる」ことにより、メリットもデメリットも発生する。検討の結果、デメリットのほうが重要と判断したが、「お金がかかる」という要素を、「罰金」という形で部分的に取り入れることで、メリットの道筋も生かせると考えた。

▼①結論 ②同意 ③反論 ④重要 ⑤条件

(3) クラス全体に向けて、グループの意見を発表する。
・結論を導くうえで重視したメリット・デメリットについての検討内容をもとに、根拠を示しながら意見を述べる。

学びの扉(とびら)

想像を誘うように表現する

教科書198、246〜249ページ

想像を誘うように表現すると、聞き手や読み手の興味をひきつけ、続きを知りたいと思わせることができる。

●情報を伏せることで想像を誘う

・同じ内容の文章でも、情報を示す順序によって印象が違ってくる。

・情報を示す順序を工夫して、情報の一部を伏せておくと、その内容を①［　］する余地が生まれ、聞き手や読み手の②［　］をひきつけることができる。

▼①想像　②興味

ポイント 原因・理由・目的など、事態のなりゆきに関わる肝心なことをすぐに説明してしまわずに「謎」として残しておくとよい。

教科書の例▼ ――教科書246ページ

㋐ 今朝、私はびっくりして目を覚ましました。猫(ねこ)が突然胸の上に飛び乗ってきたのです。▼理由が知りたくなる

→最初の文で「何が起こったのかな」と思わせ、想像を誘う。続く文で、その「謎」が明かされる。

㋑ 今朝、猫が突然胸の上に飛び乗ってきたので、私はびっくりして目を覚ましました。▼結果の予測がついてしまう

→出来事が起きた順に説明されていて、想像の余地がない。

●状況を徐々に描き出す

・長い文章においても、読み手の想像を誘うことを意識して、状況が徐々に見えてくるように描いていくとよい。

・状況を描き出すには、次のような方法がある。

●人物描写……人物の行動や態度、外見などの描写。

●情景描写……場面の様子や風景などの描写。

●心理描写……人物の思考や感情などの描写。

●会話文……人物が話した言葉。せりふ。

教科書の例▼「朝の光景」の文章 ――教科書248ページ

・「高志は懸命に走っていた。」とあり、その様子が、人物描写、情景描写、心理描写を通して詳細に描かれている。

・走っている理由は書かれていないため、読み手は「通学かばん」「朝」「腕時計に目をやりながら」などの言葉から、「学校に遅刻しそうなのかな？」「電車かバスに乗り遅れそうなのかな？」などと想像をかきたてられる。

・「もっとペースを上げなくては、と焦(あせ)った。」「腕時計を指で押さえながらデジタル表示に目をやって」「学年で三位以内を狙っているから。」→いずれも「マラソン大会」を意識したものなのだが、そのことは最後の高志の言葉で明らかになる。

テストに出る!

問 次の文を、想像を誘う文と、その答えに当たる文の二文に分け、想像を誘うような表現に書き換えなさい。

・池の水を抜いてみたところ、出てくるのは外来魚ばかりで、以前とはずいぶん様子が違っていた。

答 池の水を抜いてみたところ、以前とはずいぶん様子が違っていた。出てくるのは外来魚ばかりだったのだ。

▼書く 感性・想像

いきいきと描き出そう
短歌から始まる物語

教科書199～205ページ

学習目標

●人物や情景をいきいきと表すように、描写を工夫して物語を作る。
●描写の工夫などについて、読み手からの助言を踏まえ、自分の物語のよい点や改善点を見いだす。

1 短歌を選び、想像を膨らませる

・誰が(登場人物)、どんなときに、どんなところで、何をしているのか、そして登場人物はどんな人で、どんな気持ちであるのか、周りの様子はどうなのかを短い言葉で細かく書き出す。
・自分自身の体験を振り返り、短歌の内容とつながりそうなことを取り入れてもよい。

教科書の例▼短歌から思いつくことを書き出したメモの例
――教科書200ページ

・短歌に詠(よ)まれている状況と矛盾しないように、時間や天候を想像し、「晴れた日の昼休み」としている。
・「森の静けさ」という表現が、「慣れない場所へ迷い込んだ」ことを表していると解釈し、図書室に慣れていない人物を思い浮かべている。さらに、その人物が図書室に来た目的を想像している。
・「うつむく」を、「本に集中」している動作として捉えている。
・「友」との関係について想像している。
・「見つけた」から、友の「新しい一面を発見」して「うれしい」という気持ちを想像している。

2 材料を整理して物語の流れを決める

(1) 書き出した材料から、どのような物語にするかを考える。
・「いつ(時)」「どこで(場所)」「誰が(人物)」「どうした(出来事)」ということを考えて表に整理する。
・主人公は一人称(「私」「僕」など)にしてもよいし、三人称(「啓(けい)太(た)」などの人物名や「彼」「彼女」など)にしてもよい。

ポイント 登場人物の性格や好きなものなども具体的に想像して人物像を詳しく設定しておくと、その人物の行動や表情、話し方などを考える際に生かしていくことができる。

3 描写を工夫して物語を書く

言葉の力 豊かに描写する

●人物の心情や、行動の理由などを直接説明するよりも、「何を感じているのかな。」「どうしてこんな行動をするのかな。」と読み手に想像させるように人物や場面の様子を描き出す。
●形、色、明るさ、動き、音、肌触り、温度、匂い、味など、五感に訴(うった)えるような描写をする。会話文を入れたり、擬音(ぎおん)語・擬態語を用いたり、比喩などの表現技法を使ったりするのもよい。

(1) 2で考えた流れに沿って、場面や人物の様子をひと通り文章にしてみる。

(2) 効果的な描写を工夫する。

・「うれしかった」などの心情を表す言葉で説明するのではなく、人物の[①]・態度の描写や会話文から心情が伝わるように書く。

・「……したかったので、…した。」のように理由を説明してしまうのではなく、読み手に「なぜそうしたのだろう。」と[②]させるような書き方にする。

・情景を描写する際は、視覚で捉えたものだけでなく、聴覚、触覚などさまざまな感覚に訴えかけるものにする。

・読み手が様子を想像しやすいように、比喩や擬音語・擬態語を効果的に使うことも考えてみる。

▼①行動 ②想像

教科書の例▼ 描写を工夫して内容を膨らませた例 ——教科書202〜203ページ

・情景描写…「青空」「黄色い葉」などの色や、輝く「日差し」などによって場面の様子が目に浮かぶようである。「歓声」や「パシッと受け止める音」など聴覚に訴える描写もある。

・人物描写・会話文…遊びに誘う様子を「ボールを手にした」友達の「おうい、見てないで早く来いよ。」という会話文で表している。また、啓太が誘いを断る一方で、「名残惜しそうに」していることから、本当は「行きたかった」ことが伝わってくる。

・心理描写…啓太が心の中で思っている言葉をそのまま文章にすることで、「迷った」という心の動きを表現している。

4 読み返して物語を仕上げる

・書いた物語を読み返し、完成させる。

→不正確な使い方をしている語句はないか、もっと表現を工夫できるところはないかなどを確認する。

教科書の例▼ 完成作品例 ——教科書204〜205ページ

・友達の誘いを断った後の啓太の表情や、早足で歩くという行動の描写は、なぜ断ったのだろうか、どこへ行くのだろうかと読み手の想像をかき立てるものとなっている。

・図書室の静まり返った様子を「まるで深い森の中に迷い込んだように」と、[①]を用いて表現している。

・啓太が慣れない図書室に気後れしている様子を、「おずおず」という[②]語で表現している。

・「最近同じ班になった……思っていたところだ。」では、啓太の心の中の言葉を文章にすることで、優一の人物像や二人の関係性が伝わるように工夫されている。

・「軽い足取りで」という[③]の描写によって、啓太のうれしい気持ちを表現している。

▼①比喩 ②擬態 ③行動

5 読み合って感想を交換する

言葉の力 感想交換の観点を持つ

●物語の流れ(筋立て)に無理がないか。

●人物や情景の描写、会話文などを工夫して場面を描いているか。その工夫から、どのような表現の効果が感じられるか。

●もっと効果的に表現できそうなところはないか。

(1) 清書した物語を読み合い、感想や意見を交換する。

→表現の工夫に着目し、書き手の意図を考えながら読もう。

(2) 助言を踏まえて自分の物語を見直し、気づいたことをメモする。

→今後の文章表現に生かしたい点を見つけて書いておこう。

漢字道場6 同音異義語

教科書206～207ページ

新出漢字・新出音訓

読みの太字は送り仮名を示す。（　）は中学校では学習しなくてもよい読みを、―線は特別な言葉に限って使われる読みを示す。例は用例を示し、例中の太字は教科書本文中の語句であることを示す。新出音訓の▼は、常用漢字表の「付表」の語を示す。□には漢字を、（　）には読みを書こう。

p.206 **糧** リョウ（ロウ）（かて） 18画 米 □
食べ物。例**食糧**（しょくりょう）。糧米（りょうまい）。

p.206 **訂** テイ 9画 言 □
文字や文章の誤りを正す。例**改訂**（かいてい）。訂正（ていせい）。

p.206 **掌** ショウ 12画 手 □
①手のひら。たなごころ。例**合掌**（がっしょう）。掌中（しょうちゅう）。
掌握（しょうあく）。②職務として取り扱う。例車掌（しゃしょう）。

p.206 **邦** ホウ 7画 阝 □
①日本。例**邦人**（ほうじん）。邦画（ほうが）。②くに。例連邦（れんぽう）。
異邦人（いほうじん）。

p.206 **尉** イ 11画 寸 □
①自衛隊や旧陸海軍の「佐」に次ぐ階級。
例**大尉**（たいい）。少尉（しょうい）。②警察の事をつかさどる官。

p.206 **郭** カク 11画 阝 □
①かこい。物の外回り。例**外郭**（がいかく）。輪郭（りんかく）。
②都・城・とりでなどの外囲い。例城郭（じょうかく）。

p.206 **債** サイ 13画 人 □
果たすべき約束。返さなければならないお
金や義務。例**国債**（こくさい）。債務（さいむ）。負債（ふさい）。

p.206 **祥** ショウ 10画 示 □
①めでたいことの前ぶれ。きざし。例**発祥**（はっしょう）。
②さいわい。めでたいこと。例吉祥（きっしょう）。不祥事（ふしょうじ）。

p.206 **堆** タイ 11画 土 □
うずたかい。例**堆積**（たいせき）。堆肥（たいひ）。

p.206 **享** キョウ 8画 亠 □
受け取る。自分のものにする。例**享有**（きょうゆう）。享
受（きょうじゅ）。享楽的（きょうらくてき）。享年（きょうねん）。

p.206 **慈** ジ（いつくし**む**） 13画 心 □
①心からかわいがる。例**慈愛**（じあい）。慈顔（じがん）。慈善（じぜん）。
②あわれむ。例慈悲（じひ）。

p.207 **脅** キョウ（おびや**かす**）おど**す** おど**かす** 10画 肉 □
こわがらせる。おどす。例**脅威**（きょうい）。脅迫（きょうはく）。

p.207 **矯** キョウ（た**める**） 17画 矢 □
①曲がったものをまっすぐに正す。正しく
する。例**矯正**（きょうせい）。②激しい。例奇矯（ききょう）。

p.207 **倹** ケン 10画 人 □
むだをはぶく。例**倹約**（けんやく）。節倹（せっけん）。

p.207 **企** キ くわだ**てる** 6画 人 □
くわだてる。計画する。例**企画**（きかく）。企業（きぎょう）。

p.207 **捜** ソウ さが**す** 10画 手 □
さがし求める。例**捜査**（そうさ）。捜索（そうさく）。

p.207 **嘱** ショク 15画 口 □
①たのむ。まかせる。ことづける。例**委嘱**（いしょく）。

嘱託(しょくたく)。②つける。よせる。例 嘱望(しょくぼう)。

p.207 **覇** ハ 19画 西 □
競争などで優勝すること。例 **覇権**(はけん)。連覇(れんぱ)。制覇(せいは)。覇者(はしゃ)。

p.207 **措** ソ 11画 手 □
すえ置く。落ち着かせる。例 **措置**(そち)。措定(そてい)。

p.207 **逮** タイ 11画 辶 □
追いかけつかまえる。例 **逮捕**(たいほ)。

p.207 **棄** キ 13画 木 □
すてる。例 **放棄**(ほうき)。破棄(はき)。廃棄(はいき)。遺棄(いき)。

p.207 **啓** ケイ 11画 口 □
①教えみちびく。例 **啓示**(けいじ)。啓発(けいはつ)。②申しあげる。例 拝啓(はいけい)。謹啓(きんけい)。

p.207 **摂** セツ 13画 手 □
①とり入れる。持つ。例 **摂取**(せっしゅ)。②兼ねて行う。例 摂政(せっしょう)。③やしなう。例 摂生(せっせい)。

p.207 **陶** トウ 11画 阝 □
①やきもの。せともの。例 **陶器**(とうき)。陶芸(とうげい)。陶磁器(とうじき)。②うっとりする。例 陶酔(とうすい)。

p.207 **妖** ヨウ あやしい 7画 女 □
①ばけもの。例 **妖怪**(ようかい)。②あやしい。奇怪な。例 妖術(ようじゅつ)。妖気(ようき)。面妖(めんよう)。③なまめかしい。例 妖艶(ようえん)。妖婦(ようふ)。

p.207 **幽** ユウ 9画 幺 □
①現実からかけ離れたもの。例 **幽霊**(ゆうれい)。②奥深い。例 深山幽谷(しんざんゆうこく)。幽玄(ゆうげん)。③暗い。例 幽明(ゆうめい)。④閉じ込める。例 幽閉(ゆうへい)。⑤あの世。例 幽界(ゆうかい)。

p.207 **霊** レイ (リョウ) (たま) 15画 雨 □
①肉体を支配する精神。死者のたましい。例 **幽霊**(ゆうれい)。霊魂(れいこん)。悪霊(あくりょう)。②不思議な。例 霊感(れいかん)。霊力(れいりょく)。③神聖な。例 霊峰(れいほう)。

■新出音訓 (——線部の読みを書こう。)

①並行する。 p.206 (　　)

②厚生労働省。 p.206 (　　)

答 ①へいこう ②こうせい

◉学習内容の要点を押さえ、教科書の問題の答えを確かめよう。

・同音異義語とは、発音が同じで、意味が異なる語。
・同音異義語は、漢字の音読みの語(漢語)に多い。

1 共通する漢字を持つ同音異義語

例 ・タイショウ―対象・対照・対称・対症
・カンシン――感心・関心・寒心・歓心

2 共通する漢字を持たない同音異義語

例 ・ソウゾウ――想像・創造

○問題 教科書206～207ページ

① 次の傍線部を別の漢字にして、同音異義語を作ろう。

解答 1消化 2解放 3食料 4改定 5合唱 6法人 7大意 8外角

② 次の各組の同音異義語を使って、それぞれ文を作ろう。

解答
1 加熱して殺菌する。／エンジンが過熱する。
2 不実な態度を非難する。／危険地域から避難する。

3　遠足は好天に恵まれた。／荒天でフェリーが欠航した。
4　線を平行に引く。／電車とバスが並行する。
5　国際会議が開かれる。／政府が国債を発行する。
6　会社の厚生施設(しせつ)を利用する。／悪の道から更生する。
7　インフルエンザを発症する。／古代文明発祥の地を訪ねる。
8　石の体積を測る。／落ち葉が堆積している。
9　情報を共有する。／基本的人権を享有する。
10　慈愛に満ちた表情。／時節柄ご自愛ください。

③ 次の傍線部を漢字にするとき、（　）の語のどちらがより適切だろうか。

解答　1企画　2捜査　3委嘱　4派遣　5講

解説　5「講じる」は手段などを考えて実施(じっし)すること。「高じる」は、程度がはなはだしくなることで、「好きが高じて仕事になる。」のように用いる。

④ 次の傍線部の語の同音異義語を調べ、それを用いた文を作ろう。

解答

1　タイホ　記憶力が退歩する。
2　ホウキ　交通法規を守る。　反乱軍が蜂起する。
3　ケイジ　試験の日程を掲示する。　刑事が事件を調べる。　慶事を祝う。　先輩に兄事する。　計時係を務める。
4　セッシュ　予防接種をする。　店頭の商品を窃取する。　拙守のせいで試合に負ける。
5　トウキ　当期の業績を報告する。　冬季オリンピックの開催。　ごみの不法投棄が多い。　投機で利益を狙う。
6　ヨウカイ　食塩が水に溶解する。

❗ 覚えておきたい　同音異義語

○イガイ
・会員以外は入場不可。
・意外な展開に驚く。

○シュウシュウ
・切手を収集する。
・事態を収拾する。

○イギ
・意義のある仕事。
・異議を申し立てる。
・威儀を正す。

○セイサン
・借金を清算する。
・交通費を精算する。

○エイセイ
・公衆衛生に気を配る。
・人工衛星を打ち上げる。

○タイセイ
・資本主義体制の国家。
・受け入れ態勢を整える。
・つまずいて体勢を崩す。

○カイホウ
・人質を解放する。
・門戸を開放する。
・けが人を介抱する。

○ツイキュウ
・利益を追求する。
・責任を追及する。
・真理を追究する。

○カンショウ
・美術を鑑賞する。
・バラの花を観賞する。
・他国の政治に干渉する。

○フシン
・不信感が高まる。
・不審な点をただす。
・食欲不振に悩む。

○キセイ
・既成事実として認める。
・既製服を買う。
・交通規制を行う。
・夏休みに帰省する。
・虫が植物に寄生する。

○ホショウ
・品質を保証する。
・安全を保障する。
・損害を補償する。

▼読む 詩

詩の言葉 わたしが一番きれいだったとき

作者・茨木のり子

教科書208〜209ページ

ガイダンス

学習目標を押さえ、「わたしが一番きれいだったとき」のおおよそを理解しよう。

◦学習目標

- 人物の心情に注意して、詩に込められた思いを考える。
- 自分の知識や経験と結び付けながら、感想を深める。

●詩の形式と構成

各四行の八連から成る口語自由詩。内容からは、戦争中の様子を描いた第一〜四連、戦後の様子や思いを描いた第五〜七連、後半生への決意をうたった第八連の、大きく三つに分かれる。

- 第一連…戦争中の街の光景。
- 第二連…戦争中の人々の様子。
- 第三連…戦争中の男たちの旅立ち。
- 第四連…戦争中の「わたし」の様子。
- 第五連…敗戦とその衝撃。「わたし」の怒り。
- 第六連…戦後の様変わりした街と「わたし」。
- 第七連…不幸だった青春への哀惜。
- 第八連…「わたし」の後半生への決意。

●主題

かけがえのない青春を踏みにじった戦争への怒りと、新しい時代を生き直そうとする強い決意。

おしゃれを楽しみ、すてきな恋愛をするはずだった作者の青春は、戦争によって踏みにじられた。この作品のテーマの一端は、そうした残酷な戦争への怒りである。しかし、そうした怒りや悔しさを乗り越えて、残された人生を自分の意志で生きようとする力強さがこの作品には表れている。

読み解こう

詩の内容を捉えよう。□の中には当てはまる言葉を書こう。

■第一連に描かれた情景を押さえる。

- 空襲によって①□が破壊され、崩れた建物の間から普通は見えないはずの②□が見えている様子。

▼①街 ②青空

●ポイント ぼう然と立ち尽くすしかないような状況である。

■「だれもやさしい贈物を捧げてはくれなかった」(208・10)とは、どういうことを表しているか。

- 恋愛を楽しめる状況ではなかったということ。

■第四連から読み取れる「わたし」の様子を捉える。

- 「頭はからっぽで」「心はかたくなで」→世の中のことを自分の頭

で考えることはなく、心は軍国主義に染まっていた。

・「手足ばかりが栗色に光った」→労働に明け暮れ、体は日焼けしていたが、健康的な美しさがあった。

●ポイント　「かたくな」とは、自分の意見や態度を変えない強情なさまを表すが、ここでは、戦争に突き進んでいく社会の流れに同調し、柔軟な考え方ができなくなっていたということ。

■第五連に込められた作者の気持ちを押さえる。

・「そんな馬鹿なことってあるものか」→自分の青春を犠牲にしてきた努力が報われなかったことへの強い怒り。

・「ブラウスの腕をまくり……のし歩いた」→戦争で負けたからといって［　　］になったりせず、堂々と生きていこうと意気込む気持ち。不条理な状況に精いっぱい抵抗する気持ち。　▼卑屈

■第六連の「禁煙を破った……／……むさぼった」（208・23）とは、どんな様子を表しているかを考える。

・戦時中は禁止されていた［　　］の文化が町にあふれ、社会の様子や価値観が一変した。束縛から解放され、自由に酔いしれているが、その変化があまりに大きく戸惑っている。　▼異国

■第七連から読み取れる、青春時代の「わたし」への思いを押さえる。

・「ふしあわせ」「とんちんかん」「さびしかった」という表現から、青春時代を無為に過ごしたことへの哀れみと悔いが感じられる。

●ポイント　「頭はからっぽ」「心はかたくな」だった頃とは違い、自分で物事を考えることができるようになった今、改めて戦中や敗戦直後の自分の姿を振り返り、このように捉えている。

■第八連には作者のどのような気持ちが込められているか。

・ルオーが晩年になって美しい絵を描いたように、自分も長生きして美しい詩を書いていきたいという思い。

・戦争や敗戦に振り回されてきた過去の自分を嘆くだけでなく、それをばねにしてこれからの人生を主体的に生き、充実させようとする決意と希望が込められている。

■末尾に置かれた「ね」の効果を考える。

・自分への念押しであり、読者への呼びかけにもなっている。

課題　教科書209ページ

○それぞれの連の言葉には、どんな心情が表されているだろうか。また、各連で繰り返される「わたしが一番きれいだったとき」という言葉に込められた思いを考えよう。

解説　戦争中、敗戦直後、そして現在の作者の気持ちを細かく読み取ろう。作者は開戦を十五歳、終戦を十九歳で迎えている。何事もなければ美しい青春を謳歌している時期である。そんな時を表した「わたしが一番きれいだったとき」と、描かれている悲惨な状況や空虚な「わたし」の様子を対比させながら、作者の思いを捉えよう。

○この詩を読んで、自分の知識や経験と結び付けながら、感じたことや考えたことを話し合ってみよう。

解説　「戦争」というテーマから考えてもよいし、この詩の作者の物事の捉え方や生き方について考えてみてもよい。

▼読む 読書3

読書への招待 坊ちゃん

作者・夏目漱石

教科書210〜223ページ

ガイダンス

学習目標を押さえ、「坊ちゃん」のおおよそを理解しよう。

●学習目標

● 文学作品を読み、登場人物の行動や人柄、考え方について考えを深める。

●あらすじ

「俺」は無鉄砲な性格で、子供の頃からむちゃなことやいたずらばかりして、親兄弟や町の人々から持て余されていた。そんな「俺」を、家に奉公している清だけがかわいがり、その気性を褒めた。

清は「俺」の将来に期待しており、独立して家を持った「俺」といっしょに暮らすことを夢見ていた。父が亡くなると、家や家財を売って、兄は遠地に赴任し、「俺」は下宿し、清は甥の家に行った。「俺」は学校に入り、やがて卒業して四国で教師の仕事をすることになる。「俺」が東京で家を持つことを楽しみにしていた清は、田舎へ赴任することを聞いて失望する。出立の日は朝から世話を焼き、別れのときには涙をためていつまでも見送っていた。

●文章の構成

内容と出来事から、次の六つの場面に分けることができる。

- ・第一場面(初め〜212・16)……子供の頃の「俺」の悪行。
- ・第二場面(212・17〜213・40)…「俺」と家族、清の関係。
- ・第三場面(214・1〜216・23)…母が死んでからの「俺」と清。
- ・第四場面(216・24〜218・3)…父の死後、一家は離散。
- ・第五場面(218・4〜219・14)…三年間勉強し、就職が決まる。
- ・第六場面(219・15〜終わり)…四国への出立と、清との別れ。

●主題

無鉄砲な主人公のおもしろさと、清との愛情に包まれた関係。

文章は、主人公と主人公に限りなく愛情を注ぐ清とのやりとりが中心になっており、最後の場面まで清の愛情が細やかに表現されている。また、清に対する主人公の一見さばさばとした態度の隅々にも、清への優しさや思いの深さが感じられる。主人公の破天荒な行動の描写、たびたび挿入される主人公の心中語など、笑いを誘うユーモアを交えながら、二人の愛情に満ちた関係が描かれている。

作家と作品 夏目漱石

教科書222〜223ページ

- ・一八六七年東京都に生まれ、一九一六年四十九歳で亡くなる。
- ・東京大学英文科卒業後、教師や教授を経てイギリスに留学。
- ・松山で英語教師をした体験が「坊っちゃん」に生かされている。
- ・帰国後発表した「吾輩は猫である」をはじめ、新聞小説「それから」「門」「こころ」「道草」などで、近代を代表する作家となる。

新出漢字・新出音訓

読みの太字は送り仮名を示す。( )は中学校では学習しなくてもよい読みを、—線は特別な言葉に限って使われる読みを示す。例は用例を示し、例中の太字は教科書本文中の語句であることを示す。新出音訓の▼は、常用漢字表の「付表」の語を示す。□には漢字を、( )には読みを書こう。

p.210 **譲** ジョウ ゆずる 20画 言 □
①ゆずりあたえる。例 **親譲り**(おやゆずり)。分譲(ぶんじょう)。譲渡(じょうと)。②へりくだる。例 謙譲(けんじょう)。

p.210 **砲** ホウ 10画 石 □
たまを発射する武器。例 **無鉄砲**(むてっぽう)。鉄砲玉(てっぽうだま)。砲台(ほうだい)。大砲(たいほう)。

p.210 **刃** (ジン) は 3画 刀 □
①はもの。やいば。例 刀の**刃**(は)。刃物(はもの)。両刃(りょうば)。②切る。きりころす。例 自刃(じじん)。

p.210 **請** セイ (シン) (こう) うける 15画 言 □
①求める。頼む。例 申請(しんせい)。請求(せいきゅう)。②引き受ける。例 **請け合う**(うけあう)。請負(うけおい)。

p.211 **鉢** ハチ (ハツ) 13画 金 □
①植木などを植える容器。例 植木鉢(うえきばち)。鉢植え(はちうえ)。②頭の横の周り。例 **鉢**(はち)の開いた頭。鉢巻(はちまき)。③僧侶の食器。例 托鉢(たくはつ)。

p.211 **袖** (シュウ) そで 10画 衣 □
着物の身ごろについた、腕をおおう部分。例 **袖**(そで)。長袖(ながそで)。

p.212 **懲** チョウ こりる こらす こらしめる 18画 心 □
こらしめる。例 **懲役**(ちょうえき)。勧善懲悪(かんぜんちょうあく)。

p.213 **棋** キ 12画 木 □
将棋をする。碁をうつ。例 **将棋**(しょうぎ)。棋士(きし)。

p.213 **駒** こま 15画 馬 □
①小さな木ぎれ。将棋などのこま。例 **待ち駒**(まちごま)。②子馬。例 若駒(わかごま)。

p.213 **緒** ショ チョ お 14画 糸 □
①物事の始まり。例 **由緒**(ゆいしょ)。端緒(たんしょ)。②こまやかな心情。例 情緒(じょうちょ)。

p.213 **零** レイ 13画 雨 □
①おちぶれる。例 **零落**(れいらく)。②数字のゼロ。例 零下(れいか)。零度(れいど)。③わずかなこと。例 零細(れいさい)。

p.213 **奉** ホウ ブ (たてまつる) 8画 大 □
①つかえる。つとめる。例 **奉公**(ほうこう)。奉仕(ほうし)。②うけたまわる。例 信奉(しんぽう)。奉行(ぶぎょう)。③うやうやしく行う。献上する。例 奉納(ほうのう)。

p.215 **嗅(嗅)** キュウ かぐ 13画 口 □
においをかぐ。例 **嗅ぐ**(かぐ)。嗅覚(きゅうかく)。

p.215 **臭** シュウ くさい におう 9画 自 □
①いやなにおいがする。例 **臭い**(くさい)。悪臭(あくしゅう)。②その程度がひどい。例 照れ臭い(てれくさい)。

p.216 **厄** ヤク 4画 厂 □
わざわい。例 **厄介**(やっかい)。厄年(やくどし)。災厄(さいやく)。

p.217 **籠** (ロウ) かご こもる 22画 竹 □
①外に出ないで閉じこもる。例 **籠もる**(こもる)。籠城(ろうじょう)。籠居(ろうきょ)。②物を入れるかご。かご状の入れ物。例 籠(かご)。印籠(いんろう)。灯籠(とうろう)。

p.218 **殊** シュ こと 10画 歹 □
①普通と違う。特別である。例 **殊に**(ことに)。特殊(とくしゅ)。②特にすぐれている。例 殊勝(しゅしょう)。

p.219 **赴** フ おもむく 9画 走 □

出かけていく。例赴任。

p.219 **涯** ガイ 11画 水

かぎり。果て。例**生涯**。境涯。天涯孤独。

p.220 **磨** マ みがく 16画 石

①みがく。例**歯磨き**。研磨。②物事をきわめる。はげむ。例百戦錬磨。

■**新出音訓**（——線部の読みを書こう。）

①懲役に行く。p.212（　　）
②▼相撲を取る。p.212（　　）
③父に謝る。p.213（　　）
④神社の神主さん。p.217（　　）
⑤▼差し支えない。p.217（　　）
⑥▼風邪をひく。p.219（　　）
⑦▼土産を買う。p.220（　　）

答 ①ちょうえき ②すもう ③あやま ④かんぬし ⑤さしつかえ ⑥かぜ ⑦みやげ

語句・文の意味

語義が複数の場合、①に教科書本文中の語義を示してある。類は類義語、対は対義語、文は語句を用いた短文例を示す。
●印は、教科書の脚注に示されている語句である。

▼210ページ

親譲り　親から受け継いだ性質や物。

無鉄砲　先のことを考えずにむやみに行動すること。また、そのような人。

腰を抜かす　腰の力がなくなったり、驚いたりして立ち上がれなくなる。

むやみ　前後のことを考えず、行動すること。類軽率。

べつだん　特別に。類とりわけ。

はやす　からかって騒ぐ。

請け合う　①責任をもって引き受ける。②確かであると保証する。

はすに　斜めに。

いささかばかり　ほんのわずか。

起き抜け　目を覚まし、起きだしたばかりのこと。

▼211ページ

せがれ　息子を指す、くだけた表現。

拍子に　はずみに。

領分　自分の家が所有している土地。

もげる　ちぎれて離れ落ちる。

▼212ページ

ひいき　自分の好きな人物を、特に引き立てて扱うこと。類えこひいき。

ろくな者にはならない　まともな人間に成長しない。

行く先が案じられる　将来を考えると心配である。

なるほどろくな者にはならない。……無理はない　過去の両親の言葉と照合して、現在の自分の状況を述べている。

懲役　罪を犯して刑務所などに入ること。

横っ面を張る　顔の側面（頬）をたたく。

▼213ページ

しきりに　ここでは、熱心に。

観念する　諦めて、その状況を受け入れる覚悟を決める。文走っても発車の時刻には間に合わないと、観念した。

由緒のある者　出自のしっかりしている者のこと。一族の家系が高貴な者。

零落　社会的な地位がなくなったり、経済的に貧しくなったりして、おちぶれること。

奉公　ここでは、人の家に雇われて、家事や家人の世話などをすること。

因縁 ここでは、理由。ゆかり。
愛想を尽かす あきれてしまい、好意や愛情をなくす。
持て余す 手に負えず、扱いに困る。文組み立てが複雑なプラモデルを持て余す。
爪はじき ある人を嫌って、のけものにすること。
珍重する ここでは、珍しがって大切にする。
たち 性質のこと。文物事に熱中しやすいたちだ。
木の端のように取り扱われる 取るに足りない役立たずとして扱われる。
ちやほやする 相手の機嫌をうかがって甘やかす。
▼214ページ
そば湯 ここでは、そば粉を湯で溶かした飲み物のこと。
……なり ……(した)状態のままで。文朝出かけたなり帰ってこない。
▼215ページ
澄ましたもので そのようなことは関係ない、というようなそぶりをして。
立身出世 社会で高い地位につき、世に認められること。
了見 考え。思案。

▼216ページ
一概に おしなべて。一様に。
苦になる 気がかりになる。負担となる。
閉口する ①どうしようもなくて困る。②言い負かされて何も言えなくなる。
卒中 脳卒中。脳の血管障害による疾患。
口がある 働き口がある。仕事をする場所がある。
厄介になる 面倒を見てもらう。世話になる。
なまじい (あることをすれば)かえって。無理にそうすれば悪い結果になるというときに使う。「なまじ」ともいう。
二束三文 とても安い値段のこと。
周旋 売買などで、間に立って世話をすること。仲立ち。
金満家 大金持ちのこと。
▼217ページ
毛頭 後に打ち消しの語を伴って、「少しも(〜ない)」の意。普通は、気持ちに関して使う。文逆らう気持ちなど毛頭ない。
年来 長年の間。
親身 近い身内。血縁が近い者。
随意に 思うままに。類自由に。
例に似ぬ いつもと同じでない。「兄にしては感心なやり方だ。」(217・37)とあるように、いつもの兄とは様子が違っていると「俺」は感じている。
淡泊 性格や態度がしつこくなく、さっぱりとしていること。
▼218ページ
よし 仮にそのようにしたとしても、という気持ちを表す。類たとえ。
即席に 何の準備もなく、その場ですぐに。
たたる あることが原因で、悪い結果を引き起こす。
▼219ページ
蟄居 家の中に閉じこもること。
何くれと あれやこれや、いろいろと。
吹聴する 言いふらす。
合点する 理解し、納得する。類心得る。
いい面の皮だ とんだ迷惑だ。割に合わない目にあったときに、自分で自分をあざけったり、相手に同情したりして言う言葉。ここでは、「俺」が清の甥に同情している。
ごま塩 ここでは、黒い髪に白髪がまじった頭のこと。
▼220ページ
見当 ここでは、おおよその方角。

読み解こう　場面ごとの内容を捉えよう。

□の中には当てはまる言葉を書こう。

第一場面 〔初め～212・16〕 子供の頃の「俺」の悪行。

■子供時代の主人公の性格について押さえる。

・親譲りの①□で、子供のときから損ばかりしている。
・同級生にはやしたてられ、二階から飛び降りる。
・指を切ってみろと言われ、ナイフで指を切り込む。 } 負けず嫌い
・栗(くり)を盗んだ勘太郎(かんたろう)をつかまえる。 → 曲がったことが嫌い
・②□はだいぶやった。＝（にんじん畑を荒らす・井戸を埋める） → 思うまま行動し他人を気にしない

▼①無鉄砲　②いたずら

●ポイント　冒頭の一文が主人公の人物像を印象づけている。

第二場面 〔212・17～213・40〕 「俺」と家族、清の関係。

■「俺」と、両親、兄との関係を押さえる。

【父の、「俺」への接し方】
・「ちっとも俺をかあいがってくれなかった。」（212・17）
・「こいつはどうせろくな者にはならない」（212・20）
・「きさまはだめだだめだと口癖のように言っていた。」（212・40）
→「俺」を持て余し、突き放している。

【母の、「俺」への接し方】
・「兄ばかりひいきにしていた。」（212・18）
・「乱暴で乱暴で行く先が案じられる」（212・22）
・「おまえのような者の顔は見たくない」（212・29）
→「俺」に手を焼き、兄のほうに期待を寄せている。

【「俺」の家族に対する見方】
・「おやじは何にもせぬ男で」（212・39）
・「あまりおやじを怖いとは思わなかった。」（213・16）
→父を少し見下している。
・「そんな大病なら……おとなしくすればよかった」（212・33）
→母を思いやる気持ちを持っている。
・「やに色が白くって……」（212・19）
・「悔しかったから、兄の横っ面を張って」（212・36）
・「ずるいから、仲が良くなかった。」（213・4）
→兄とは性格が合わず、仲が悪い。兄に対しても強気。

●ポイント　「俺」は自分の性格や日々の行動を自覚し、親に好かれないのも当然だと諦めているが、親の愛情への期待もあったことがうかがえる。対照的な兄の存在もあり、「俺」は家族の中で孤立している。

■清の、「俺」への接し方を読み取る。

・「この俺をむやみに①□してくれた。」（213・25）
→「俺」を非常にかわいがっている。
・「『あなたは②□でよいご気性だ。』と褒める」（213・31）
→「俺」の無鉄砲な性格を長所として見てくれている。

▼①珍重　②まっすぐ

■「俺」は、自分に対する清の接し方をどう思っていたのか。

〈清の評価〉
・よいご気性だ。
・「俺」を非常にかわいがり、①［　　］し、褒める。

↕

〈「俺」の自己評価〉
・人に好かれるたちでない。
・他人から木の端のように取り扱われるのは当然と考え、気にもしていない。

・「俺」は、清のような接し方をかえって②［　　］に思った。
・「自分の力で俺を製造して誇ってる」（213・38）ように見えて、少々気味が悪かった。

▼①ちやほや　②不審

・ポイント　「俺」自身の自己評価や他の人々からの評価とは正反対であったので、清の心が理解できないでいる。

テストに出る！

問　**「それだからいいご気性です」（213・37）とあるが、どのようなところを「いいご気性」だと言っているのか。**

答　お世辞を嫌い、公正さを好むところ。

第三場面　〔214・1～216・23〕母が死んでからの「俺」と清。

■**「つまらない……気の毒だと思った。」（214・3）から「俺」の気持ちを読み取る。**

・「俺」は、自分のことを「とうてい人に好かれるたちでない」（213・26）と思っている。そんな自分に目をかけても仕方ないのに、という気持ちから、「気の毒」と言っている。「俺」の素直になれない性格と、清への優しさが読み取れる。

■**清が三円を貸してくれたエピソード（214・11～215・8）を読み取る。**

〈清の言動〉
・お小遣いがなくてお困りでしょうと、三円貸してくれた。
・便所からがま口を引き上げて水で洗い、札を乾かした。
・札を銀貨に替えて持ってきた。

〈「俺」の言動〉
・いらないと言ったが、ぜひ使えと言うから、借りておいた。
・実はたいへんうれしかった。（清の愛情を受け入れている）
・三円の入ったがま口を便所に落とし、清に事情を話した。（清を頼っている）
・臭いやと不満をもらした。（清への甘え）
・三円は何に使ったか忘れ、返すと言って返していない。

・ポイント　清の献身ぶりと、「俺」が表向きにはそっけない態度をとりながらも清に頼っている様子がうかがえる。

■**「今となっては十倍にして返してやりたくても返せない。」（215・7）とは、どのようなことを表しているかを考える。**

・この文章は、「俺」が過去を振り返って語る形で書かれている。「返してやりたくても返せない」と述べている「今」の時点では、既に清は亡くなってしまっているということである。
・当時は特に気に留めていなかったが、このことを回想している今の「俺」は、清の愛情に改めて感謝していることだろう。

■清が、「俺」にだけ物をくれる理由を考える。

・「お兄様(あにいさま)は……かまいません」(215・16)とあるように、清は、父が兄を①［　］していると思い込んでいる。

・父や兄から快く思われていない「俺」のことをふびんに思い、自分が「俺」に②［　］を注がなければと思っている。

▼①えこひいき　②愛

■清と「俺」との関係性の変化を読み取る。

●清の過剰な愛情を客観的・批判的に捉えている「俺」

・「全く愛に溺れていたにちがいない。」(215・20)

・「ひいき目は恐ろしいものだ。」(215・22)

←一方で

●清の言葉に影響されている「俺」

・「清がなるなると言うものだから、やっぱり何かになれるんだろうと思っていた。」(215・31)

・「俺も何だかうちが持てるような気がして」(215・40)

・「清が何かにつけて……むやみに言うものだから、それじゃかわいそうで不幸せなんだろうと思った。」(216・18)

テストに出る！

問 「ひいき目は恐ろしいものだ。」(215・22)とは、どのようなことについて言っているのか。説明しなさい。

答 清が、「俺」に強い愛情を持つあまり、父が兄をえこひいきしていると思い込んだり、「俺」が将来立身出世してりっぱな人物になると思い込んだりしていたこと。

テストに出る！

問 清が、「あなたはおかわいそうだ、不幸せだ」(216・18)と言うのはなぜか。説明しなさい。

答 清は、他の者がうとんじる「俺」の無鉄砲で一本気なところを、普通の人にはない長所として捉えているが、そんな「俺」のよさが父をはじめとする周りの人には分かってもらえていないから。

第四場面〔216・24〜218・3〕 父の死後、一家は離散。

■父が死んでから一家にどのような変化があったかを整理する。

「俺」…中学校を卒業し、家を出て①［　］した。

↓兄の厄介にはなるまいと、自立を覚悟。

兄…九州で就職することとなり、家や家財を売った。

清…(奉公先がなくなったため)②［　］の家に身を寄せた。

▼①下宿　②甥

■「兄にしては感心なやり方だ。」(217・37)と思ったのはなぜか。

・今回の兄のやり方は、好きなようにするがいいと言って金だけ渡すという「［　］な」(＝さっぱりした)ものであり、珍しく「俺」の気質に合っていたから。

▼淡泊

・ポイント　「俺」と兄とは性格が合わず、けんかが絶えなかったが、このときだけは穏やかに事が運んだ。「新橋(しんばし)の停車場で別れたぎり、兄にはその後一遍も会わない。」(218・2)とあるので、九州へ立つ兄の見送りもしたのだろう。しかし、その後は絶縁状態である。

テストに出る

問 **これまで甥の誘いを断っていたことから、清のどのような気持ちが分かるか。説明しなさい。**

答 自分の親族よりも、「俺」に強い愛着を持っていた。

第五場面 〔218・4〜219・14〕 三年間勉強し、就職が決まる。

■**このまとまりから読み取れる「俺」の人物像を押さえる。**

・「商売をしたって面倒くさくって」(218・5)
・「学問は……好きでない。」(218・14)
・「何も縁だと思って……すぐ入学の手続きをしてしまった。」(218・20)
・「何をしようという当てもなかったから、……即席に返事をした。」(218・37)
・「分からんでも困らない。心配にはならぬ。」(219・12)

細かいことは苦手

思いついたらすぐ行動する
=「　　」

楽観的

▼無鉄砲

•ポイント 「親譲りの無鉄砲から起こった失策だ。」(218・22)、「親譲りの無鉄砲がたたった」(218・39)からは、自分の行動について後悔していることがうかがえるが、だからといって、くよくよ悩んだりはしない性格である。

第六場面 〔219・15〜終わり〕 四国への出立と、清との別れ。

■**「俺」が田舎へ行くことを告げたときの、清の心情を読み取る。**

・「俺」が当分うちは持たないこと、田舎へ行くことを告げた。
←
・清は「非常に　　した様子」(219・39)
↓望みがかなわないと分かり、がっかりしている。

「俺」が東京で屋敷を買っていっしょに暮らしてくれるものと期待していた。

▼失望

■**「何だかたいへん小さく見えた。」(221・5)という表現の効果を考える。**

・「俺」が成長した分、清は年老いてしまっている。小さく見える清の姿は、清の弱々しさや寂しさを表すとともに、清を思いやる「俺」の心の優しさを感じさせるものとなっている。

テストに出る

問 **「もう大丈夫だろう」(221・3)とはどういう意味か。言葉を補って分かりやすく言い換えなさい。**

答 もう清の姿を見ても泣いたりはしないだろう。

課題 教科書221ページ

○ **主人公と清の行動や人柄、考え方についてどう思うか、話し合ってみよう。**

〈解説〉 主人公は、破天荒な行動を繰り返し、家族も周囲も持て余している。自分が人に好かれていないことも自覚し、気に止めていない。そんな主人公に唯一愛情を注いでいるのが清である。主人公はそれを不審に思うが、次第に彼の言動にも、清に対する思いやりが見えるようになってくる。主人公の立場から、あるいは清の立場から、それぞれの気持ちを考え、感じたことを話し合ってみよう。

小学校六年の漢字〈学習〉

■教科書の問題の答え

教科書226〜227ページ

1 穴
2 胃腸
3 遺
4 宇宙
5 沿
6 拡
7 革
8 閣
9 株
10 看
11 貴
12 絹・染
13 吸収
14 胸
15 郷
16 郵・勤
17 骨・筋
18 系
19 警
20 劇
21 権
22 憲
23 源
24 皇后
25 鋼
26 穀
27 済
28 裁
29 策
30 蚕
31 視
32 磁
33 射
34 縮尺
35 樹
36 宗
37 就
38 衆
39 操縦
40 熟
41 署
42 諸
43 泉・蒸
44 針
45 仁
46 垂
47 推
48 聖
49 宣
50 層
51 臓
52 探
53 暖
54 忠
55 庁・訪
56 潮
57 賃
58 敵
59 展覧
60 討論
61 党
62 脳
63 派
64 拝
65 背
66 肺
67 俳
68 律・否
69 批
70 俵
71 奮
72 皇陛
73 補
74 棒
75 幕
76 盟
77 訳
78 預
79 乱
80 臨
81 朗

やってみよう 傍線部を漢字と送り仮名で書こう。

同訓異字

①
あたたかい飲み物を注文する。（　）
日の当たる部屋はあたたかい。（　）

②
仏前に花をそなえる。（　）
定期テストにそなえる。（　）

③
黒板の文字をノートにうつす。（　）
制服を着た姿を鏡にうつす。（　）
東京都に住所をうつす。（　）

④
問題の解決につとめる。（　）
学級会の司会をつとめる。（　）
新聞社に三十年間つとめる。（　）

⑤
事業で成功をおさめる。（　）
大学で学問をおさめる。（　）
世帯ごとに税金をおさめる。（　）
大統領が国をおさめる。（　）

解答
①温かい・暖かい　②供える・備える
③写す・映す・移す　④努める・務める・勤める
⑤収める・修める・納める・治める